Der illustrierte
Ratgeber

Astrologie

★★★★★

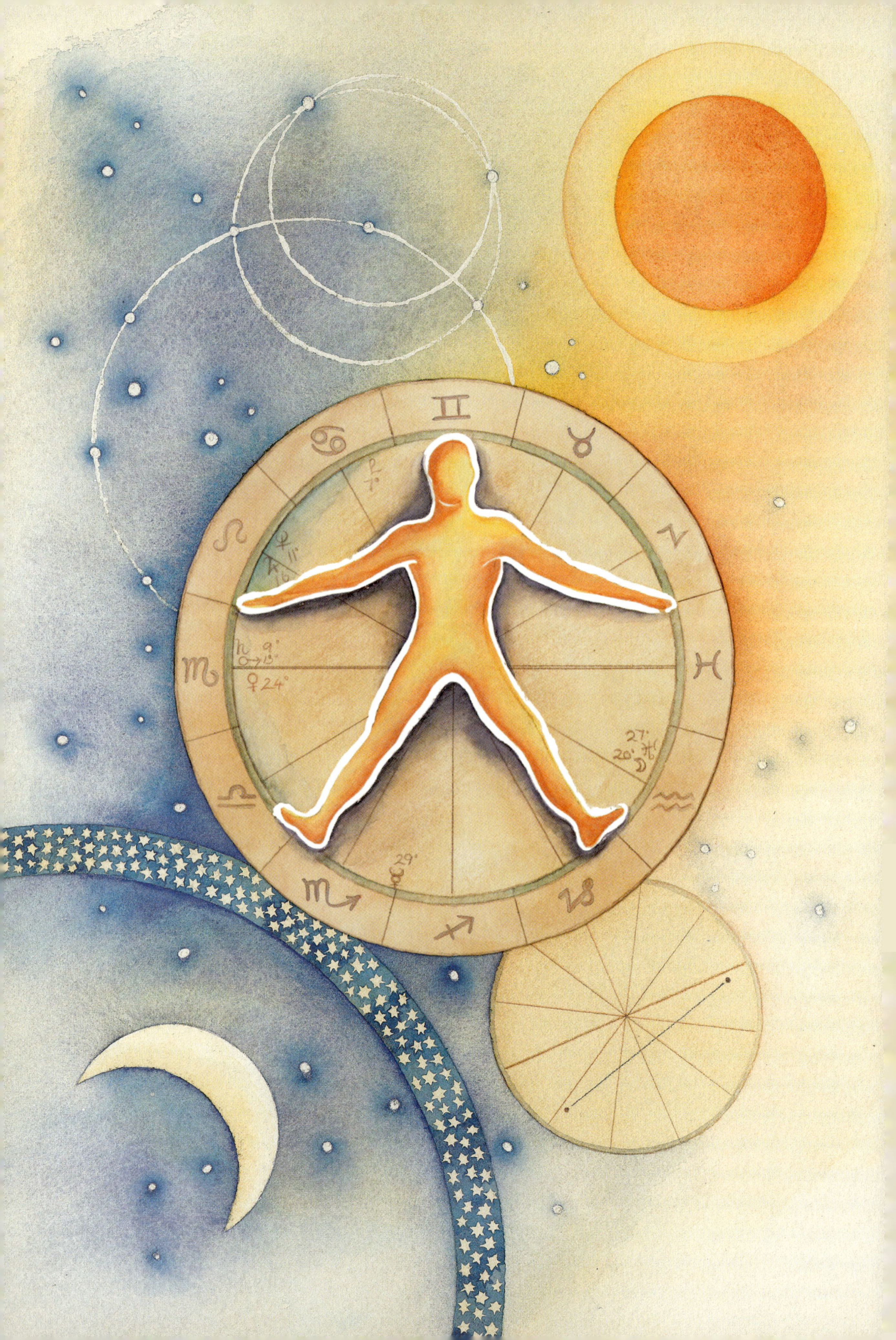

Der illustrierte

Ratgeber

Astrologie

★★★★★

Janis Huntley

KÖNEMANN

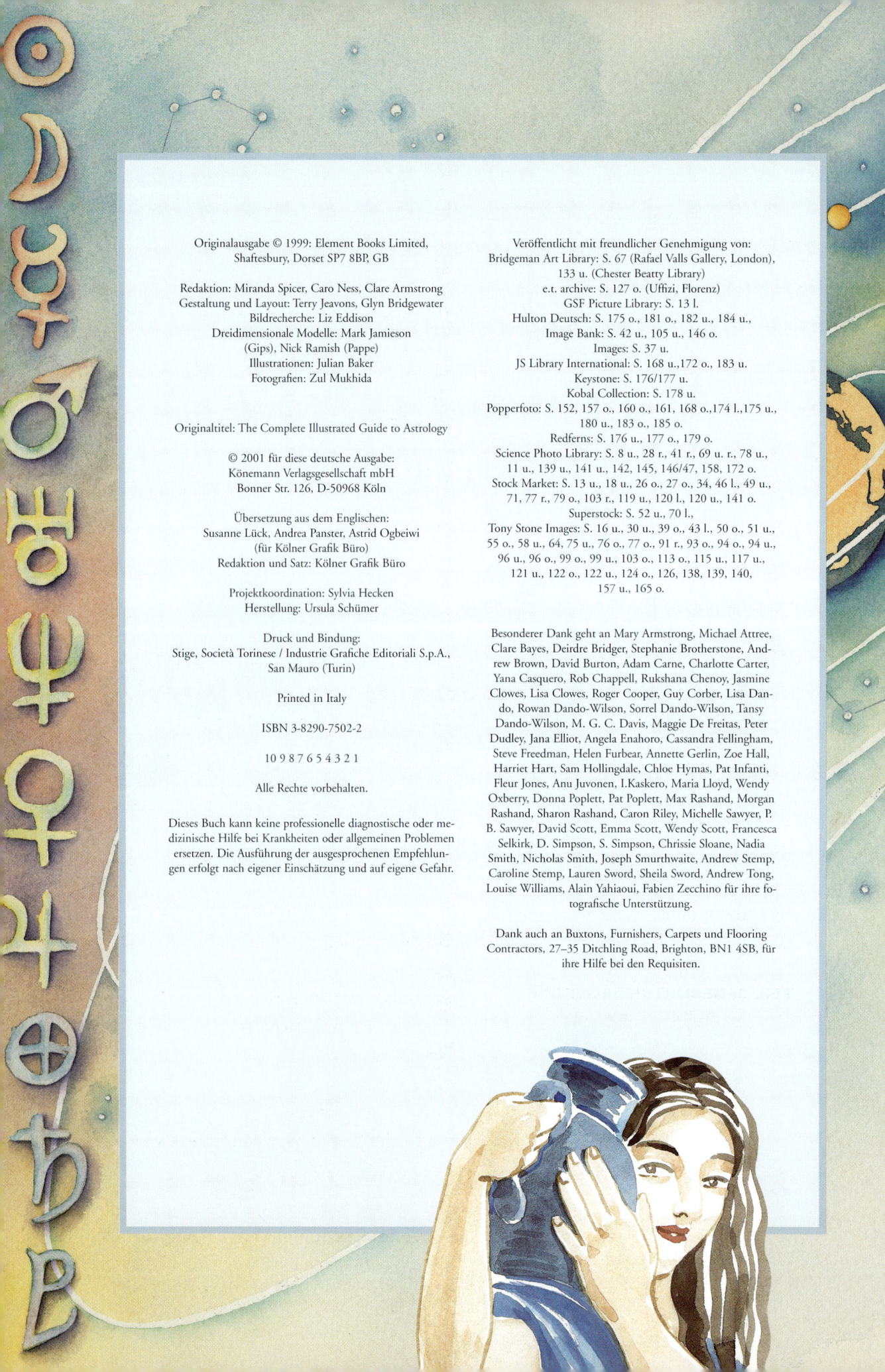

Originalausgabe © 1999: Element Books Limited,
Shaftesbury, Dorset SP7 8BP, GB

Redaktion: Miranda Spicer, Caro Ness, Clare Armstrong
Gestaltung und Layout: Terry Jeavons, Glyn Bridgewater
Bildrecherche: Liz Eddison
Dreidimensionale Modelle: Mark Jamieson
(Gips), Nick Ramish (Pappe)
Illustrationen: Julian Baker
Fotografien: Zul Mukhida

Originaltitel: The Complete Illustrated Guide to Astrology

© 2001 für diese deutsche Ausgabe:
Könemann Verlagsgesellschaft mbH
Bonner Str. 126, D-50968 Köln

Übersetzung aus dem Englischen:
Susanne Lück, Andrea Panster, Astrid Ogbeiwi
(für Kölner Grafik Büro)
Redaktion und Satz: Kölner Grafik Büro

Projektkoordination: Sylvia Hecken
Herstellung: Ursula Schümer

Druck und Bindung:
Stige, Società Torinese / Industrie Grafiche Editoriali S.p.A.,
San Mauro (Turin)

Printed in Italy

ISBN 3-8290-7502-2

10 9 8 7 6 5 4 3 2 1

Alle Rechte vorbehalten.

Dieses Buch kann keine professionelle diagnostische oder medizinische Hilfe bei Krankheiten oder allgemeinen Problemen ersetzen. Die Ausführung der ausgesprochenen Empfehlungen erfolgt nach eigener Einschätzung und auf eigene Gefahr.

Veröffentlicht mit freundlicher Genehmigung von:
Bridgeman Art Library: S. 67 (Rafael Valls Gallery, London),
133 u. (Chester Beatty Library)
e.t. archive: S. 127 o. (Uffizi, Florenz)
GSF Picture Library: S. 13 l.
Hulton Deutsch: S. 175 o., 181 o., 182 u., 184 u.,
Image Bank: S. 42 u., 105 u., 146 o.
Images: S. 37 u.
JS Library International: S. 168 u.,172 o., 183 u.
Keystone: S. 176/177 u.
Kobal Collection: S. 178 u.
Popperfoto: S. 152, 157 o., 160 o., 161, 168 o.,174 l.,175 u.,
180 u., 183 u., 185 o.
Redferns: S. 176 u., 177 o., 179 o.
Science Photo Library: S. 8 u., 28 r., 41 r., 69 u. r., 78 u.,
11 u., 139 u., 141 u., 142, 145, 146/47, 158, 172 o.
Stock Market: S. 13 u., 18 u., 26 o., 27 o., 34, 46 l., 49 u.,
71, 77 r., 79 o., 103 r., 119 u., 120 l., 120 u., 141 o.
Superstock: S. 52 u., 70 l.,
Tony Stone Images: S. 16 u., 30 u., 39 o., 43 l., 50 o., 51 u.,
55 o., 58 u., 64, 75 u., 76 o., 77 o., 91 r., 93 o., 94 o., 94 u.,
96 u., 96 o., 99 o., 99 u., 103 o., 113 o., 115 u., 117 u.,
121 u., 122 o., 122 u., 124 o., 126, 138, 139, 140,
157 u., 165 o.

Besonderer Dank geht an Mary Armstrong, Michael Attree, Clare Bayes, Deirdre Bridger, Stephanie Brotherstone, Andrew Brown, David Burton, Adam Carne, Charlotte Carter, Yana Casquero, Rob Chappell, Rukshana Chenoy, Jasmine Clowes, Lisa Clowes, Roger Cooper, Guy Corber, Lisa Dando, Rowan Dando-Wilson, Sorrel Dando-Wilson, Tansy Dando-Wilson, M. G. C. Davis, Maggie De Freitas, Peter Dudley, Jana Elliot, Angela Enahoro, Cassandra Fellingham, Steve Freedman, Helen Furbear, Annette Gerlin, Zoe Hall, Harriet Hart, Sam Hollingdale, Chloe Hymas, Pat Infanti, Fleur Jones, Anu Juvonen, I.Kaskero, Maria Lloyd, Wendy Oxberry, Donna Poplett, Pat Poplett, Max Rashand, Morgan Rashand, Sharon Rashand, Caron Riley, Michelle Sawyer, P. B. Sawyer, David Scott, Emma Scott, Wendy Scott, Francesca Selkirk, D. Simpson, S. Simpson, Chrissie Sloane, Nadia Smith, Nicholas Smith, Joseph Smurthwaite, Andrew Stemp, Caroline Stemp, Lauren Sword, Sheila Sword, Andrew Tong, Louise Williams, Alain Yahiaoui, Fabien Zecchino für ihre fotografische Unterstützung.

Dank auch an Buxtons, Furnishers, Carpets und Flooring Contractors, 27–35 Ditchling Road, Brighton, BN1 4SB, für ihre Hilfe bei den Requisiten.

INHALT

EINFÜHRUNG

Die Astrologie entdecken	6
Grundlagen der Astrologie	8

TEIL 1: DIE SONNENZEICHEN

Widder	♈	12
Stier	♉	16
Zwilling	♊	20
Krebs	♋	24
Löwe	♌	28
Jungfrau	♍	32
Waage	♎	36
Skorpion	♏	40
Schütze	♐	44
Steinbock	♑	48
Wassermann	♒	52
Fische	♓	56
Gruppierungen der Sonnenzeichen		60
Polaritäten und Elemente		62
Viereckgruppierungen		64

TEIL 2: DIE PLANETEN

Planetare Wirkungskräfte und Zyklen	68
Planeten in den Sonnenzeichen	72
Planeten in den Sonnenzeichen: Deutung	74
Uranus, Neptun und Pluto	78

TEIL 3: GEBURTSHOROSKOPE BERECHNEN

Berechnung	82
Geburtshoroskope erstellen	84

TEIL 4: HÄUSER

Interpretation der Häuser	88
Der Aszendent	90
Planeten in den Häusern	92
Leere Häuser	102
Anordnung der Planeten	104

TEIL 5: ASPEKTE

Aspekte	110
Planetenkonstellationen	112
Aspekte zur Sonne	114
Aspekte zum Mond	116
Aspekte zum Merkur	118
Aspekte zur Venus	120
Aspekte zu Mars und Jupiter	122
Aspekte zwischen Saturn, Uranus, Neptun und Pluto	124
Planeten ohne Aspekt	126

TEIL 6: ANDERE FAKTOREN

Unterpunkte und Einteilungen	132
Dekanate	134

TEIL 7: DIVINATIONSASTROLOGIE

Begriffe der Divinationsastrologie	138
Progressionen	142
Transite	144

TEIL 8: SYNASTRIE

Angewandte Synastrie	150

TEIL 9: HOROSKOPANALYSE

Beispielanalyse: Elvis Presley	172
Glossar	186
Persönliches Horoskop	188
Literatur und Adressen	189
Register	190

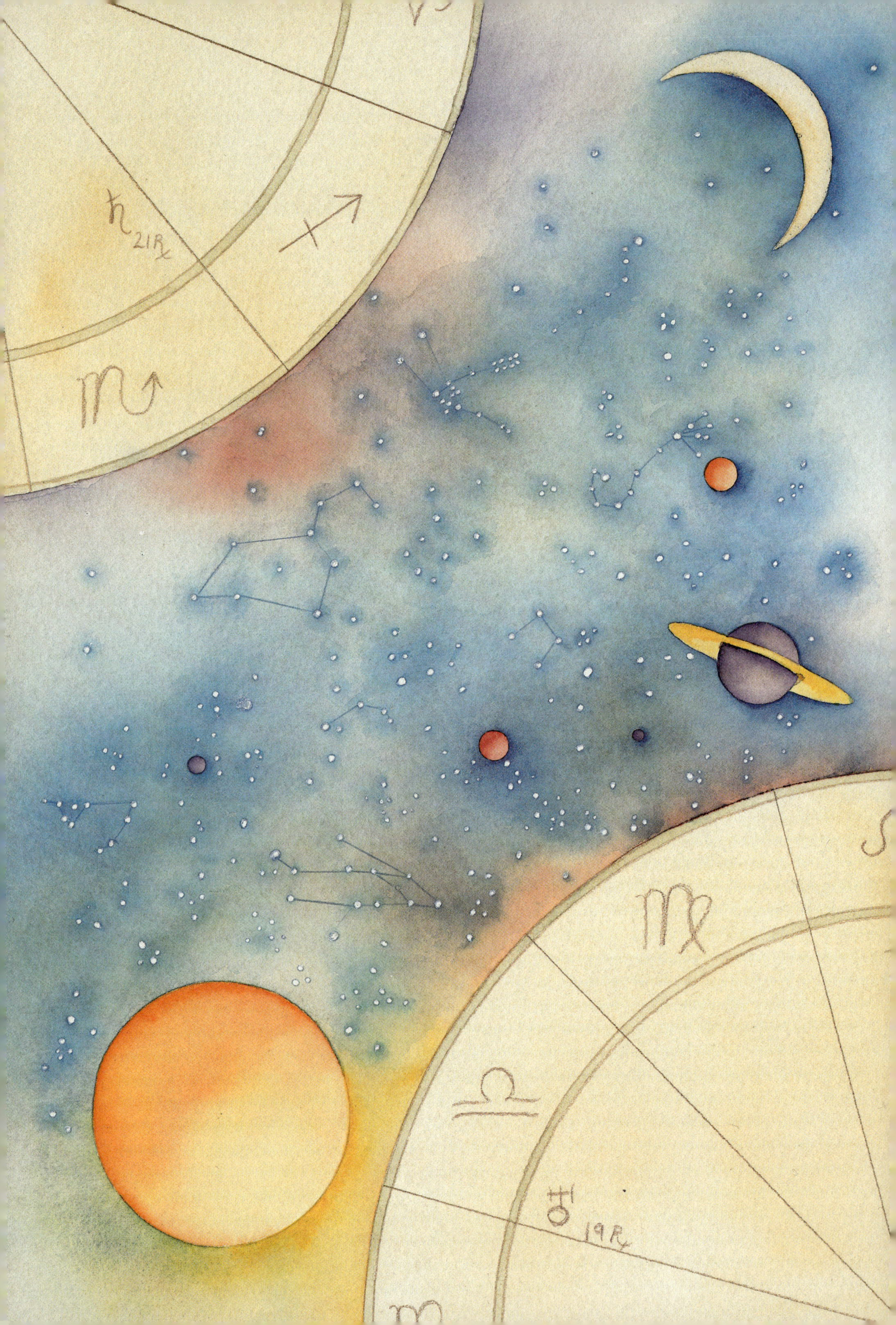

EINFÜHRUNG
Die Astrologie entdecken
★ ★ ★ ★ ★

Wir alle haben wohl schon einmal unser Tageshoroskop in einer Boulevardzeitung gelesen. Diese kurzweiligen Kolumnen jedoch werden dem Thema nicht gerecht – die Astrologie umfasst viel mehr als die Deutung und Bestimmung der „Sternzeichen". Sie ist eine Kunst, eine Wissenschaft, ein Mittel der Psychoanalyse und ein möglicher Weg in die Zukunft. Mit dem Computerzeitalter ist die uralte Kunst der Vorhersage durch astrologische Deutung für jeden zugänglich und verständlich geworden. Unsere Faszination für die Sterne ist seit Jahrtausenden ungebrochen, auch jetzt, beim Übergang ins Zeitalter des Wassermanns kann das Studium der Astrologie Spaß und Erkenntnis zugleich bringen.

OBEN Das Geburtshoroskop wird in 12 Abteilungen (Häuser) unterteilt, auf denen die Planeten eingetragen werden.

Zu erkennen, wie die Energie der Planeten unser Leben so beeinflusst, ist großartig! Die Astrologie ist ein Instrument und eine Gabe, mit deren Hilfe wir die Komplexität des menschlichen Charakters verstehen und dieses Wissen sinnvoll anzuwenden lernen.

EINFÜHRUNG

GRUNDLAGEN DER ASTROLOGIE

Der Widder

Der Stier

Die Zwillinge

Die moderne Astrologie ist eine sachliche Wissenschaft, die uns in unserem Umfeld und jedem Lebensbereich neue Wahrnehmungsdimensionen eröffnet. Die zwölf Sonnenzeichen (bekannter unter dem Ausdruck „Sternzeichen") bilden als hoch wirksames „Konzentrat" unserer angeborenen Persönlichkeitsmerkmale die Basis der astrologischen Lehre. Auf ihnen baut das individuell erstellte Geburtshoroskop auf, das unser inneres Wesen bis in die unsichtbaren Sphären unserer Psyche hinein ergründen kann. Mithilfe der Astrologie können wir uns und andere in allen Phasen der emotionalen, physischen, mentalen und spirituellen Entwicklung besser verstehen.

Die Astrologie hat sich über Jahrtausende hinweg als Vorhersagesystem zur Überlebenshilfe in Zeiten großer Unsicherheit bewährt. Während der letzten Jahrhunderte hat sie sich überdies zu einem Mittel der Persönlichkeitsanalyse entwickelt. Im 20. Jahrhundert haben Psychiater und Therapeuten

RECHTS Eine Astrologin erstellt ein persönliches Geburtshoroskop und erklärt ihrer Kundin, wie die Planetenpositionen sich auf ihr Leben auswirken.

Der Krebs

Der Löwe

Die Jungfrau

URSPRÜNGE DER ASTROLOGIE

Die Ägypter beanspruchen für sich, Gründer der Astrologie zu sein, doch man weiß mittlerweile, dass die Babylonier in Mesopotamien (heute Irak) bereits vor etwa 3.000 Jahren landwirtschaftlich relevante Vorhersagen aufgrund von Sternenkonstellationen erstellten. Sie bezogen sich dabei auch auf die so genannten Wandelsterne, die Planeten. Astronomen im alten Griechenland, Rom und Ägypten entwickelten diese Vorhersagekunst weiter und schufen Systeme, die den heutigen bereits sehr ähnlich waren. Aus alten Aufzeichnungen lässt sich ersehen, dass die

Ägypter nach derselben Einteilung des Tierkreises in Häuser arbeiteten wie wir heute. Die Entdeckung der drei äußeren Planeten Uranus, Neptun und Pluto, die jeweils von bedeutenden Veränderungen begleitet wurden, hat das Feld der Astrologie erweitert; und viele Planeten warten noch auf ihre Entdeckung.

RECHTS Die Kunst der Vorhersage aufgrund von Sternen- und Planetenkonstellationen reicht bis zu 3.000 Jahren zurück.

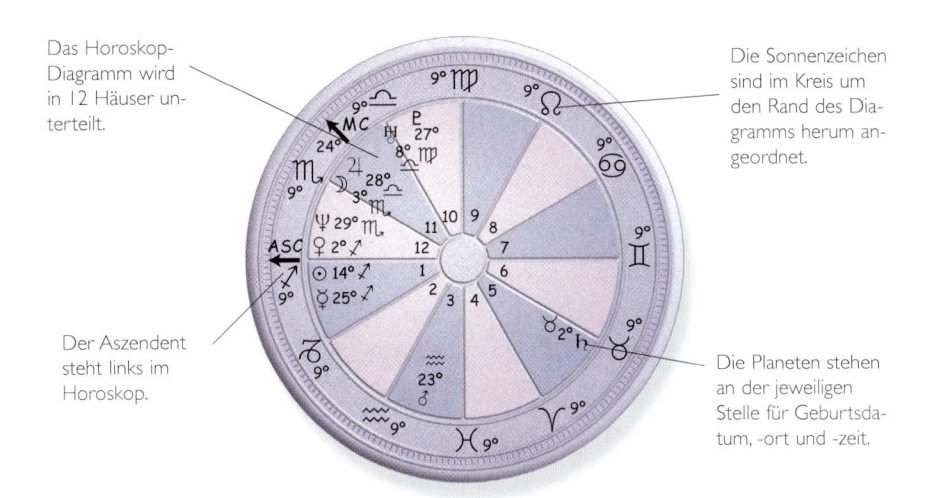

EINFÜHRUNG

Das Horoskop-Diagramm wird in 12 Häuser unterteilt.

Die Sonnenzeichen sind im Kreis um den Rand des Diagramms herum angeordnet.

Der Aszendent steht links im Horoskop.

Die Planeten stehen an der jeweiligen Stelle für Geburtsdatum, -ort und -zeit.

OBEN Das Geburtshoroskop enthält alle Informationen, die ein Astrologe benötigt, um Einblick in Charakter und Persönlichkeit seiner Kunden zu gewinnen und sie mit Rat und Hilfestellung zu unterstützen.

Die Waage

Der Skorpion

Der Schütze

Der Steinbock

Der Wassermann

Die Fische

der westlichen Welt entdeckt, dass sie ihre Patienten besser zu verstehen und treffsicherer zu behandeln vermögen, wenn sie dafür exakte Geburtshoroskope zurate ziehen können. Das Bewusstsein, dass die Astrologie viel mehr ist als nur ein Blick in die Zukunft, hat ihr in den letzten 50 Jahren einen enormen Popularitätszuwachs eingebracht und heute konsultieren viele Menschen Astrologen oder analysieren ihr Geburtshoroskop selbst.

Wenn auch viele Astrologen heute betonen, dass ihr Metier eine Wissenschaft ist, die mit Wahrsagerei nichts mehr gemein hat, erfreut sich doch die Art der (vorhersagenden) Divinationsastrologie unverminderter Beliebtheit, wie die Vielfalt der Tageshoroskope in Zeitungen und Magazinen zeigt.

Das wesentliche Prinzip der Astrologie besteht darin, uns zu helfen und zu leiten. Die Astrologie kann uns in vielen Bereichen unterstützen: Karriereplanung, Beziehungsprobleme, Gesundheitsfragen, Geldangelegenheiten, soziale Unternehmungen, sexuelle Schwierigkeiten, Reisepläne, Erziehungssorgen – usw. Sie gibt uns Hinweise, wie wir uns im Leben verhalten sollen und welche verborgenen Energien und Potentiale in uns schlummern. Die Energie der Planeten in unserem Horoskop, mit der astrologische Deutungen arbeiten, verrät, auf welche Lebensbereiche wir uns konzentrieren sollten, und ihre tägliche Bahn zeigt wichtige Veränderungen an, die wir in unseren Einstellungen oder unserer Lebensführung zu bestimmten Zeitpunkten anstreben sollten.

Die Astrologie vermittelt entscheidende Kenntnisse über uns, die es uns ermöglichen, uns weiterzuentwickeln und letztlich ein erfolgreiches, erfüllendes Leben zu führen.

RECHTS Die Astrologie kann Ihnen wertvolle Erkenntnisse vermitteln, die Ihnen helfen, den richtigen Partner zu finden und Ihre Lebensziele zu verwirklichen.

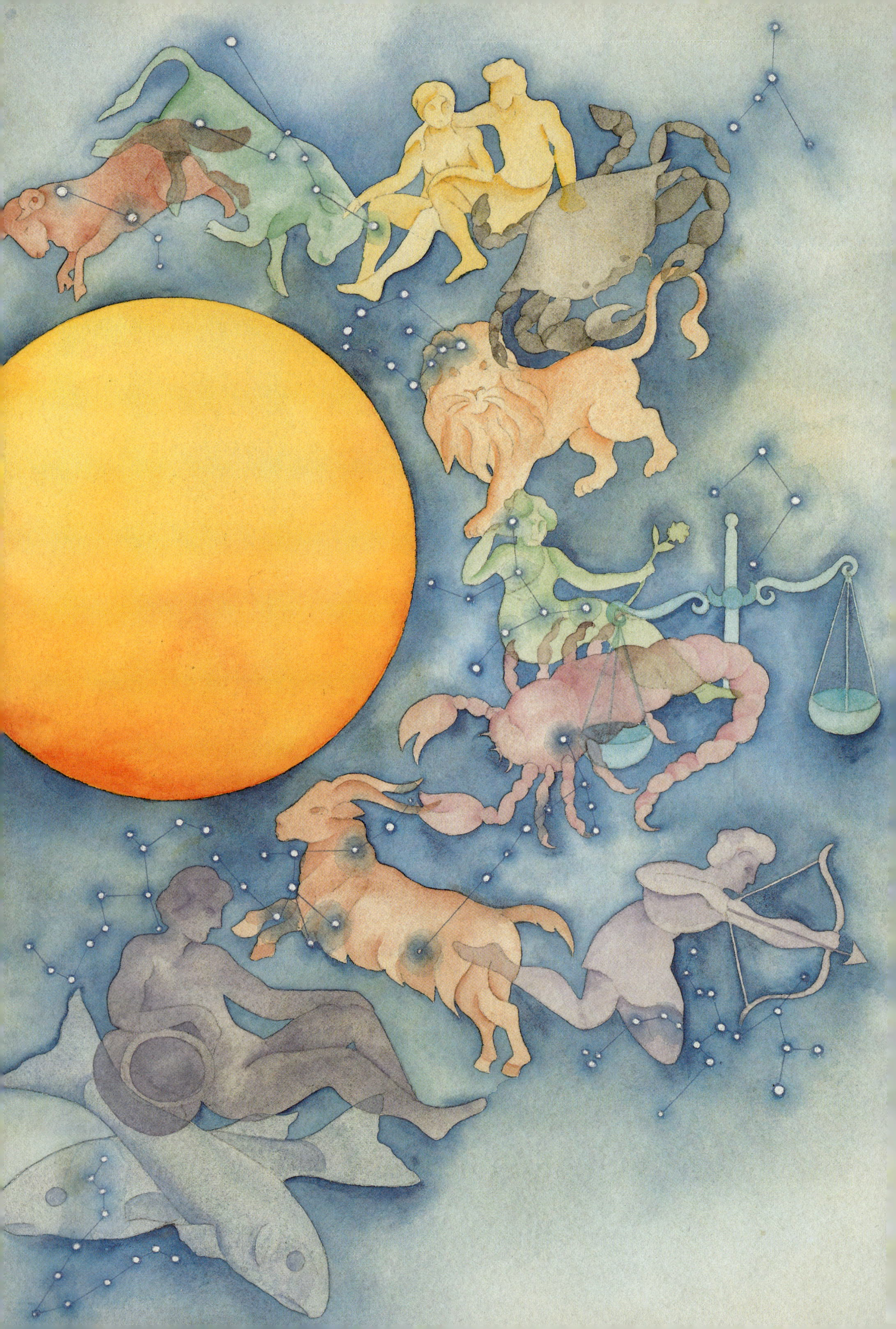

TEIL EINS
DIE SONNENZEICHEN
★★★★★

Die zwölf Zeichen des Tierkreises bilden die Grundlage der astrologischen Lehre. Die als Stern- oder Sonnenzeichen bezeichneten Bilder beruhen auf den Konstellationen am Nachthimmel, die Astronomen schon seit Jahrtausenden bekannt sind. Zu besonderer Bekanntheit brachten die Sonnenzeichen es im 20. Jahrhundert, da sie so einfach zu berechnen sind. Die Umlaufbahn der Erde um die Sonne bleibt konstant – sie verbringt etwa 30 Tage in jeder Konstellation, und so bleibt auch das Tierkreiszeichen für diesen Monat jeweils unverändert. Die Planeten hingegen verhalten sich bei ihrem Sonnenumlauf unbeständiger. Eine Charakteranalyse allein aufgrund von Sonnenzeichen kann jedoch irreführend sein. Wenn in einem Geburtshoroskop mehr Planeten als nur die Sonne im Sonnenzeichen stehen, ist der Betreffende immer ein typischerer Vertreter seines Zeichens als wenn allein die Sonne darin steht. Charakterisierungen mit Hilfe von Solar-(Sonnen-)Horoskopen können überraschend genau sein, wenn ein guter Astrologe sorgfältig damit arbeitet.

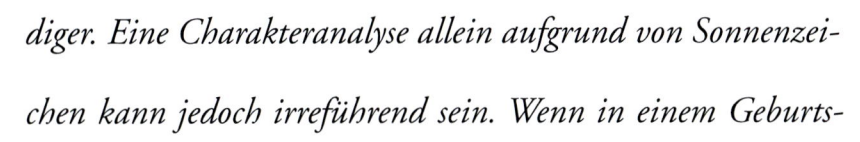

OBEN In alten Zeiten ordneten Astronomen den Sternen Konstellationen zu, auf denen unsere heutigen Sonnenzeichen basieren.

DIE SONNENZEICHEN

1 WIDDER ♈

21. März bis 20. April

Der Planet Mars regiert den Widder.

Das Element Feuer regiert den Widder.

Der Widder regiert den Kopf.

UNTEN *Typische äußere Kennzeichen eines Widders.*

KURZCHARAKTERISTIK

energisch, begeisterungsfähig, ungeduldig, impulsiv, ichbezogen, direkt, gedankenlos, intelligent, temperamentvoll, abenteuerlustig, reizbar, dominant, extrovertiert

DAS WESEN DES WIDDERS

Der Widder ist das erste Zeichen des Tierkreises, und Widder-Geborene charakterisiert demnach häufig ein ausgeprägtes Ego und eine Führungsnatur. Wer aus der Menge den Schlachtruf „Ich zuerst" ertönen lässt oder blind vorwärts stürmt, ist so gut wie immer ein Widder oder jemand mit starkem Widder-Einfluss im Geburtshoroskop. Dieses Zeichen braucht wie kein anderes eine Führungsposition im Leben. Widder sind schwer zu übersehen. Als positiv orientierte Menschen sind sie waghalsig, leichtsinnig, konkurrenzbewusst, nervtötend und doch zugleich liebenswert.

Widder-Menschen sind willensstark, abenteuerlustig, von Natur aus extrovertiert und impulsiv. Sie können sehr dynamisch, bisweilen sogar unerbittlich werden, wenn sie in Aktion treten. Voller Energie und Vitalität machen sie sich kraftvoll an ihre Aufgaben und erwarten, dass alle anderen mit ihnen Schritt halten. Doch dann langweilt sie ihr Tun plötzlich, und sie verlieren jegliches Interesse. An diesem Punkt ziehen sie sich eiligst zurück und überlassen es anderen, das Angefangene zu Ende zu bringen. Sie sind die typischen Initiatoren, doch falls in ihrem Horoskop nicht viele feste Zeichen vorherrschen, vollenden sie langfristige Projekte oft nicht.

Widder gehen tiefe und leidenschaftliche Beziehungen ein – manchmal zu leidenschaftlich. Ihre Heftigkeit kann ihr Gegenüber in die Enge treiben und ihr Lebenshunger wie Aggressivität erscheinen. Es gibt tatsächlich herrische, ungeduldige und hitzköpfige Widder, doch selbst die frenetischsten Exemplare beruhigen sich, wenn man sie zwingt innezuhalten und ihr Tun zu überdenken. Da sie sich in allem vorschnell verhalten, ist Widdern völlig unklar, welchen Eindruck sie hinterlassen können. Der Widder ist gleichsam das Baby im Tierkreis – am Anfang der Schöpfung stehend ist er mit sich und der Befriedigung eigener Bedürfnisse vollauf be-

OBEN *Widder-Menschen sind – wie ihr Symboltier – willensstark, kräftig, direkt, extrovertiert und die geborenen Führer.*

- Oft rote oder sandfarbene Haare
- Unregelmäßige, kantige oder scharfe Züge; Nase, Mund, Kinn oder Ohren oft auffällig hervorstehend
- Figur von mittlerer Größe und Breite; selbstsichere Ausstrahlung
- Auffällige, provokante Kleidung

Das Zeichen ist mit leuchtenden Rottönen verbunden.

Glückstag ist der Dienstag.

Geburtsstein ist der Hämatit.

schäftigt. Es ist dennoch möglich einen Widder auf die Ansprüche anderer aufmerksam zu machen. Konfrontiert man ihn mit seinen Versäumnissen, zeigt er zumindest Reue und bemüht sich, Rücksicht zu nehmen – eine Zeit lang.

Die meisten Widder sind freimütig, offen und unkompliziert. Sie stellen ihr Licht nicht unter den Scheffel und übertreiben es nicht mit Liebenswürdigkeit und Toleranz, doch sind sie ausgesprochen aufregende, grenzenlos großzügige und zuweilen liebevoll zärtliche Menschen. Sie genießen Kämpfe aller Art, stehen für sich – und andere – kompromisslos ein und übernehmen fast überall die Führung. Sind sie schlecht gelaunt oder fühlen sich eingeengt, können Widder sowohl geistige als auch körperliche Schläge austeilen, doch können sie fast ebenso schnell wieder vergeben.

WIDDER UND DIE LIEBE

In der Liebe sind Widder feurig und leidenschaftlich, laufen aber stets Gefahr, sich übereilt in Beziehungen hineinzustürzen. Sie verfolgen die Objekte ihrer Begierde unbeirrbar und eindringlich. Viele Widder-Geborene genießen die Jagd selbst mehr als das Erreichen ihres Ziels. Sie beschützen ihre Partner auf nahezu besitzergreifende Weise, ertragen aber Abhängigkeit unter keinen Umständen. Ihre Partnerschaften fallen meist kurz aus, da sie von der Pflege ihrer Beziehungen oft überfordert sind und sich schnell langweilen, wenn alles glatt läuft.

OBEN Widder sind mit ganzer Seele bei der Jagd nach dem anderen Geschlecht dabei. Haben sie Erfolg gehabt, können sie jedoch rasch das Interesse verlieren und sich nach etwas Neuem umschauen.

LINKS Widder sind abenteuerlustige, lebenshungrige Menschen. Da sie auch ausgesprochen furchtlos sind, bevorzugen sie aufsehenerregende Freizeitbeschäftigungen.

WIDDER BEI DER ARBEIT

Widder-Geborene können sich in ihrem begeisterten Vorwärtsstreben bei der Arbeit als dynamische Kraft oder auch als Katastrophe erweisen. Mangelnde Planung und unvorsichtiges Drängen gefährden ihre Projekte und können sogar ihre Stelle kosten. Widder ertragen es nicht, wenn man ihnen sagt, was sie tun sollen. Sie brauchen die Befehlsgewalt über andere. Ihrem aktiven Wesen kommen auch riskante Tätigkeiten entgegen.

BERUFE FÜR WIDDER

Abteilungsleiter(in), Polizist(in), Feuerwehrmann/frau, Stuntman/frau, Filmregisseur(in), Krankenwagenfahrer(in), Handelsvertreter(in), Soldat(in), Metallarbeiter(in), Rennfahrer(in), Zirkusartist(in), Profisportler(in)

WIDDER IN IHRER FREIZEIT

Schnelligkeit ist für Widder-Geborene das A und O. Es verlangt sie nach Aufregung und Abenteuer, sie lieben es, Risiken einzugehen und hassen jede Art der Anpassung. Ihre Freizeit sollten sie mit einer größeren Auswahl an körperlichen Herausforderungen verbringen, doch aufgrund ihrer kurzen Konzentrationsspanne Sportarten vermeiden, die längere Aufmerksamkeit erfordern. Sie lieben es, Erster zu sein und sind normalerweise auch extrem tüchtig und fähig, sofern man sie in dem ihnen eigenen Hyper-Tempo und Stil operieren lässt. Gefährliche und halsbrecherische Unternehmungen haben für sie besonderen Reiz: wilde Kriegsspiele, Kampfsportarten, Motorrennen, die Jagd, Pferde und große Hunde, Motorräder, schnelle und aufwühlende Musik und jede kreative Aus-

RECHTS Typische Widder mögen vor allem solche Freizeitaktivitäten, die ihre Abenteuerlust ansprechen. Sie lieben hohe Geschwindigkeiten und sind glücklich, wenn sie der Gefahr ins Auge blicken können.

drucksform, die Kraft mit Bewegungsfreiheit und geringem Konzentrationsaufwand verbindet. Widder-Geborene, die ihren starken physischen Drang nicht in Bewegung und Aktivität umsetzen können, werden leicht Opfer von Launenhaftigkeit und Zornausbrüchen. Widder hassen es, zu verlieren, und weniger reife Vertreter dieses Zeichens neigen zu Wutanfällen und empörten Vorwürfen der „Ungerechtigkeit", wenn sie auf den zweiten Rang verwiesen werden. Obwohl sie ihr Heim sehr lieben – oft können sie sich nur dort ganz entspannen – ist es für Widder-Menschen doch entscheidend, dass sie jeden Tag etwas Zeit in Bewegung und an der frischen Luft verbringen. Sind Widder mehr als ein paar Stunden an geschlossene Räume gefesselt, verschafft ihnen das tiefe Frustrationsgefühle.

GESUNDHEIT DES WIDDERS

Widder-Geborene neigen zu Kopfschmerzen und Migräne sowie zu anderen Problemen mit Kopf und Gesicht. Sie leiden oft unter Beulen, Knoten oder Hautkrankheiten in der Kopfregion und wegen ihrer extremen Impulsivität und Leichtsinnigkeit werden sie leicht zu Unfallopfern.

Doch sind Widder sehr zäh und stark und können körperlichen Schmerz und Belastungen leichter ertragen als die meisten anderen Zeichen. Allen Widder-Menschen tut Ruhe und Entspannung zwar unendlich gut, doch fällt es ihnen aus Angst davor, schwach oder faul zu erscheinen, schwer, auch nur eine Sekunde stillzusitzen.

HEILNAHRUNG

Ingwer, Meerrettich, Paprika, Chilischoten, Lauch, Zwiebeln, Knoblauch, Senf, Brunnenkresse

ERNÄHRUNG DES WIDDERS

Für das Wohlergehen des Widders ist Essen ganz entscheidend. Seine scheinbar unerschöpflichen Energiereserven wollen gut versorgt werden, vorzugsweise durch eine über den ganzen Tag verteilte häppchenweise Zufuhr von energiereichen Nahrungsmitteln (Kohlenhydrate und Eiweiß wie in Fleisch, Bohnen, Nüssen, Brot, Nudeln oder Reis). Viele Widder schlingen größtmögliche Mahlzeiten in kürzestmöglicher Zeit hinunter und greifen häufig auf bequemes Fast Food zurück. Erfreulicherweise kann ihr Körper Fett rasch verbrennen. Auch begegnet man nur selten wirklich dicken Widder-Menschen, da ihre Liebe zu Sport und Bewegung ihnen hilft, ihr Gewicht zu halten. Auch wenn die meisten Widder-Geborenen scharf Gewürztes am liebsten essen, vertragen sie auch Vegetarisches sehr gut.

WIDDERTYPISCHE SPORTARTEN

Motorrennsport, Boxen, Squash, Aerobic, Ausdauertraining, Kraftsport, Judo, Tennis, Jogging, Ski-Abfahrtslauf, Rugby, Fußball

OBEN Widder-Geborene sind sehr konkurrenzbewusst und mögen vor allem solche Spiele, bei denen sie ihre Kraft und Überlegenheit zur Schau stellen können.

WIDDER POSITIV
Ich kam, sah und siegte!

WIDDER NEGATIV
Übermut tut selten gut.

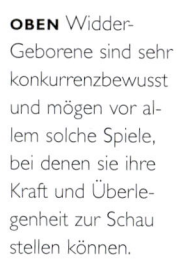

STIER

21. April bis 20. Mai

KURZ-CHARAKTERISTIK

verlässlich, loyal, praktisch, stabil, neigen zu Trott und Routine, stur, häuslich, naturverbunden, materialistisch, bequem, schwerfällig, hartnäckig, introvertiert

Der Planet Venus regiert den Stier.

Das Element Erde regiert den Stier.

Der Widder regiert Hals und Rachen.

Dieses Zeichen ist mit den Farben Grün und Braun verbunden.

DAS WESEN DES STIERS

Stiere sind ruhige, sanftmütige Menschen, doch sie wissen genau, was sie wollen, und nichts bringt sie von einem einmal eingeschlagenen Weg ab. Dieses Zeichen besitzt ein derartiges Phlegma, dass ein typischer Stier manchmal nicht mehr in der Lage ist, sich dem Lauf der Zeit anzupassen. Stiere wollen, dass alles so bleibt, wie es ist. Sie mögen es nicht, gestört oder zu Veränderungen gezwungen zu werden. Der Gedanke an zu viel Aktivität kann Stier-Menschen buchstäblich krank machen. Sie sind verzweifelt darauf aus, sich im Leben sicher auf Rosen gebettet zu fühlen, müssen aber allzu oft erkennen, dass sich Friede und Harmonie nur durch mühselige Kämpfe erringen lassen. Glücklicherweise tun Stiere sich durch große Ausdauer hervor und besitzen genügend körperliche und geistige Kraft, um letztlich auch die größten Hindernisse zu überwinden.

Trotz ihrer angeborenen Langsamkeit und Unflexibilität haben die meisten Stier-Geborenen ein fast unheimliches Geschick zur persönlichen Gewinnmehrung. Stiere lieben Geld, Wohlstand und Status über alles, und wirklich arme Stiere trifft man nur selten. Menschen dieses Zeichens sind ausgezeichnete Finanzplaner. Besonders Stier-Frauen gelingt es bewundernswert gut, mit wenig Geld lange Zeit auszukommen – die reichlich angehäuften Besitztümer werden sorgfältig und liebevoll gepflegt, aus den einfachsten Zutaten zaubern sie ein Festessen und aus Billigkleidung vom Wühltisch ein wahres Designer-Outfit. Und Stier-Menschen sind außerdem so klug, dass es anderen kaum in den Sinn kommt, die Quelle ihres augenscheinlichen Wohlstands zu hinterfragen.

Der Stier ist wie Jungfrau und Steinbock ein Erdzeichen, und von allen Dreien ist er das am stärksten erdverbundene. Stiere fühlen sich eingeengt und unwohl, wenn man ihnen den freien Zugang zu Land und Natur verwehrt. Sie besitzen den sprichwörtlich

OBEN Das Stiersymbol versinnbildlicht die standhafte Kraft und Individualität der Stier-Geborenen.

OBEN Zu Hause fühlt der Stier sich am wohlsten – sein Heim ist sicher, bequem und luxuriös ausgestattet.

Geburtsstein ist der Smaragd.

Glückstag ist der Freitag.

grünen Daumen. Viele bekleiden Berufe, die sie im Freien ausüben können: Landwirtschaft, Gartenbau oder ähnliche Beschäftigungen liegen ihnen. Zumindest aber in ihrer Freizeit beschäftigen sie sich mit Gärtnerei und Zimmerpflanzen.

LINKS Stier-Menschen sind liebevolle, treue Partner, die sich – wenn sie sich einmal festgelegt haben – nur selten wieder umorientieren.

STIERE UND DIE LIEBE

Stier-Geborene lassen sich auf Beziehungen nur langsam und zurückhaltend ein, doch wenn sie ihr Herz einmal geöffnet haben, können sie auch sehr fürsorgliche und loyale Partner sein. An wilden Flirts oder häufig wechselnden Partnerschaften sind sie nicht interessiert. Stiere sind nicht gerade romantische Menschen, und in einem funktionierenden Familienverband neigen sie noch mehr zu Zurückhaltung und mangelnder Abenteuerlust als sonst. Sie lieben es, von der Arbeit nach Hause zu kommen, eine liebevoll zubereitete Mahlzeit zu genießen und dann die Füße hochzulegen und den ganzen Abend fernzusehen. Selbst der stoischste und toleranteste Lebenspartner kann das eines Tages nicht mehr ertragen und versucht, den Stier aus seinem Sessel zu locken. Stiere sind extrem sinnliche Menschen, und Stiere beiderlei Geschlechts verlangt es nach erdhaft-sexueller Bindung. Sie brauchen Sex wie die Luft zum Atmen. In der Liebe verhalten Stiere sich loyal, aufgeweckt und zahm. Sie sind leicht zufrieden zu stellen. Wer wundert sich da noch, dass die Stier-Menschen den Rekord für die geringste Scheidungsrate aller zwölf Zeichen halten?

- Dickes, glänzendes Haar
- Rundliche Nase oder Stupsnase
- Volle Lippen und kräftige Knochen
- Kantige Züge, besonders im Bereich der Kieferpartie
- Kleidet sich klassisch-konservativ, legt Wert auf hohe Qualität
- Kräftiger Körperbau, kleine bis mittelgroße Figur; neigt in späteren Jahren zu Übergewicht

LINKS Das Äußere eines Stiers zeigt typischerweise einige dieser Merkmale.

DIE SONNENZEICHEN

OBEN Stiere würden in ihrer Freizeit am liebsten einfach faulenzen – vorzugsweise in idyllischer Umgebung. Wenn man sie jedoch aus ihrer Lethargie herauslocken kann, sind langsame, präzise Aktivitäten das Richtige für sie – bis es Zeit ist für die nächste Mahlzeit, für Stiere oft selbst eine Form der Freizeitgestaltung.

RECHTS Stier-Geborene lieben die Musik und streben oft hingebungsvoll nach der perfekten Vortragsweise.

STIERE BEI DER ARBEIT

Stier-Geborene lernen langsam und passen sich schwer an, deshalb ist es wichtig, dass sie in ihrem Beruf selbst das Tempo bestimmen können. Oft zieht es sie zu Beschäftigungen, bei denen sie im Freien oder mit den Händen arbeiten können. Doch auch ihr finanzielles Geschick oder ihre Liebe zur Musik kann zu einer erfolgreichen Karriere führen.

STIERE IN IHRER FREIZEIT

„Freizeit" assoziiert ein Stier automatisch mit menschenleeren, sonnendurchfluteten Stränden, an denen er sich unter Palmen entspannen kann. Ganz anders als der Widder genießt der Stier es, alles langsam und sorgfältig zu tun. Am liebsten tun die meisten Stiere in ihrer Freizeit einfach gar nichts. Sie sehen darin eine Möglichkeit, sich ganz zu entspannen – auch wenn sie es an körperlicher Kraft leicht mit jedem anderen Zeichen aufnehmen könnten. Schnelle oder gar gefährliche Aktivitäten verabscheuen sie. Sportarten mit langsamen, bedächtigen Bewegungen wie Billard, Golf, Tai-Chi

BERUFE FÜR STIERE

Landwirt(in), Landschaftsgärtner(in), Bauarbeiter(in), Zimmermann/-frau, Förster(in), Haushaltshilfe, Raumpfleger(in), Koch/Köchin, Börsenmakler(in), Banker(in), Finanzberater(in), Architekt(in), Hotelfachmann/-frau, Musiker(in)

STIER POSITIV
Man kann alles haben, man braucht nur Geduld ...

STIER NEGATIV
Müßiggang ist aller Laster Anfang.

oder Yoga können ihnen hingegen sehr gefallen – ebenso wie natürlich jede Tätigkeit, bei der sie bequem im Sessel sitzen bleiben können. Fernsehabende stehen ganz oben auf ihrer Liste, doch auch konzentrationsstärkende Tätigkeiten wie Handarbeit, Puzzlespiele oder Lesen sind bei ihnen beliebt. Vor harter Arbeit schrecken Stiere auch in ihrer Freizeit nicht zurück. Ihre Liebe zu Land und Natur macht Sportarten und Hobbys unter freiem Himmel für sie attraktiv: Wandern, Angeln oder Gartenbau. Stiere besitzen die sprichwörtlich grünen Daumen und haben meist großen Spaß an Gartenarbeit. Ihre Leidenschaft für gutes Essen führt zu häufigen Restaurantbesuchen, doch muss jede Mahlzeit langsam genossen werden – Fast-Food erfüllt die stiertypisch hohe Erwartungshaltung ans Essen ganz und gar nicht.

In jedem Chor, Orchester oder Musikverein findet sich eine ansehnliche Zahl an Stier-Mitgliedern. Manche lieben es klassisch, ziehen leichtere musikalische Kost und Balladen vor. Junge Stier-Menschen zieht es oft zu bodenständigen Tönen mit kräftigem Rhythmus, wie zum Beispiel Reggae.

Angehörige aktiverer Sonnenzeichen mögen Stiere vielleicht als träge und phantasielos empfinden – doch bei näherem Hinsehen offenbaren sich eine liebenswert totale Hingabe und unerschütterliche Zufriedenheit – wenn man einen Stier-Menschen nur seinen Lieblingsbeschäftigungen nachgehen lässt!

HEILNAHRUNG

Minze, Stachelbeeren, Thymian, Rosmarin, Oliven, Äpfel, Birnen, Trauben, Rhabarber, grüne Bohnen, Kirschen, Kohl

GESUNDHEIT DES STIERS

Stier-Menschen sind für gewöhnlich stark und kräftig und leiden in jüngeren Jahren selten unter größeren Gesundheitsproblemen. Doch wegen der Stier-Herrschaft über Hals und Rachen neigen sie ihr Leben lang zu unangenehmen Halsschmerzen und -entzündungen. Besonders Sänger dieses Zeichens sollten ihren Hals durch Schonung und spezielle Ernährung entlasten.

ERNÄHRUNG DES STIERS

Bewegungsmangel und eine Vorliebe für gutes Essen sind unter Stieren so verbreitet, dass sie oft zu Übergewicht neigen. Auf die eine oder andere Mahlzeit zu verzichten oder auf vegetarische Ernährung umzusteigen tut Stier-Menschen gut. Doch die meisten haben so wenig Lust dazu, dass sie lieber die Folgen ihrer ungesunden Ernährung tragen.

LINKS Stier-Menschen haben Spaß an Tätigkeiten, die langsame Bewegungen und Konzentration erfordern, etwa Tai-Chi oder Yoga.

STIERTYPISCHE SPORTARTEN

Judo, Tai-Chi, Boxen, Yoga, Billard, Golf, Wandern, Diskuswerfen, Hammerwerfen, Kricket

3 ZWILLINGE

21. Mai bis 21. Juni

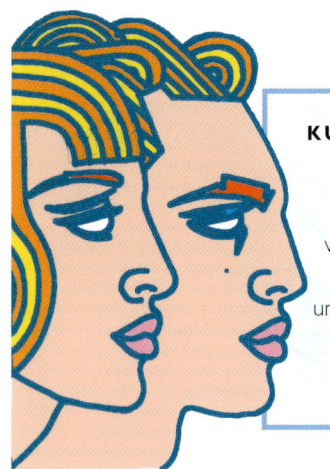

KURZCHARAKTERISTIK

lebhaft, kommunikativ, anpassungsfähig, nervös, vielseitig, launisch, emotional unterkühlt, ausdrucksstark, unabhängig, witzig, scharfsinnig, geistig rege

OBEN Das erste, was man an Menschen bemerkt, die unter dem Sonnenzeichen der Zwillinge geboren sind, ist ihre geistige Regsamkeit.

OBEN Mit ihrem Geschick beim Formulieren und ihrer lebhaften Phantasie tun sich Zwillinge-Menschen als gute Schriftsteller hervor.

RECHTS Äußerlich zeigen Zwillinge oft diese typischen Merkmale. Auch neigen sie zu expressiver Gestik.

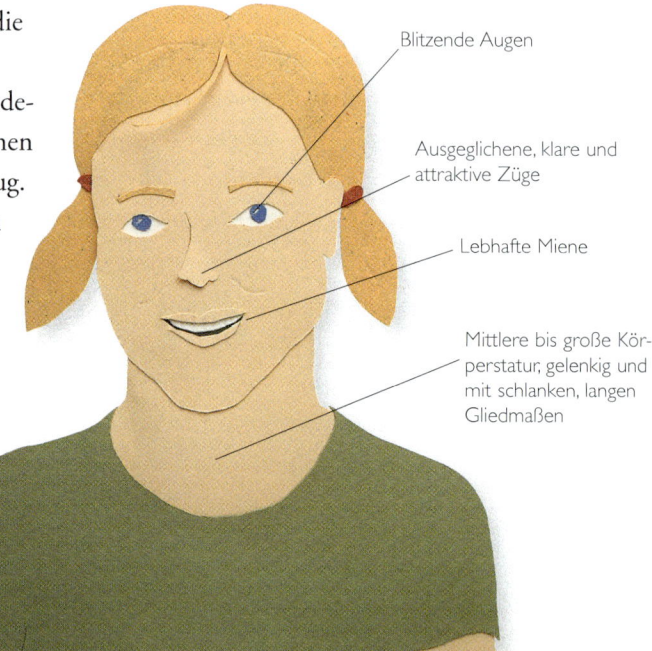

Der Planet Merkur regiert die Zwillinge.

Das Element Luft regiert die Zwillinge.

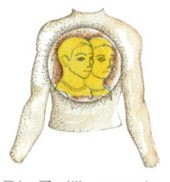

Die Zwillinge regieren Arme, Brust und Lunge.

Dieses Zeichen ist mit den Farben Gelb und Silber verbunden.

Geburtsstein ist der Kristall.

Glückstag ist der Mittwoch.

DAS WESEN DER ZWILLINGE

Ihr Planet Merkur gibt Zwillinge-Geborenen große Lebhaftigkeit, Vielseitigkeit und das ständige Bedürfnis nach geistiger Tätigkeit mit auf den Lebensweg. Dieses Zeichen besitzt zwar nicht die körperliche Kraft eines Widders oder Stiers, doch in puncto mentaler Regsamkeit rangiert es ganz oben im Zodiak. Aus dem Mund eines Zwillings sprudeln die Worte nur so hervor, doch sind es nicht immer die Worte, die andere hören möchten.

Oft geht es im zwillingstypischen Redefluss um Klatsch, Tratsch und ihren eigenen Standpunkt. Doch Zwillinge sind auch klug. Dank ihres Geschicks mit Worten geben sie erfolgreiche Schriftsteller oder Redner ab – wenn sie richtig in Stimmung sind, können sie jedem alles verkaufen. Ihre fanatische Liebe zur Kommunikation kann Probleme mit sich bringen. Sie strapazieren die Wahrheit und lassen ihre Phantasie Amok laufen, sodass aus der Erzählung oft letztlich eine Unwahrheit wird.

Zwillinge sind die Könige des Bluffs. Sehr rasch haben sie jede Situation oberflächlich erfasst, ohne sich allzu tief hineinziehen zu lassen. Der geistreiche Zwillinge-Mensch erscheint dem begeisterten Zuhörer für den Augenblick als Quell aller Weisheit. Aber das Zwillinge-Zeichen hat auch immer eine Kehrseite der Medaille zu bieten. Unter diesen Zeichen Geborene verhalten sich selten konstant. Sie neigen dazu, zu vergessen, was sie gesagt oder versprochen haben, weil ihr wacher Verstand immer schon mit der nächsten zu erwartenden Aufgabe beschäftigt ist. Sie lernen besonders leicht und haben

- Blitzende Augen
- Ausgeglichene, klare und attraktive Züge
- Lebhafte Miene
- Mittlere bis große Körperstatur, gelenkig und mit schlanken, langen Gliedmaßen

selten Schwierigkeiten mit Prüfungssituationen.

Angehörige, Freunde und Bekannte sind für Zwillinge von großer Bedeutung. Gespräche knüpfen sie mühelos und überall an. Angetrieben von ihrem ruhelosen Wesen gehen sie oft auf Reisen – per Auto, Bahn oder Flug (Schiffe sind ihnen zu langsam). Kurze Strecken sind ihnen jedoch lieber als Fernziele.

Außenstehenden erscheint der zwillingstypische Lebensstil vielleicht chaotisch, aber so mögen sie es nun einmal. Sie verabscheuen jede Routine. Sie sind selten langweilig und geben interessante und begehrte Begleiter ab. Kluge Gesprächspartner jedoch genießen das bewundernswerte Redetalent eines Zwillings mit Vorsicht.

LINKS Zwillinge lieben Unterhaltungen und haben auch viel zu sagen. Für ausgedehnten Klatsch und Tratsch sind sie immer zu haben.

ZWILLINGE UND DIE LIEBE

Der die Zwillinge regierende Merkur ist ein androgyner Planet, dem sprachliche und geistige Aktivität lieber sind als jeder körperlicher Ausdruck – auch in der Liebe. Zwillinge-Menschen, bei denen mehr als nur das Sonnenzeichen in diesem Zeichen steht, sorgen sich nicht allzu sehr um Liebesangelegenheiten. Ironischerweise sind die meisten von ihnen sehr attraktiv und begehrt. Je weniger sich ein Zwilling aus seinen Verehrern macht, desto hartnäckiger wird er von ihnen verfolgt. Wenn sich Zwillinge tatsächlich verlieben, sind es meist die kommunikativen Fähigkeiten des anderen, die sie überzeugen. Was ihnen gefällt, sind Liebe und Sex in Worten, besonders in Form von Gedichten oder Erzählungen. In ihren Beziehungen brauchen sie Abwechslung und Veränderung, weshalb man ihnen manchmal Untreue vorwirft. Doch das ist nicht ganz fair, denn was Zwillinge einfach wirklich brauchen, ist jemand, mit dem sie reden können – und wenn sie diesen jemand beim Flirten finden, dann nutzen sie eben ihre Chance ...

UNTEN Zwillinge brauchen Partner, die viel kommunizieren. Umso besser, wenn das in Form von Dichtung geschieht.

DIE SONNENZEICHEN

RECHTS Zwillinge bevorzugen Spiele für Blitzdenker – der Beweis von Körperkraft bedeutet ihnen nur wenig. Im Freien zieht es sie zu luftigen Aktivitäten, etwa Heißluftballons, Drachenfliegen oder Fallschirmspringen.

ZWILLINGE BEI DER ARBEIT

Zwillinge sind ausgesprochen geistig orientiert und haben nur selten etwas für körperlich harte Arbeit übrig. Da sie alles möglichst schnell erledigt wissen möchten, sind sie nicht immer sehr gründlich, doch haben sie stets originelle Ideen und arbeiten hervorragend an Dingen, die sie interessieren. Zwillinge müssen sich manchmal den Vorwurf gefallen lassen, sie könnten so vieles, aber nichts richtig. Und wirklich setzen sie ihre Talente in alle Richtungen ein, wenn bei all ihren Beschäftigungen auch stets die Kommunikation eine große Rolle spielt. Unter diesem Zeichen Geborene können nicht gut allein, zu Hause oder in täglicher Routine festgelegt arbeiten. Gut eignen sich hingegen Stellungen, in denen sie viel in Aktion und Bewegung sein können. Die Organisation ihrer Zeit nehmen sie recht leicht – oft erscheinen sie früher oder später als abgemacht oder aber sie kommen gar nicht, weil plötzlich etwas anderes ihre Aufmerksamkeit in Anspruch genommen hat. Später am Telefon haben sie sich schon wieder eine so plausible Erklärung ausgedacht, dass sie meist selbst daran glauben.

BERUFE FÜR ZWILLINGE

Journalist(in), Schriftsteller(in), Vertreter(in), Verkaufsfachmann/-frau, Anwalt/Anwältin, Tänzer(in), Unterhaltungskünstler(in), Fotomodel, Akrobat(in), Lehrer(in), Flughafen- oder Bahnpersonal, Touristikfachmann/-frau

LINKS Die oft strahlend schönen, schlanken und langgliedrigen Zwillinge-Frauen können hervorragende Fotomodels sein.

ZWILLINGE IN IHRER FREIZEIT

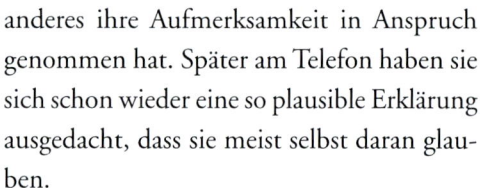

Alle Beschäftigungen, die den Verstand kurzzeitig und konzentriert fordern, sind für Menschen dieses Zeichens ein Vergnügen. Wie bei Widder-Menschen ist es auch für Zwillinge nicht leicht, sich längere Zeit zu konzentrieren, doch das gleichen sie durch eine unglaublich rasche Auffassungsgabe wieder aus. Vor allem schnelle Tätigkeiten sagen ihnen zu. Geistiges Training wie Karten- oder Brettspiele, Lesen (in kurzen Phasen) oder Sprachspiele gefallen ihnen besser

ZWILLINGE POSITIV
Schlägt zwei Fliegen mit einer Klappe.

ZWILLINGE NEGATIV
Ein rollender Stein setzt kein Moos an.

GESUNDHEIT DER ZWILLINGE

Was die körperliche Konstitution anbelangt, sind Zwillinge eines der schwächeren Zeichen des Tierkreises. Sie sollten gut auf sich Acht geben, doch die meisten Zwillinge-Menschen halten gesundheitliche Vorsorge nicht für sehr wichtig. Fitnessübungen interessieren sie nicht – viele von ihnen besitzen auch wenig körperliche Kraft – und haben meist wenig Appetit. Zwillinge essen nur, um zu überleben, und wenn etwas sie geistig ablenkt, können sie schlicht zu essen vergessen. Dann greifen sie ähnlich wie die Widder gern zu ungesundem Fast Food.

Wenn Zwillinge ins mittlere Alter kommen, treten bei ihnen häufig Erkältungskrankheiten, Lungen- und Atemwegsinfektionen, Arthritis und allgemeine Beschwerden auf. Doch auch junge Zwillinge sind oft schon betroffen, häufig tritt zum Beispiel Jugendasthma auf. Aufgrund ihres Merkureinflusses neigen Zwillinge-Menschen zu nervösen und mentalen Problemen.

als rein körperlicher Sport. Zwillinge-Geborene sind meist schlank und agil, mit schmalen Händen und Füßen. Oft mögen sie Tischtennis, Badminton, Tanzen, Gymnastik, Akrobatik und Kurzstreckenlauf.

Frauen dieses Zeichens sind oft sehr attraktiv und mögen es, an Schönheitswettbewerben teilzunehmen, doch die absolute Lieblingsbeschäftigung der Zwillinge ist das Reden, oft ohne Punkt und Komma. Ganz anders als Stiere, die gern mit beiden Beinen fest auf der Erde stehen, genießen Zwillinge es, sich in höhere Gefilde zu begeben: Flugreisen, Heißluftballons, Drachenfliegen oder Fallschirmspringen sind genau das Richtige für sie.

> **ZWILLINGSTYPISCHE SPORTARTEN**
>
> Kurzstreckenlauf, Eislauf, Tischtennis, Tennis, Fußball, Tanzen, Skilauf, Weitsprung, Hochsprung, Stabhochsprung, Badminton, Gymnastik

ERNÄHRUNG DER ZWILLINGE

Zwillinge-Menschen brauchen leichte, nahrhafte Kost, gekochtes Gemüse und Suppen. Fett verbrennt ihr Körper sehr rasch, weshalb sie ein wenig mehr als andere davon brauchen. Viel Eiweiß tut ihnen gut (Fleisch, Eier, Fisch, Bohnen, Nüsse), aber Molkereiprodukte vertragen sich oft nicht mit ihren asthmatischen Beschwerden.

> **HEILNAHRUNG**
>
> Karotten, Dill, Majoran, Baldrian, Haselnüsse, Walnüsse, Hafer, Fisch, Lakritz, Aprikosen, Kürbis, Kurkuma

KREBS

22. Juni bis 22. Juli

Der Mond regiert den Krebs.

Das Element Wasser regiert den Krebs.

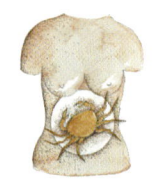

Der Krebs regiert Bauch (Magen) und die Brüste.

DAS WESEN DES KREBSES

Der Krebs ist das erste der drei Wasserzeichen im Tierkreis. Krebs-Menschen verspüren tiefe Gefühle und unergründbare Sehnsüchte. Es sind ernsthafte, liebevolle, sensible Menschen mit komplexer psychischer Struktur, die mit Halbheiten nichts anfangen können. Für sie heißt es Alles oder Nichts, doch für gewöhnlich behält das Nichts die Oberhand. Anstatt ein Risiko einzugehen und ihre Energie in etwas zu stecken, das misslingen könnte, gehen sie lieber langsam und vorsichtig zu Werke. Ist der richtige Zeitpunkt gekommen, schlagen sie blitzschnell zu und überraschen alle mit ihrer plötzlichen Effektivität.

KURZCHARAKTERISTIK

ruhig, missvergnügt, häuslich, sensibel, nährend, freundlich, sentimental, emotional, schweigsam, fürsorglich (manchmal zu sehr), sicherheitsbedürftig

Dieses Zeichen liebt keine unnötigen Risiken. Wenn es hart auf hart kommt, begnügen Krebse sich gern damit, sich einzugraben und sich in den Schutz der häuslichen Bequemlichkeit zurückzuziehen. Sie sind nicht schwach oder feige – ganz im Gegenteil. Krebs-Menschen können in Notfällen außerordentlich willensstark, entschlossen und mutig sein, doch ziehen sie es vor, nicht allzu viel Aufmerksamkeit auf sich zu lenken. Mondregierte Zeichen legen stets großen Wert auf Frieden, Abgeschiedenheit und Familienleben. Doch auch der Mond hat eine Kehrseite, und wenn ein zurückhaltender Krebs ins Rampenlicht gedrängt wird, kann er plötzlich wie ausgewechselt scheinen. Wenn sich ihnen die Chancen zur richtigen Zeit bieten, werden Menschen dieses Zeichens bemerkenswert gut mit Ruhm, Vermögen und Verantwortung fertig.

Die sensible, liebevolle und häusliche Mutter- oder Vaterfigur, die Krebs-Geborene abgeben, mag schon fast zu perfekt erscheinen. Doch aus Sensibilität kann Verwundbarkeit werden, aus Sorge Dominanz und Liebe kann erdrücken. Nicht alle Krebse wissen, wo sie die Grenzen überschreiten. Sie möchten helfen und lieben es, gebraucht zu werden. Doch kann die mütterliche Fürsorge sich nur allzu leicht in erdrückende Mut-

OBEN Das Krebssymbol weist deutlich auf die Verbindung zu Wasser und Meer hin.

Scharfe Züge mit feinem, dunklem Haar und schmalem Körperbau (Neumondtyp) oder blasses Gesicht mit rundlichen Zügen, hellem Haar und kompakter Figur (Vollmondtyp)

Klein bis mittelgroß (manche Neumondtypen sind allerdings auch hochgewachsen); Grundkörperhaltung: Selbstverteidigung

LINKS Zu einem krebstypischen Äußeren gehören einige dieser Merkmale.

RECHTS Krebs-Mütter laufen Gefahr, ihre Kinder mit ihrer permanenten Liebe ungewollt zu erdrücken.

terliebe wandeln. So werden Krebse immer wieder wegen ihres Hangs zu erstickender Liebe verlassen. Wenn das geschieht, fühlen sie sich tief verletzt und rüsten sich für den Kampf. Der besteht in einem emotionalen Krieg aus Schuldzuweisungen, Vorwürfen, Schmollen und Sticheln. Mit einem verletzten Krebs-Menschen lässt es sich schwer auskommen, und viele Partner geben lieber auf, als weiterhin Feindseligkeit zu ertragen.

Krebse selbst kehren emotional problematischen Situationen lieber den Rücken, als eigene Verletzungen zu riskieren.

Geld und Sicherheit spielen im Leben der Krebse eine wichtige Rolle. Sie haben ein großes Bedürfnis nach Besitz und Wohlstand, um sich sicher fühlen zu können. Sie können gut mit Geld umgehen, geben es aber auch selbstlos für andere und können sehr lieb, großzügig und rücksichtsvoll sein, wenn ihre Gefühle erwidert werden.

Dieses Zeichen ist mit den Farben Weiß und Schwarz verbunden.

Geburtsstein ist der Mondstein.

Glückstag ist der Montag.

KREBSE UND DIE LIEBE

Krebs-Geborene lieben mit ganzer Seele. Sie sind treue und zuverlässige Partner, wenn sie auch manchmal zu Launenhaftigkeit und undurchschaubarem Verhalten neigen. Sie lieben Umarmungen, Liebeserklärungen und (häufiges) Lob ihrer Vorzüge. Ihr Hang zur Fürsorglichkeit kann sie ihren Partnern gegenüber leicht bevormundend wirken lassen, wenn es auch gelegentlich gerade der Krebspartner ist, der in einer Beziehung eine beschützende Mutter- oder Vaterfigur sucht. Krebs-Männer lieben es, verwöhnt und umsorgt zu werden, und Krebs-Frauen genießen meist ihre Rolle als Verwöhnende. Sex ist für Krebs-Menschen als Mittel zum Ausdruck ihrer Liebe sehr wichtig. In einer liebevollen Beziehung können Krebse großartige Liebhaber und eine echte Stütze für ihre Partner sein, doch sobald etwas schief läuft, drohen Verschlossenheit, Zorn und Gefühlskälte.

LINKS Krebs-Menschen brauchen die konstante Bestätigung, geliebt zu werden und sind für intime Liebesbezeigungen dankbar.

DIE SONNENZEICHEN

RECHTS Krebs-Geborene lassen gern die Vergangenheit aufleben, weshalb eine Beschäftigung zum Beispiel als Möbelrestaurateur(in) sehr attraktiv für sie sein kann.

KREBSE BEI DER ARBEIT

Wenn Krebse im Allgemeinen auch harte Arbeit und aufreibende Anforderungen nicht scheuen, lieben sie doch unnötige, vermeidbare Arbeiten ganz und gar nicht. Ihre Arbeitsweise ist effizient und systematisch, was ihnen häufig Stellungen von hohem Rang und Entscheidungsbefugnis einbringt. Ihre emotionale Sensibilität macht sie zwar verwundbar, doch gelingt es den meisten Krebs-Menschen, einen schützenden Panzer aus Strenge und Autorität zu bilden. Was ihnen bei der Arbeit widerfährt, ertragen sie gefasst und brechen erst zu Hause angekommen frustriert in Tränen aus.

Ihr Hang zu Geld und Sicherheit verhilft ihnen für gewöhnlich in jedem Beruf, den sie wählen, zu Erfolg.

Da sie sich von nichts trennen können (was ihr Sicherheitsgefühl schwächen würde), umgeben Krebse sich sowohl zu Hause als auch an ihrer Arbeitsstelle mit Unmengen von Kleinigkeiten. Sie sind leidenschaftliche Sammler, und es zieht sie oft zu Berufen hin, in denen etwas zusammengetragen oder angehäuft wird.

KREBSE IN IHRER FREIZEIT

Freizeitstunden verbringen Krebs-Geborene am liebsten damit, ihr Zuhause zu verschönern oder sich bei leiser Musik im Sessel zu entspannen – gern auch umgeben von Haustieren. Wenn sie sich einer Freizeitbeschäftigung widmen, dann immer ernsthaft, begeistert und mit wahrer Hingabe. Kann ein Angehöriger dieses Wasserzeichens einmal aus dem sicheren Haus gelockt werden, begibt er sich gern an Flussufer, Seen oder Meeresstrände – die meisten Krebse sind Anhänger zumindest einer Wasser-

BERUFE FÜR KREBSE

Haushaltshilfe, Hotelfachmann/-frau, Koch/Köchin, Geschäftsführer(in), Banker(in), Finanzberater(in), Sozialarbeiter(in), Klempner(in), Taucher(in), Seemann/-frau, Antiquitätenhändler(in), Möbelrestaurateur(in), Makler(in)

LINKS Krebse lieben das Meer, die Musik und Haustiere. Sie sind auch leidenschaftliche Sammler.

RECHTS Krebs-Menschen trifft man häufig auf Booten und Schiffen an – Spiegel ihres Wasserzeichen-Wesens.

sportart. Die Ferien verbringen sie gern am Meer oder auf Schiffen. Und viele nehmen ihren Sport so ernst, dass sie gern an Ruder-, Kanu-, Schwimm- oder Tauchwettbewerben teilnehmen.

Krebs-Menschen beschäftigen sich gern mit der Vergangenheit, was oft zu Hobbys wie Fotografie, Geschichte oder Möbelrestaurierung führt. Sie sammeln leidenschaftlich gern alte Dinge – Briefmarken, Münzen, Bücher, Antiquitäten oder auch Kleidung. Da die meisten Krebs-Menschen ausgesprochen häuslich sind, lieben sowohl Frauen als auch Männer es sehr zu kochen und gut zu essen – besonders gern Süßes. Krebs-Frauen beschäftigen sich oft mit Handarbeiten, die Männer sind begeisterte Heimwerker. Sie haben eine Schwäche für sentimentale Musik, mögen die meisten klassischen Stücke und besonders solche, die in einem glanzvollen Finale enden. Entspannungsmusik wie Vogelstimmen oder Meeresrauschen zeigt auf Krebse große Wirkung.

> **KREBS POSITIV**
> Die Liebe hält so lang wie der Wohlstand.

GESUNDHEIT DES KREBSES

Krebs-Menschen achten wenig auf ihre Gesundheit und bekommen selten genug Bewegung. Den meisten ihrer gesundheitlichen Probleme liegt die krebstypische Empfindlichkeit zugrunde. Jede noch so geringe Verletzung schlägt ihnen buchstäblich auf den Magen, wo sie Verdauungsschwierigkeiten verursacht. Sodbrennen, Magengeschwüre oder Magenschleimhautentzündungen können unter anderem die Folge sein.

> **KREBSTYPISCHE SPORTARTEN**
>
> Schwimmen, Tauchen, Eislauf, Rudern, Golf, Kricket, Zielschießen, Wasserball, Surfen

ERNÄHRUNG DES KREBSES

Krebse lieben süße und milchhaltige Nahrungsmittel wie etwa Schokolade oder Dessertcreme. Da diese nicht eben gesund sind und besonders auch zu Magenübersäuerung führen können, ist Vorsicht geboten. Frauen dieses Zeichens leiden unter Brustproblemen, Entzündungen oder sogar Brustkrebs. Für den äußerlichen Vollmond-Typ Krebs ist auch Übergewicht ein Problem. Körperertüchtigung ist wichtig für Krebse, sollte jedoch langsam angegangen werden.

> **KREBS NEGATIV**
> Auf feuchtem Boden versinkt man leicht ...

> **HEILNAHRUNG**
> Kohl, Kürbis, Gurke, Seetang, Mangos, Bananen, Champignons, Melone, Erdbeeren, Brunnenkresse

LÖWE

23. Juli bis 22. August

KURZCHARAKTERISTIK

loyal, stolz, egoistisch, großspurig, entschlossen, großzügig, theatralisch, bequem, abenteuerlustig, liebevoll, herrisch, humorvoll

Die Sonne regiert den Löwen.

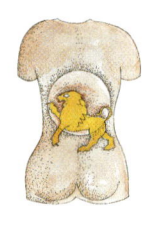

Der Löwe regiert Herz und Rückgrat.

Das Element Feuer regiert den Löwen.

UNTEN Löwen neigen zur Unreife und schmollen oder leisten sich Szenen – auch in der Öffentlichkeit.

Volles, dickes Haar, oft blond oder rötlich, das vom Gesicht weg nach hinten fällt

Kräftige, breite Züge, weit auseinanderstehende Augen

Vorliebe für Gesichts- und Körperschmuck

Mittelgroß bis hochgewachsen, in späteren Jahren zur Korpulenz neigend

OBEN Löwe-Menschen blicken mit königlicher Direktheit. Einige dieser Merkmale sind vielen von ihnen gemeinsam.

Das Zeichen ist mit den Farben Orange und Gold verbunden.

Geburtsstein ist der Diamant.

Glückstag ist der Sonntag.

DAS WESEN DES LÖWEN

Stolz und majestätisch, feurig und entschlossen – Menschen dieses Sonnenzeichens sind immer etwas überlebensgroß. Löwen wollen bemerkt, bewundert und angehimmelt werden. Das erreichen sie normalerweise durch Großzügigkeit, Offenherzigkeit, Zuneigung und Humor. Wenn aber das erwünschte Ergebnis auf sich warten lässt, können sie sich auch von einer weniger liebenswerten Seite zeigen – sie brüllen laut auf und stellen eine Wut zur Schau, die selbst die stärksten Gemüter einschüchtert. An diesem Punkt haben Löwe-Geborene die Schlacht für gewöhnlich für sich entschieden, doch sollte ihnen der Sieg immer noch versagt sein, schlagen sie mit wildwütiger Energie und „Killerinstinkt" zu oder sie ziehen sich einfach wieder zurück – je nachdem, wie ausgehungert sie nach einem weiteren Triumph sind. Den von Natur aus bequemen und gutmütigen Löwe-Menschen fällt eine echte Anstrengung oft schwer, besonders wenn sie mit ihrem Leben eigentlich ganz zufrieden sind.

Typische Löwen sind loyale, liebenswerte Menschen, doch können sie zu Selbstüberschätzung und Sturheit neigen und sind schnell beleidigt, wenn nicht alles nach ihrem Willen geht. Wenn sie herausfinden, dass sie mit schlechtem Benehmen tatsächlich weiterkommen, setzen sie dieselbe Masche immer wieder ein. Löwen sind als ewige große Kinder bekannt, die nicht erwachsen werden wollen. Wer schlau ist, ignoriert Löwen in so einem Augenblick, denn nichts hassen sie mehr. Sind sie zum Nachdenken gezwungen, wird ihnen klar, dass sie mit positivem Verhalten bessere Ergebnisse erzielen, und sie verwandeln sich rasch wieder in die liebenswerten, freundlichen Menschen, die ihre Freunde kennen und mögen.

Legt ein Löwe sich auf etwas oder jemanden fest, gilt das fürs ganze Leben oder zumindest so lange wie möglich. Löwen ist es unmöglich, eine Beziehung einfach hinter sich zu lassen; aus unverbrüchlicher Treue und aus Furcht, sich unbeliebt zu machen, weil sie jemanden im Stich gelassen haben.

Die meisten Löwe-Geborenen lächeln und lachen oft und gern. Sie sind warmherzig und extrovertiert und lieben Pracht, Prunk und Glamour. Angesehene und beliebte Löwen haben ein Herz aus Gold und schenken ihre Zuneigung freigiebig, doch solche, die sich ungeliebt fühlen, neigen zu Depressionen und Selbstmitleid.

LINKS Wie ihr Symboltier brüllen auch im Zeichen des Löwen geborene Menschen laut auf, wenn etwas nicht nach ihrem Willen geht.

RECHTS Mit glücklichen Löwen zusammen hat man immer viel Spaß. Sie sind extrovertiert, sehr charismatisch und strahlen große Herzenswärme aus.

OBEN Löwen lieben aus ganzem Herzen und sind aufrichtig an funktionierenden, langfristigen Beziehungen interessiert.

LÖWEN UND DIE LIEBE

Das Sternbild Löwe regiert das Herz – das Zentrum der Liebe also, in ihrer reinsten und selbstlosesten Form. Löwe-Geborene lieben aus vollem Herzen, vorbehaltlos und mit absoluter Hingabe. Wenn ihre Partner sie in irgendeiner Hinsicht enttäuschen, sind sie unweigerlich am Boden zerstört. Menschen, die ihre Löwe-Partner nicht mehr bewundern und respektieren, gelten in deren Augen als treulos und illoyal – auch wenn sie selbst die Schuld an dem Respektverlust tragen. Manchmal ufert der Egoismus eines Löwen derartig aus, dass ihm die Einsicht abhanden zu kommen scheint, dass niemand unaufhörlich uneingeschränkte Liebe schenken kann. Ein positiv eingestellter, liebevoller Löwe-Partner ist andererseits die reine Freude: charismatisch, witzig, extrem sexy und bemerkenswert rücksichtsvoll.

DIE SONNENZEICHEN

RECHTS Löwen lösen sich in Sekundenschnelle aus meditativen Stimmungen und beweisen Kraft, Geschick und Ausdauer.

LÖWE POSITIV
Hoch oben thront der König und verteilt großzügig Gaben an seine Untertanen.

UNTEN Löwe-Menschen sind physisch stark – und eine Laufbahn, die ihnen Respekt einbringt, etwa im aktiven Löschzugeinsatz, eignet sich sehr gut für sie.

LÖWEN BEI DER ARBEIT

Außenstehende könnten glauben, dass Löwe-Menschen bei der Arbeit nur wenig leisten, doch das ist beileibe nicht so. Löwen mögen keine Eile und scheinen meist entspannt oder sogar faul, doch in Wirklichkeit sind sie stets innerlich hellwach und sprungbereit. Wenn sie sich inspiriert und grundzufrieden fühlen, also ihre übliche treue und verlässliche Seite zeigen, arbeiten Löwen härter als die meisten anderen Zeichen. Sie sind da, wenn man sie braucht. Doch sind sie nicht immer locker und gut gelaunt und lassen es unter keinen Umständen zu, dass ihre Autorität untergraben wird oder andere ihnen ihren Willen aufzwingen. Einige rebellieren offen gegen Missstände, andere hingegen stauen den Ärger in sich an und explodieren dann in einem Wutausbruch, der Arbeitgeber oder Kollegen meist überrascht und verblüfft. Löwe-Geborene brauchen eine Stellung, bei der sie sich durch harte Arbeit Respekt und Autorität verschaffen können. Es ist wichtig, dass sie in ihrem Beruf froh und zufrieden sein können, da Monotonie und ein Mangel an Respekt oder Kollegialität ihrer Leistungsfähigkeit empfindlich schaden. Unverzichtbar ist auch, dass ihr Arbeitsplatz ihnen eine gewisse Kreativität ermöglicht.

BERUFE FÜR LÖWEN

Schauspieler(in), Fotomodel, Modeschöpfer(in), Geschäftsführer(in), Filmregisseur(in), Feuerwehrmann/-frau, Künstler(in), Entertainer(in), Tiertrainer(in), Polizist(in), Musiker(in), Agent(in), Goldschmied(in)

LÖWEN IN IHRER FREIZEIT

Der bequeme Löwe zieht es im Allgemeinen vor, zu schlafen, die Welt um ihn herum entspannt zurückgelehnt zu betrachten und in seiner Freiheit wenig aktiv zu werden. Doch wenn er sich einmal zur Bewegung entscheidet, zeigt er Kraft, Mut, Tempo und Durchhaltekraft. Wenn rasches Handeln Not tut, kann er losstürmen wie aus der Pistole geschossen. Löwen sind auch physisch stark und bei Ausdauersportarten wie Marathonlauf, Leichtathletik, Fußball oder Ringen sehr erfolgreich. Sie lieben Pferde und freuen sich an allen Reitsportarten – auch Pferderennen, Polo oder Jagdreiten. Als geborene Anführer mögen sie es nicht, sich der Mehrheit anzuschließen. Löwe-Frauen sind jeder Art von Schmuck herzlich zugetan und arbeiten häufig in der Modebranche. Kleidung oder Schmuck zu entwerfen oder herzustellen sind ideale Freizeitbeschäftigungen für sie. Auch Aktivitäten wie Joga, Tai-Chi, Origami, Malen oder Musik, die sowohl Zeit als auch Geduld erfordern, passen gut zum löwetypischen Temperament. Wenn ihnen der Sinn gerade nach Aktivität steht, mögen Löwen laute, bombastische Musik mit kraftvollen Rhythmen und viel Schlagzeug: Beispielsweise klassische Orchestermusik oder auch Heavy Metal. In ruhigeren Momenten ziehen sie sanfte, leise Töne vor, die sie in den Schlaf wiegen. Schauspielerei und Bühnenwelt ziehen sie magisch an, und häufig sind sie in Laienspielgruppen anzutreffen. Trotz ihrer Umgänglichkeit sind sie sehr konkurrenzbewusst. Sie sind schlechte Verlierer und tun stets alles, um zu gewinnen.

GESUNDHEIT DES LÖWEN

Löwe-Menschen haben eine gute Konstitution und halten viel aus. Eine deutliche Neigung zu Sucht- und Luxusgütern schwächt jedoch das Löwenherz und macht dieses Zeichen für Herzprobleme anfälliger als jedes andere. Der angeborene Stolz des Löwen zeigt sich schon in frühen Jahren, wenn schon das Kleinkind möglichst aufrecht und gerade sitzt und geht. Es scheint, als ob so einer Wirbelsäulenschwäche schon früh Tribut gezollt würde. Wer von ihnen (besonders im Teenageralter) doch eine krumme Haltung einnimmt, zahlt in späteren Jahren dafür mit Rückenproblemen.

ERNÄHRUNG DES LÖWEN

Löwe-Menschen haben einen herzhaften Appetit und kommen als die geborenen Fleischfresser mit vegetarischer Kost nur schwer zurecht. Sie nehmen sehr leicht zu, und zu viel Fett und Zucker kann ihrem anfälligen Herzen gefährlich werden.

LÖWE NEGATIV
Hochmut kommt vor dem Fall.
Es ist nicht alles Gold, was glänzt.

HEIL-NAHRUNG
Zitrusfrüchte, Oliven, Mandeln, Safran, Maismehl, Ananas, Mangos, Honig, Zimt, Bananen

LÖWETYPISCHE SPORTARTEN
Langlauf, Aerobic, Pferdesport, Pferderennen, Polo, Ringen, Gewichtheben, Diskus- oder Hammerwerfen, Yoga, Fußball, Kegeln und Bowling

LINKS Löwe-Menschen mögen oft Sportarten, die unerschütterliche Kraft erfordern. Sie haben das Bedürfnis, Hindernisse und Widerstände siegreich zu überwinden.

DIE SONNENZEICHEN

JUNGFRAU

6

23. August bis 22. September

KURZCHARAKTERISTIK

intelligent, kritisch, umständlich, scharfsinnig, bescheiden, sorgfältig, rastlos, analytisch, praktisch, ernsthaft, kleinlich, tüchtig, besorgt

Das Jungfrausymbol: Junge Frau mit Blume.

Der Planet Merkur regiert die Jungfrau.

Das Element Erde regiert die Jungfrau.

Ernsthafter Gesichtsausdruck, auffallende Augenpartie

Mittelgroßer bis hoher Wuchs, die Männer sind generell schlanker als die Frauen

LINKS Typische Jungfrau-Geborene besitzen einige dieser Merkmale. Sie sind ruhige, doch durchaus gesprächige Menschen.

DAS WESEN DER JUNGFRAU

Das Zeichen der Jungfrau steht an sechster und mittlerer Stelle im Tierkreis – und tatsächlich scheinen viele Jungfrau-Menschen mit Zuversicht auf die Vergangenheit zurückzublicken, gleichzeitig aber eine gewisse Scheu im Umgang mit Zukunft und Fortschritt zu verspüren. Ganz im Gegensatz zu ihrem Nachbarzeichen Löwe halten Jungfrauen sich gern im Hintergrund und setzen ihr Organisationstalent dazu ein, extrovertierteren Naturen weiterzuhelfen. Jungfrau-Geborene sind praktisch veranlagt, vernünftig, logisch und klug. Aus einer Mücke können sie sowohl im positiven als auch im negativen Sinn einen Elefanten machen. Oft werden sie unterschätzt oder übersehen, während weniger Begabte besser vorankommen, einfach weil sie mehr Ellenbogen besitzen. Jungfrauen wissen, dass sie ebenso viel können wie andere, doch Schüchternheit und Mangel an Selbstsicherheit lassen sie das nicht zeigen, sodass sie es den Anderen leicht machen, sie zu übergehen. Wenn das passiert, sind Jungfrauen empört und können dann Kritik von schneidender Schärfe formulieren. Das Zeichen wird vom Merkur beherrscht, dem Kommunikationsplaneten, daher können Jungfrauen trotz ihrer zahlreichen Hemmungen sehr viel und schnell reden, dabei aber auch deutlich Geist und Witz beweisen.

Jungfrau-Menschen sind berüchtigt für ihr sorgenvolles, kritisches Wesen. Sie sind Perfektionisten, müssen alles stets in hundertprozentiger Ordnung halten und fühlen sich meist missverstanden, wenn man ihnen ihre Beschwerden und Kritik vorwirft, denn sie selbst betrachten diese Eigenschaften als

UNTEN Mangelndes Selbstvertrauen kann Jungfrau-Menschen daran hindern, für sich und ihr Talent einzustehen.

positiven Ausdruck ihrer eigenen Bedürfnisse. Kein Zeichen verlangt sich selbst mehr ab als die Jungfrau, und wenn sie auf solche Vorwürfe empfindlich reagieren, liegt das daran, dass Jungfrau-Geborene sich ihrer eigenen Fehler nur allzu bewusst sind. Ebenso sind sie aber auch fähig, auf Selbstkritik zu reagieren und sich anzupassen.

Eine Umständlichkeit, die zeitweise an Besessenheit grenzt, zeigt sich bei den meisten Jungfrauen – einige machen um alles und jeden ein großes Aufheben, andere nur in besonderen Fällen. Es gibt auch Jungfrauen, die ungerührt und schon beinahe nachlässig erscheinen. Doch bei näherer Betrachtung erweisen ganz gewiss auch sie sich in einem bestimmten Bereich höchst kritisch und besorgt.

Dinge, die Jungfrauen aufregen, betrachten Andere oft als Nebensächlichkeiten. Doch Jungfrauen wissen, dass sich aus Kleinigkeiten durchaus große Probleme ergeben können. Und damit haben sie oft genug Recht.

LINKS Jungfrauen halten gern Ordnung und können gerade die Ablage ihrer Papiere ausgesprochen übergenau handhaben.

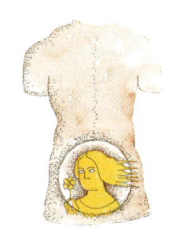

Die Jungfrau regiert den Darmtrakt.

Dieses Zeichen ist mit Schattierungen der Farben Gelb und Grün verbunden.

Geburtsstein ist der Achat.

Glückstag ist der Mittwoch.

JUNGFRAUEN UND DIE LIEBE

Im Zeichen der Jungfrau geborene Menschen gelten oft als gefühlskalt und sexfeindlich. Doch für gewöhnlich ist dieser Eindruck vor allem eine Tarnung für innerlich brodelnde sexuelle Energie. Die Jungfrau ist ein Erdzeichen, und alle Erdzeichen brauchen den Körperkontakt zu ihren Partnern unbedingt. Leider schämen sich viele Menschen dieses Zeichens heimlich ihres Verlangens und unterdrücken es. Erst in späteren Jahren lernen sie, dass Sex als Ausdruck gegenseitiger Liebe nichts ist, dessen man sich schämen müsste, und legen ihre Hemmungen ab. Wie die merkurregierten Zwillinge mögen auch Jungfrauen verbale Verständigung besonders und können mitunter ihre Umgebung durch ihr Talent überraschen, über sexuelle Themen sehr ernsthaft und tief empfunden zu schreiben. Ebenso überraschend ist für manche ihre Liebe zur Veränderung. Ehe und Partnerschaft bedeuten für sie Abwechslung, Kommunikation und Tatkraft. Doch müssen sie Acht geben, dass ihre Nörgelei, Stichelei und ihr ständiges Bedürfnis nach Gesprächen ihre Partner nicht abschrecken.

LINKS Jungfrau-Menschen fällt es leichter, sexuelle Gefühle in Worten als in Taten auszudrücken.

Mit den richtigen Planetenverbindungen im Geburtshoroskop (in Feuer- oder Wasserzeichen) können Jungfrauen es in jedem gewählten Beruf weit bringen, doch müssen sie lernen, sich durchzusetzen.

JUNGFRAUEN IN IHRER FREIZEIT

Das praktische Wesen und der ruhelose Geist dieses Zeichens sorgen dafür, dass Jungfrau-Geborene sich in ihrer Freizeit nur selten entspannen. Sie lieben es, in Bewegung zu sein und brauchen das Gefühl, eine nutzbringende Tätigkeit auszuüben. Wenn auch ihre Konstitution nicht die stärkste ist, sind sie durchaus zu kurzen Energieschüben fähig. Sie ziehen jedoch geistiges Training dem körperlichen vor. Kreuzworträtsel, Puzzle-Spiele und jede Art von Wortspiel gefallen ihnen und sie gehören im Tierkreis sicher zu einem der belesensten Zeichen. Sie sind nicht sehr konkurrenzbewusst, zeigen sich aber in Strategiespielen wie Schach oder Bridge als wahre Könner. Sie unterhalten sich gleichermaßen gut in Gruppen oder allein auf sich gestellt und bevorzugen weniger anstrengende Sportarten wie Golf, Bowling oder Billard, wobei ihnen ihr logischer Verstand wiederum zum Erfolg verhilft. Mathematik fasziniert sie sehr, und viele von ihnen setzen ihre Talente gern als ehrenamtliche Schatzmeister oder Verwaltungsbeauftragte ein. Jungfrauen sind keine begeisterten Musikliebhaber und hören oft

OBEN Jungfrau-Menschen sind gern an der frischen Luft, doch ist ihnen auch dort geistiges Training viel lieber als Muskelübungen.

JUNGFRAUEN BEI DER ARBEIT

Jungfrauen bieten sich oft für die Aufgaben an, die sonst niemand übernehmen will – zeitraubende, mühselige Arbeiten, die viel Organisationstalent und Konzentration erfordern. Jungfrau-Geborene wollen beschäftigt sein und brauchen das Gefühl, anderen zu nützen. In fast jeder beruflichen Stellung arbeiten sie hervorragend hinter den Kulissen. Da ihr Verstand rasch und effizient arbeitet, können sie mit weniger fähigen Menschen manchmal recht ungeduldig werden. Sie sorgen gern für andere und sind deshalb in Pflegeberufen gut aufgehoben. Auch können sie sehr gut mit Geld umgehen, was sie für Stellungen im Bank- und Finanzwesen prädestiniert. Die Jungfrau ist ein hoch anpassungsfähiges Zeichen mit vielen Talenten.

BERUFE FÜR JUNGFRAUEN

Sekretär(in), Buchhalter(in), Krankenpfleger/-schwester, Sozialarbeiter(in), Kartograf(in), Architekt(in), Steuerprüfer(in), Banker(in), Haushaltshilfe, Schriftsteller(in), Konstruktionszeichner(in), Computerfachmann/-frau, Heilpraktiker(in), Ernährungsberater(in)

OBEN Jungfrau-Geborene zieht es zu Berufen, in denen sie anderen helfen können – solange sie nicht allzu anstrengend sind.

JUNGFRAU NEGATIV
Wolf im Schafspelz

JUNGFRAU POSITIV
Fleiß ist die Mutter des Glücks.

nur ihre Lieblingsstücke, und auch die nur phasenweise. Sie besitzen ein natürliches Rhythmusgefühl, sind aber für gewöhnlich mit zu viel anderem beschäftigt, um die Musik wirklich ernst zu nehmen. Dennoch gibt es viele Musik- oder Literaturkritiker dieses Zeichens. Jungfrau-Menschen mögen die freie Natur, viele wandern oder klettern gern. Computer und Hi-tech ziehen sie magisch an, und viele surfen sehr gern im Internet.

GESUNDHEIT DER JUNGFRAU

Die Jungfrau ist gewissermaßen die Galeonsfigur für alle gesundheitlichen Belange. Menschen dieses Zeichens beschäftigen sich gern und oft (manchmal schon obsessiv) mit Krankheiten. Und so gibt es unter ihnen wahre Hypochonder. Die meisten Jungfrauen machen sich permanent über ihre Gesundheit Gedanken – manchmal im positiven Sinn durch sorgfältige Ernährung und Lebensführung, teils aber auch mit allen möglichen eingebildeten Krankheiten. Diese Sorge allein führt oft die befürchteten Symptome herbei. Als ständig unter Hochspannung stehendes Zeichen ist es für Jungfrau-Menschen besonders wichtig sich zu entspannen und an den Gedanken zu gewöhnen, dass sie nicht kränker sind als andere – tatsächlich sogar zu einem der gesündesten Tierkreiszeichen gehören. Sie sind belastbar und erhalten sich noch oft bis in hohe Alter hinein eine bemerkenswert jugendliche Erscheinung.

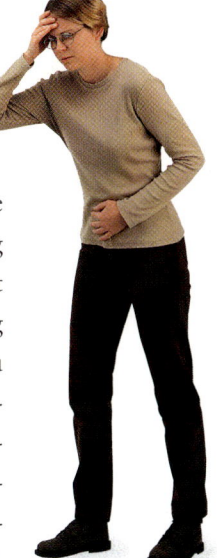

ERNÄHRUNG DER JUNGFRAU

Jungfrauen haben nur selten einen herzhaften Appetit und leben oft von minimalen Mengen. Beim Essen sind sie sehr wählerisch und leiden häufig unter Nahrungsmittelallergien – nicht nur eingebildeten. Sie brauchen eine kohlehydratreiche Ernährung mit viel frischem Gemüse und nur wenig Eiweiß, das sie nicht immer gut verdauen können. Doch unabhängig davon was sie essen, haben sie häufig Verdauungsprobleme und müssen mit Durchfall oder Verstopfung rechnen. Außer einer ausgewogenen Ernährung benötigen Jungfrauen phasenweise viel körperliche Bewegung, ziehen aber häufig geistige Beschäftigungen vor.

OBEN Jungfrau-Menschen lieben konzentrations- und geschicklichkeitsorientierte Sportarten mehr als schnelle und wilde.

OBEN Jungfrau-Menschen können buchstäblich krank vor Sorge werden und neigen daher zur Hypochondrie.

HEILNAHRUNG

Pastinaken, grüne Bohnen, Äpfel, Petersilie, Karotten, Brunnenkresse, Dill, Majoran, Minze, Kümmel, Alfalfa-Sprossen, brauner Reis

JUNGFRAUTYPISCHE SPORTARTEN

Golf, Wandern, Yoga, Tai-Chi, Bowling, Tischtennis, Badminton, Kricket, Gymnastik, Dreisprung, Darts, Billard, Orientierungslauf

WAAGE

23. September bis 22. Oktober

Der Planet Venus regiert die Waage.

Das Element Luft regiert die Waage.

Die Waage ist mit den Farben Blau und Rot verbunden.

KURZCHARAKTERISTIK

charmant, höflich, unentschlossen, feinsinnig, ausgeglichen, gesellig, unpraktisch, kühl, belesen, ruhig, aber extrovertiert, romantisch

DAS WESEN DER WAAGE

Die Waage ist das siebente Zeichen im Tierkreis und wird von der Venus regiert – dem Planeten der Liebe, Harmonie und Schönheit. Waage-Menschen neigen dazu, ihr Leben um Liebesbeziehungen kreisen zu lassen. Waagen brauchen einen Partner, um zu ihrer Bestform zu finden und ihr Leben als erfüllt zu betrachten.

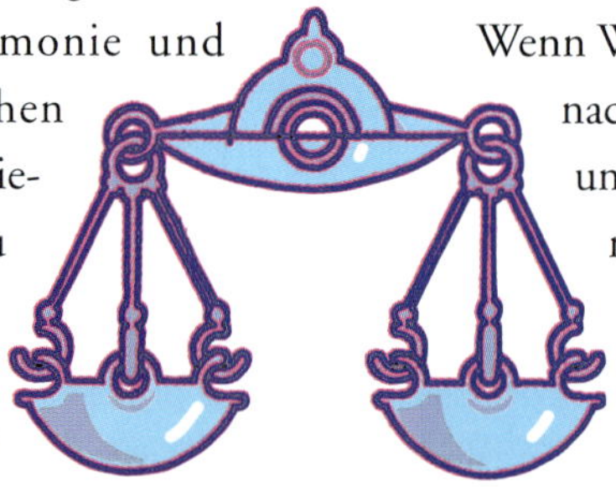

Da ihnen in jeder Situation stets alle Optionen gegenwärtig sind, entscheiden sich Waage-Menschen nur ungern, bis sie absolut überzeugt sind, das Richtige zu tun. Aus diesem Grund wirken sie oft unentschlossen. Sie brauchen Ordnung im Leben, und alles muss perfekt aussehen – äußere Erscheinung, Kleidung, Besitztümer, Haus und Umgebung müssen sauber und ordentlich gehalten werden. Schmutz oder Unordnung, Schimpfwörter, Aggressionen und Heuchelei sind ihnen zuwider; auch wenn sie bei Bedarf einer gewissen Doppelmoral nicht abgeneigt sind, sobald es um die eigene Person geht.

Wenn Waagen auch im Grunde stets nach ihrer inneren Mitte suchen und es ihnen an Gefühlstiefe mangelt, sind sie doch im Allgemeinen wegen ihrer ruhigen, freundlichen Art und ihres höflichen Betragens sehr beliebt. Waage-Kinder sammeln bei Erwachsenen oft Pluspunkte, weil sie brav, intelligent und respektvoll mit anderen umgehen. Doch unter der reizenden, charmanten Oberfläche liegt eine gewisse Kälte und Unnachgiebigkeit. In Zwangssituationen, bei denen sie Flagge zeigen müssen, können sie sich als bemerkenswert harte, aggressive und egoistische Menschen erweisen, die gar nicht so wenig mit dem entgegengesetzten Zeichen des Widders gemeinsam haben. Waagen können als gutgläubige leichte Beute missverstanden werden, doch wer versucht, sie hereinzulegen, muss seinen Fehler

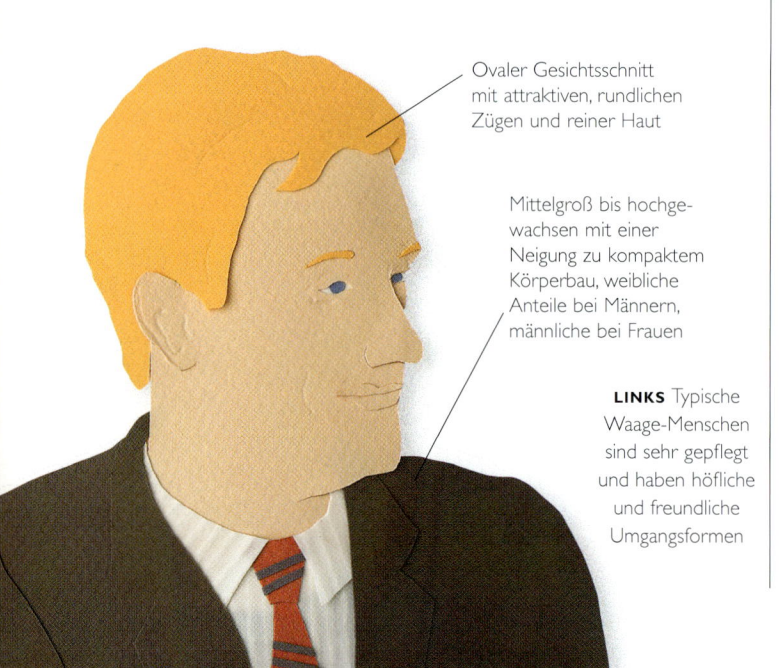

OBEN Das Symbol der Waage zeugt vom inneren Kampf, im Leben zu Ausgeglichenheit zu finden.

- Ovaler Gesichtsschnitt mit attraktiven, rundlichen Zügen und reiner Haut
- Mittelgroß bis hochgewachsen mit einer Neigung zu kompaktem Körperbau, weibliche Anteile bei Männern, männliche bei Frauen

LINKS Typische Waage-Menschen sind sehr gepflegt und haben höfliche und freundliche Umgangsformen.

OBEN Waagen mögen unentschlossen erscheinen, tatsächlich aber versuchen sie, alles von jeder Perspektive aus zu betrachten, damit sie nur ja keine falsche Entscheidung treffen.

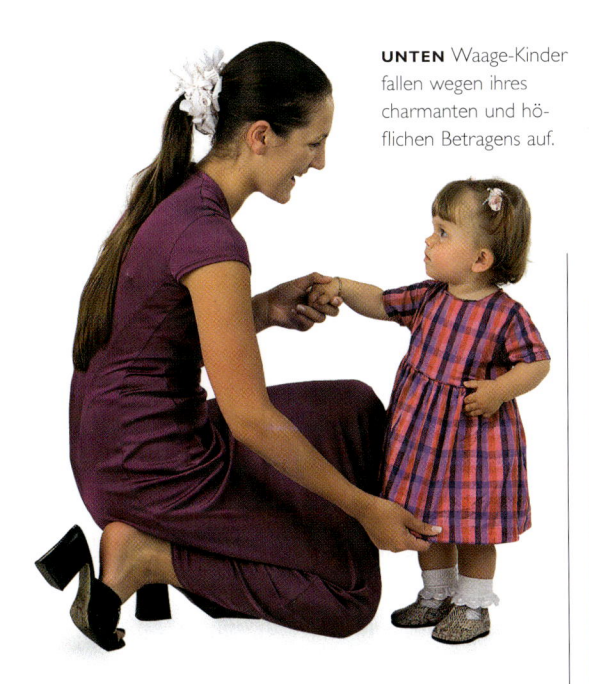

UNTEN Waage-Kinder fallen wegen ihres charmanten und höflichen Betragens auf.

Geburtsstein ist der Opal.

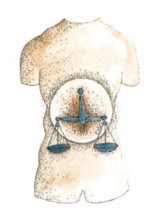

Die Waage regiert Nieren und Blase.

Glückstag ist der Freitag.

bald erkennen. Waage-Menschen wissen, was sie wollen, und verfolgen diese Ziele mit allen Mitteln. Wenn Charme und Freundlichkeit sie nicht weiterbringen, greifen sie auf härtere Maßnahmen zurück.

Mancher ist überrascht, wenn die so liebenswert und besorgt erscheinenden Waagen beim kleinsten Anzeichen von Problemen plötzlich verschwunden sind. Wenn sie später, sobald die Wogen sich geglättet haben, zurückkehren, haben sie jede Menge Entschuldigungen und plausible Erklärungen parat. So wird ihnen schnell vergeben, und man wirft ihnen nur selten illoyales oder feiges Verhalten vor. Doch loyal sind Waagen nur, solange es ihren eigenen Bedürfnissen und Interessen entgegenkommt. Jedoch bringen sie sofort jeden nötigen Charme auf und steigen unverzüglich auf die Barrikaden, sobald sie eine Ungerechtigkeit gegen sich oder andere wittern. Auch den Unterprivilegierten gewähren sie gern Hilfe und Schutz.

WAAGEN UND DIE LIEBE

Waage-Menschen neigen dazu, sich in einer rauschhaften Atmosphäre zu bewegen, die stark von Liebesdingen bestimmt wird. Sie sind beständig auf der Suche nach dem wahren Seelengefährten und sind häufig überzeugt, den Richtigen gefunden zu haben – bis unvermeidliche erste Risse in der Beziehung zutage treten, woraufhin sie in Verzweiflung verfallen, die verlorene Liebe beklagen und sich rasch woanders nach dem Einzig Wahren umsehen. Waagen möchten perfekte Partner – liebevoll, romantisch, rücksichtsvoll und eine intellektuelle Stütze sollen sie sein – Eigenschaften, die Waagen selbst großzügig zu geben haben. Sie glauben, an Geben und Nehmen und halten Gleichheit und Balance für entscheidende Voraussetzungen – die ihre Partner jedoch nicht immer erfüllen können.

Waage-Menschen sind sehr attraktiv; es mangelt ihnen selten an Bewunderern. Außer von ihrer liebevollen Seite zeigen sie sich jedoch auch manchmal kindisch, gefühlskalt oder unpersönlich, besonders wenn jemand ihre Pläne durchkreuzt.

UNTEN Romantik ist ein entscheidender Faktor im Leben der Waagen, doch sobald der Beziehungsalltag einkehrt, verschwinden sie und suchen erneut nach dem idealen Partner.

DIE SONNENZEICHEN

OBEN Waagen verströmen Charme und Eleganz. Bei ihrer Liebe zu Trend und Stil eignen sich Modeberufe gut für sie.

WAAGEN BEI DER ARBEIT

Waage-Menschen sind phantasievoll und kreativ, intelligent und diplomatisch und daher in sehr vielen Arbeitsbereichen stets eine Bereicherung. Unter keinen Umständen würden sie sich die Hände schmutzig machen oder sich zu etwas überreden lassen, das sie nicht wirklich tun wollen. Es gelingt ihnen immer gut, andere durch Einsatz ihres Charmes dazu zu bewegen, die langweiligen oder unangenehmen Aufgaben zu übernehmen, vor denen sie selbst zurückschrecken. In der richtigen Umgebung und mit ihren Fähigkeiten angemessenem Gehalt sind sie zu großartigen Leistungen in der Lage. Viele Waage-Menschen schaffen es in allen möglichen Berufen bis ganz nach oben, weil sie andere so gut bezirzen können. Doch wenn sie wissen, dass sie eine Aufgabe nicht den eigenen äußerst hoch angesetzten Erwartungen entsprechend erledigen können, lassen sie es häufig ganz. Künstlerische, kreative oder intellektuell fordernde Beschäftigungen sind besser für sie geeignet als körperliche Arbeit.

WAAGEN IN IHRER FREIZEIT

Die venusregierten Waagen ziehen es vor, in ihren freien Stunden alles etwas entspannter anzugehen – am liebsten lehnen sie sich mit einem guten Buch in der Hand in ihrem Lieblingssessel zurück. Auch Fernsehen mögen sie, doch im Allgemeinen vermeiden sie Sendungen mit Gewalt, Blutvergießen oder vulgärer Sprache. Waagen mögen es, wenn alles um sie herum nett ist, und streben eine friedliche, harmonische Umgebung mit allen Mitteln an. Stunden können sie damit zubringen, ihr Zuhause in einen attraktiven und harmonischen Ort zu verwandeln. Harte oder gar schmutzige Arbeit erledigen sie selbst-

BERUFE FÜR WAAGEN

Florist(in), Bibliothekar(in), Model, Modeschöpfer(in), Verleger(in), Journalist(in), Künstler(in), Steward(ess), Musiker(in), Empfangsdame, Friseur/Friseuse, Richter(in), Anwalt/Anwältin, Therapeut(in), Schiedsrichter(in), Moderator(in)

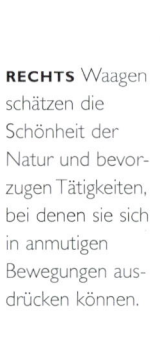

RECHTS Waagen schätzen die Schönheit der Natur und bevorzugen Tätigkeiten, bei denen sie sich in anmutigen Bewegungen ausdrücken können.

WAAGE

verständlich nicht selbst – dafür sind die anderen da. Wenn sie zu körperlicher Anstrengung gezwungen werden, zeigen Waagen sich überraschend ausdauernd. Freizeitbeschäftigungen wie Eislauf, Tennis, Trampolinspringen oder Badminton liegen ihnen besonders. Ihre Liebe zur Schönheit macht sie auch zu begeisterten Tänzern und ihr musikalisches Talent zu guten Chor- oder Bandmitgliedern. Waage-Frauen (aber auch oft Männer) haben Spaß an Modenschauen und am Einkauf neuer Kleidungsstücke.

Alle Waage-Menschen wissen die Kunst und ihre vielfältigen Werke zu schätzen. Sie lassen sich gern an den richtigen und wichtigen Orten blicken, besonders wenn andere sie um diese Gunst bitten. Sie genießen die Gesellschaft anderer Menschen und lieben Austausch und Verständigung. Ihrer luftigen Veranlagung kommen auch Sportarten wie Fliegen, Ballonfahren oder Drachenfliegen entgegen.

GESUNDHEIT DER WAAGE

Im Allgemeinen besitzen Menschen dieses Zeichens eine gute Konstitution und Gesundheit, doch zu viele von ihnen übertreiben es mit dem Essen und der Liebe (in unglücklichen Beziehungen neigen sie zu Übergewicht). Probleme tauchen manchmal mit den Nieren, Drüsen oder der Blase auf. Unter Waage-Frauen sind Blasenentzündungen sehr verbreitet, die oft dann auftreten, wenn sie nicht genug Aufmerksamkeit von ihrem Partner erhalten.

ERNÄHRUNG DER WAAGE

Waage-Menschen wissen qualitativ hochwertiges nahrhaftes Essen zu schätzen, entwickeln aber auch leicht eine Vorliebe für Süßigkeiten. Die zahlreichen Abendessen bei Kerzenlicht mit entsprechendem Alkoholkonsum können in späteren Jahren zu Gewichtszunahme führen. Ihre Eitelkeit hält sie von allzu selbstzerstörerischen Impulsen ab, aber wirkliche Anstrengungen unternehmen sie erst, wenn es absolut unumgänglich wird.

WAAGE NEGATIV
Die Waage unterscheidet nicht zwischen Blei und Gold.

LINKS Waagen brauchen Harmonie und mögen artistische, anmutige Sportarten wie etwa Synchronschwimmen.

WAAGE POSITIV
Mit Charme erreicht man (fast) alles.

HEILNAHRUNG
Zimt, Basilikum, Himbeeren, Sauerampfer, Artischocken, Brombeeren, Mandelöl, Birnen, Cashewkerne, Datteln

WAAGETYPISCHE SPORTARTEN
Eislauf, Gymnastik, Badminton, Yoga, Tai-Chi, Hochsprung, Weitsprung, Stabhochsprung, Kegeln, Bowling, Kricket, Synchronschwimmen, Tanzen

DIE SONNENZEICHEN

SKORPION

23. Oktober bis 21. November

Der Planet Pluto regiert den Skorpion.

Der Skorpion regiert Verdauungstrakt und Geschlechtsorgane.

Dieses Zeichen ist mit den Farben Dunkelrot und Schwarz verbunden.

Geburtsstein ist der Malachit.

Das Element Wasser regiert den Skorpion.

Glückstag ist der Dienstag.

KURZCHARAKTERISTIK

besitzergreifend, heftig, emotional, verschlossen, sexy, entschieden, intuitiv, aufdringlich, scharfsinnig, kraftvoll, kontrolliert, charismatisch, widerstandsfähig, loyal

DAS WESEN DES SKORPIONS

Der Skorpion ist das vermutlich am meisten gefürchtete und gleichzeitig bewunderte Zeichen des Tierkreises. Das Symboltier mit dem Giftstachel spricht Bände. Und tatsächlich sind Skorpion-Geborene zu regelrecht bösartigen Attacken fähig, doch nur, wenn man sie vorher über die Grenzen des für sie erträglichen gereizt hat. Die meisten Skorpione könnten keiner Fliege etwas zuleide tun, denn sie sind ebenso sanft, liebevoll und großzügig wie andererseits hart, grausam und gemein. Alles hängt davon ab, wie sie behandelt werden. Sie verlangen Respekt und bekommen ihn für gewöhnlich auch. Doch wenn etwas fehlschlägt und ein Skorpion unvorsichtigerweise ohne ersichtlichen Grund zurückgewiesen, übersehen oder grob behandelt wird, dann schlägt er zurück – manchmal unverzüglich mit einer physischen oder verbalen Attacke, doch häufiger mit einem geplanten Racheakt. So bestätigt er seinen Ruf, und seine Opfer fragen sich verwundert, was sie wohl falsch gemacht haben.

Wenn sie es auch nicht gern zugeben, sind Skorpion-Menschen doch hoch sensibel, emotional und leicht verletzbar. Die anderen Wasserzeichen (Krebs und Fische) fangen schnell an zu weinen und lassen ihren Gefühlen freien Lauf. Doch Skorpione lernen schon früh, ihre Gefühle nicht nach außen dringen zu lassen und weiterhin kontrolliert zu erscheinen – aus Angst, man könnte sich über ihre Schwäche lustig machen. Sobald sie allein sind, beenden sie die Scharade. Da ihre Emotionen immer tief und stark empfunden werden, können sie auch grundsätzlich unerwünschte Triebkräfte wie Eifersucht und Besitzdenken nur schwer kontrollieren.

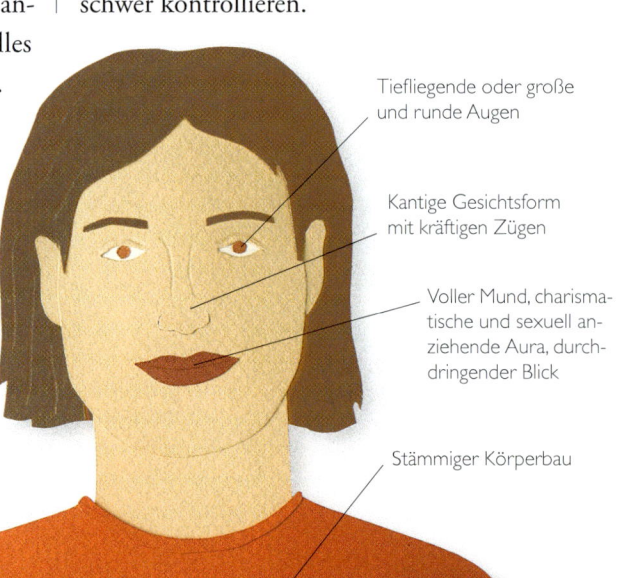

OBEN Wer sich mit einem Skorpion anlegt, bereut es meist bald.

OBEN Der gefährliche Stachel des Skorpions erinnert daran, dass dieses Zeichen gefürchtet und respektiert sein will.

RECHTS Außer diesen typischen äußerlichen Kennzeichen haben Skorpion-Menschen einen ernsthaften, konzentrierten Gesichtsausdruck.

- Tiefliegende oder große und runde Augen
- Kantige Gesichtsform mit kräftigen Zügen
- Voller Mund, charismatische und sexuell anziehende Aura, durchdringender Blick
- Stämmiger Körperbau

RECHTS Skorpion-Menschen sind sehr emotional und fühlen sich schnell verletzt, vor anderen jedoch verbergen sie ihre Gefühle, um nicht ausgelacht zu werden.

Als loyale und aufrichtige Menschen können sie Verstellung und Betrug bei anderen weder verstehen noch akzeptieren. Skorpione sind ausgesprochen nachtragend und können manches ein ganzes Leben lang nicht vergeben. Sie arbeiten hart, sind großzügig und sehr entschieden. Was sie anfangen, bringen sie in jedem Fall zu Ende. Sie können sich hingebungsvoll an Menschen, Sachen oder Projekte hängen, und wenn das geschieht, legen sie die sprichwörtlichen Scheuklappen an. Neben ihrer Obsession scheint dann nichts anderes mehr zu existieren. Wer versucht, einen Skorpion von einer vorgefassten Meinung abzubringen, könnte ebenso gut die Sterne von Himmel holen wollen.

Regiert wird dieses Zeichen vom Planeten Pluto, der mit zerstörerischen Kräften wie Vulkanausbrüchen oder atomarer Kriegsführung in Verbindung gebracht wird. Skorpione glauben, dass sie Berge versetzen könnten – und es ist erstaunlich, wie oft sie etwas Ähnliches im übertragenen Sinn erreichen.

OBEN Der Skorpion wird vom Planeten Pluto regiert, der mit Vulkanausbrüchen und Kriegsführung in Verbindung steht.

SKORPIONE UND DIE LIEBE

Skorpione lieben intensiv, treu und besitzergreifend. Mit ihrer starken sexuellen Ausstrahlung und ihrem Charisma sind sie wunderbare Liebhaber. In einer glücklichen Beziehung gibt es nichts, was Skorpione nicht tun würden, um ihre Partner zufrieden zu stellen. Lebenspartner und Angehörige werden von ihnen kompromisslos beschützt und verteidigt, selbst wenn sie im Unrecht sind. Leider erwarten sie aber auch dieselbe unerschütterliche Unterstützung vom anderen und sind am Boden zerstört, wenn sie ihnen nicht zuteil wird. Skorpione können tatsächlich zu sehr lieben. Wenn sie sich einmal festgelegt haben, bleiben sie dabei, komme was da wolle. Sie halten hartnäckig an ihrer Beziehung fest und setzen jede erdenkliche Waffe ein, um ihren rechtmäßigen Besitz (oder was sie dafür halten) zu verteidigen – ungeachtet, wie unglücklich sie in der Beziehung schon sein mögen. Daher rührt der Ruf des Skorpions als besitzergreifendes, eifersüchtiges Zeichen.

LINKS Skorpione tun alles, was in ihrer Macht steht, um eine Beziehung aufrecht zu erhalten – egal, wie unglücklich beide Partner bereits sind.

OBEN Skorpione sind ernsthafte, seelenvolle Menschen. Sie besitzen ein Übermaß an Energie, die in die richtigen Bahnen gelenkt werden muss.

UNTEN Die aufgeweckte Konzentration der Skorpion-Geborenen und ihre angeborene Liebe zum Wasser lassen den Beruf des Rettungsschwimmers ideal erscheinen.

SKORPIONE BEI DER ARBEIT

In jedem Job, der Hartnäckigkeit und Hingabe erfordert, können Skorpion-Menschen zufrieden und glücklich werden. Sind jedoch Anpassungsfähigkeit, Flexibilität und Kommunikationsgeschick gefragt, sind sie nicht die Idealbesetzung. Sie ziehen es vor, an einem Ort zu bleiben und ruhig in ihrem eigenen Tempo zu arbeiten. Macht man ihnen aber Vorwürfe, können sie in ihrer Verteidigung recht aggressiv werden. Sie sind hervorragende Organisatoren und ausgezeichnete, wenn auch recht anspruchsvolle, Arbeitgeber. Ihr Geschäftssinn kann sie in die Welt der Hochfinanz, des Aktienhandels oder der Unternehmensführung bringen. Ein Skorpion lässt sich nicht hinters Licht führen – wehe dem, der es versucht. Der durchdringende, anklagende Blick eines betrogenen Skorpions kann auch die zähesten Gemüter einschüchtern.

Das eigene Innenleben verbergen Skorpione erfolgreich vor der Außenwelt, doch gelingt es ihnen bemerkenswert gut, anderen ihre Geheimnisse zu entlocken. Dieses Talent hilft ihnen bei psychiatrischen oder auch ermittelnden Tätigkeiten.

BERUFE FÜR SKORPIONE

Börsenmakler(in), Privatdetektiv(in), Polizist(in), Gynäkologe/Gynäkologin, Chirurg(in), Hebamme, Geschäftsführer(in), Psychiater(in), Heilpraktiker(in), Offizier, Rettungsschwimmer(in), Metzger(in)

SKORPIONE IN IHRER FREIZEIT

Die Skorpion-Menschen angeborene Intensität verlangt, dass sie alle Freizeitbeschäftigungen ernst nehmen. Doch viele von ihnen können sich nicht so ausgiebig damit beschäftigen, wie sie wollen, da ihre Freizeit wegen beruflicher Verpflichtungen oft allzu knapp bemessen ist. Nicht umsonst aber gilt der Skorpion als das entschlossenste aller Tierkreiszeichen, und so bestehen auch die meisten Skorpione darauf, ihre freien Stunden ganz entspannt genießen zu können. Ihre Hartnäckigkeit macht sie zu Siegern in den meisten Sportarten, die intensive Konzentration und Ausdauer erfordern, etwa Gewichtheben, Boxen, Ringen, Marathonlauf, Leichtathletik oder Yoga. Das Element Wasser sorgt für eine Vorliebe zu den verschiedensten Wassersportarten, vornehmlich Tau-

SKORPION POSITIV
Stille Wasser sind tief

SKORPION NEGATIV
Wer das eigene Leben verachtet, beherrscht bald andere.

SKORPIONTYPISCHE SPORTARTEN

Gewichtheben, Tennis, Yoga, Marathonlauf, Billard, Fechten, Pistolen- und Gewehrschießen, Darts, Schwimmen, Tauchen, Angeln, Kanufahren, Segeln

chen, Schwimmen und Segeln. Anders als Waage-Menschen haben Skorpione eine echte Vorliebe für Filme und Fernsehsendungen mit viel Spannung, Gewalt und Blutvergießen. Ihr Musikgeschmack neigt oft ins Extreme, und von Beethoven bis zu Marilyn Manson entspricht eine musikalisch schwere Kost ihrem düsteren Temperament am besten. Das Lesen ist eine ihrer Lieblingsbeschäftigungen; sie sind langsame und sorgfältige Leser und betreiben sehr ernsthafte Studien in Bereichen wie der Psychiatrie oder Astrologie. Das Magische und Okkulte fasziniert sie, und besonders gern analysieren sie die Reaktionen und das Verhalten anderer Menschen. Sie sind erfolgreiche Strategie-, Brett- und Kartenspieler und lieben Rätsel und Puzzle aller Art.

OBEN Skorpione lieben Wassersportarten, auch die Ruhe und Konzentration beim Angeln sagen ihnen zu.

GESUNDHEIT DES SKORPIONS

Trotz ihrer starken körperlichen und geistigen Grundverfassung, scheinen Skorpione ihr ganzes Leben lang für kleinere und größere Krankheiten anfällig zu sein. Psychologisch betrachtet ließe sich das auf das permanente Unterdrücken starker Emotionen und tief verwurzelte Schuld- und Minderwertigkeitsgefühle zurückführen. Doch Skorpione erholen sich auch bemerkenswert schnell, und viele erreichen so nach einer ganzen Serie von Krankheiten oder Operationen ein hohes Alter. Ihr Planet Pluto deutet auf ihre Fähigkeit hin, sich wie der Phönix verjüngt aus der Asche der Zerstörung zu erheben und mit neuen Kräften wieder ganz von vorn zu beginnen.

Skorpione empfinden hoch intuitiv und viele von ihnen haben irgendwann in ihrem Leben übersinnliche Erfahrungen oder finden die wahre Erleuchtung. Ohne Vorwarnung wechseln sie zwischen „Himmelhochjauchzend" und „zu-Tode-betrübt". Dem plutoregierten Zeichen ordnet man Probleme mit Geschlechtskrankheiten zu und das Unterdrücken von Emotionen kann Verdauungsschwierigkeiten und Verstopfung verursachen. Frauen dieses Zeichens neigen zu Unterleibsproblemen, Männer leiden oft unter Prostatabeschwerden.

ERNÄHRUNG DES SKORPIONS

Skorpione essen gern Fleisch und tierisches Eiweiß. Obwohl sie ihre Ernährung mit Obst und Gemüse ergänzen müssen, bekommt sie ihnen so deutlich besser als ein rein vegetarischer Speiseplan.

HEILNAHRUNG

Brunnenkresse, brauner Reis, Aloe, Knoblauch, Zwiebeln, rote Bete, Kartoffeln, Karotten, Nüsse

DIE SONNENZEICHEN

SCHÜTZE

22. November bis 20. Dezember

Der Planet Jupiter regiert den Schützen.

Der Schütze regiert Schenkel und Leber.

Das Element Feuer regiert den Schützen.

KURZCHARAKTERISTIK

direkt, redselig, lebhaft, optimistisch, humorvoll, temperamentvoll, freiheitsliebend, inkonsequent, unstet, liebevoll, extrovertiert, abenteuerlustig

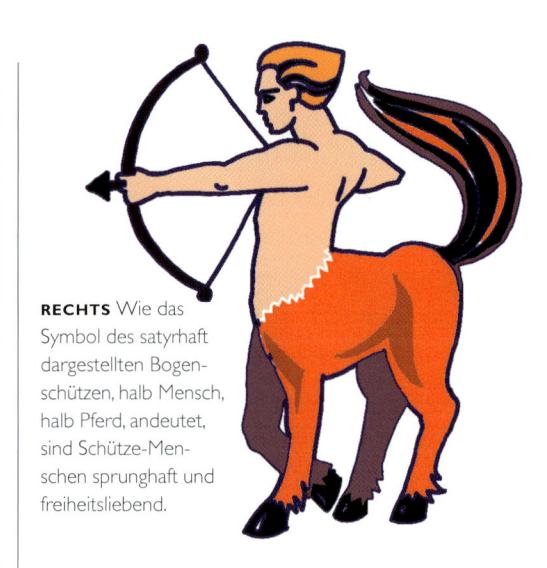

RECHTS Wie das Symbol des satyrhaft dargestellten Bogenschützen, halb Mensch, halb Pferd, andeutet, sind Schütze-Menschen sprunghaft und freiheitsliebend.

DAS WESEN DES SCHÜTZEN

Der Jupitereinfluss ermöglicht es Schütze-Geborenen sich auf sehr freie, ungebundene und ausgedehnte Weise auszudrücken. Einschränkungen können sie nicht ertragen, und ihr Drang nach Freiheit ist so stark, dass sie in Panik, Aggression, Selbstmitleid und Zerstörungssucht ausbrechen sobald sie sich gefangen oder in die Ecke gedrängt fühlen. Gewährt man ihnen ihre Freiheit, sind sie warmherzige, liebevolle, witzige und interessante Kameraden. Ironischerweise nutzen Schützen die Fluchtwege, die sich ihnen eröffnen, meist gar nicht und bleiben gern dort, wo sie sind – das gehört zur Zwiespältigkeit dieses wechselhaften Zeichens. Schützen sind sehr flexibel und können leicht mehr als eine Aufgabe gleichzeitig erledigen. Konzentration ist allerdings nicht ihre größte Stärke, und wenn sie sich allzu viel aufbürden, geraten sie in Schwierigkeiten. Ihre Liebe zur Abwechslung ist faszinierend, macht sie aber zugleich unzuverlässig; was ihnen noch letzte Woche wichtig war, kann heute völlig vergessen sein. Sie beginnen mit Vorhaben, die sie nie zu Ende bringen, machen Versprechungen, die sie nie einhalten, und glauben schon morgen nicht mehr daran, was sie gestern gesagt haben. Schützen hören sich die Ratschläge anderer ernsthaft an, folgen ihnen aber nur selten. Sie haben ihren eigenen Willen und müssen im Le-

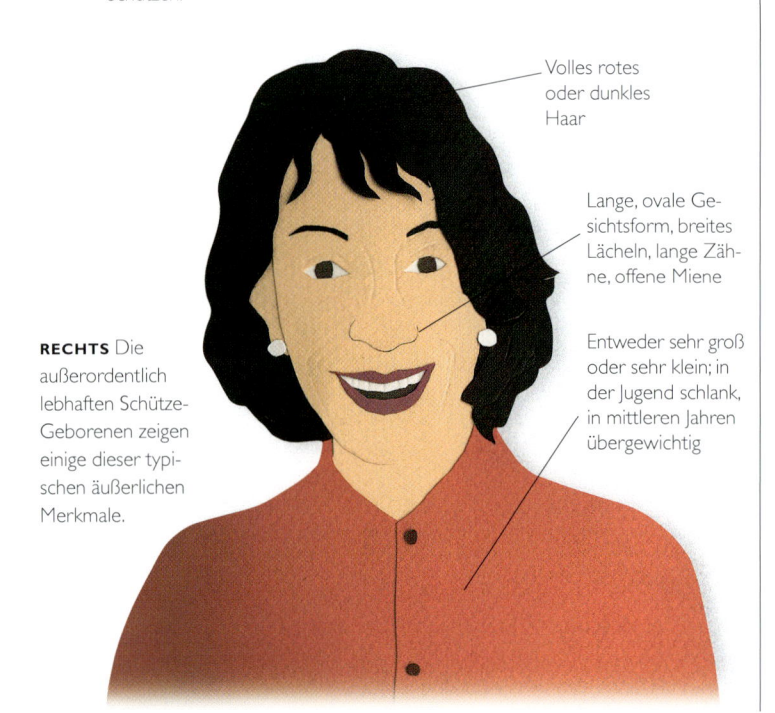

Volles rotes oder dunkles Haar

Lange, ovale Gesichtsform, breites Lächeln, lange Zähne, offene Miene

Entweder sehr groß oder sehr klein; in der Jugend schlank, in mittleren Jahren übergewichtig

RECHTS Die außerordentlich lebhaften Schütze-Geborenen zeigen einige dieser typischen äußerlichen Merkmale.

Dieses Zeichen ist mit den Farben Dunkelrot, Orange und Indigoblau verbunden.

Geburtsstein ist der Granat.

Glückstag ist der Donnerstag.

44

ben jede Erfahrung selbst machen, und wenn sie noch so hart ist. Zum Glück können sie leicht vergeben und vergessen – Tränen und Wutausbrüche wandeln sich in kürzester Zeit wieder zu einem ansteckenden Lachen.

Ihre sonnige Natur bringt ihnen überall Sympathien ein. Schützen gelten als Glückskinder des Tierkreises. Sie können sich sehr leichtsinnig verhalten, und Schütze-Kindern stoßen oft Unfälle zu. Ihr abenteuerlustiges Wesen und ihr Forscherdrang lassen sich jedoch selten abschrecken. Zwar beklagen sie sich lautstark, wenn ihnen etwas misslingt, doch dann reißen sie sich schnell wieder zusammen und machen sich auf ins nächste Abenteuer.

Schützen sind für ihre Direktheit und Ehrlichkeit bekannt. Diplomatie ist ein Fremdwort für sie. Wer nach ihrer Meinung fragt, erfährt sie sofort und unverblümt. So können sie ganz unabsichtlich unhöflich oder abweisend wirken. Eine ihrer großen Stärken ist das Geschichtenerzählen. Das Reich der Phantasie bedeutet ihnen viel, und ihre phantastischen Erzählungen sind oft von großer Überzeugungskraft.

LINKS Wenn Schütze-Kinder auch recht anfällig für kleine Unfälle und Missgeschicke sind, dämpft das doch in keinster Weise ihre Abenteuerlust.

OBEN Klatsch- und Tratschgeschichten sind in der Version eines Schütze-Geborenen oft nicht mehr wieder zu erkennen.

LINKS Für Schützen ist es wichtig, in einer Beziehung auch einige Zeit vom Partner getrennt zu verbringen.

SCHÜTZEN UND DIE LIEBE

Die unbeständige und anpassungsfähige Natur der Schütze-Geborenen macht es ihnen leicht, eigentlich immer verliebt zu sein. Sie vergeben ihre Zuneigung rasch und ziehen sie ebenso schnell wieder zurück – oft geht es sogar um denselben Partner. Sich in einer unglücklichen Beziehung gefangen zu fühlen, ist für Schützen unerträglich. Bei der geringsten Schwierigkeit machen sie sich aus dem Staub – einige kommen gleich zurück, andere stehen Monate oder gar Jahre später wieder vor der Tür ihres Partners, als sei nichts geschehen, und einige verschwinden ganz. Schützen werden reuig, wenn sie von ihren Partnern getrennt sind, doch auch wenn sie voll gutem Willen und besten Absichten zurückkehren, fühlen sie sich bald wieder eingeengt, und das Spiel beginnt von vorn. Viele Partner machen das tatsächlich mit, denn Schütze-Menschen können wunderbar warmherzig, großzügig, liebevoll und sehr unterhaltsam sein.

SCHÜTZE POSITIV
Freunde, Römer, Mitbürger, hört mich an!

SCHÜTZE NEGATIV
Zum einen Ohr hinein, zum anderen wieder heraus ....

SCHÜTZEN BEI DER ARBEIT

An ihrem Arbeitsplatz brauchen Schützen Abwechslung und sehr viel Freiheit, damit sie ihre Aufgaben ganz nach ihren eigenen Vorstellungen lösen können. Kein Schütze erträgt gern die tägliche 8-Stunden-Routine. Ihre gesellige Natur verlangt nach Kommunikation – für sie gehören Büropartys und Mittagspausen zu ihrem Job dazu. Feuerzeichen (Widder, Löwe und Schütze) gehen immer begeistert ans Leben heran, doch neigen besonders Schützen dazu, nach einem enthusiastischen Start rasch das Interesse zu verlieren und sich wie auch die Widder der nächsten Beschäftigung zuzuwenden. Anders als Widder-Menschen kehren sie allerdings oft wieder zu ihren ursprünglichen Aufgaben zurück. Sie brauchen Unterbrechungen, um geistig wieder aufzutanken, danach aber stehen die Chancen gut, dass sie angefangene Arbeiten auch beenden – wenn es auch manchmal zu spät dafür ist. Ihr liebenswerter Charme bewahrt sie zwar oft vor dem Zorn ihres Arbeitgebers, doch wenn wirklich ein irreparabler Schaden entstanden ist, haben sie meist längst gekündigt und sind von sich aus weitergezogen. Berufe, in denen sie reisen, kommunizieren oder verkaufen können, passen am besten zu ihrem Temperament.

SCHÜTZEN IN IHRER FREIZEIT

Schütze-Menschen sind rastlos, phantasievoll und abenteuerlustig. Still sitzen zu müssen, finden sie unerträglich. „Freizeit" bedeutet für sie also meist „Aktivität", und sie probieren gern alles aus, was mit körperlicher Bewegung verbunden ist. Schützen beiderlei Geschlechts wissen sich zu amüsieren – oft in extremer Weise. Mit langsamen, erdverbundenen Sportarten wie Golf oder Bowling können sie nur wenig anfangen. Sie sind ausgezeichnete, begeisterte und optimistische Team-Spieler und haben viel Spaß an Mannschaftsspielen wie Basketball, Fußball oder Hockey. Wie die beiden anderen Feuerzeichen Widder und Löwe mögen auch sie Pferdesport, etwa Pferderennen, Polo oder Jagdreiten, doch besitzen sie nicht dieselbe Konzentrationskraft und Ausdauer. Eine ihrer großen Stärken ist die Verständigung, und sie lieben es, Geschichten zu lesen oder zu erzählen. Ihr Geist ist stets aufnahmebereit, und besonders junge Schütze-Geborene sind häufig hyperaktiv und stets auf der Suche nach dem Vergnügen. In späteren Jahren

OBEN Ein Beruf, der fortdauernde Bewegung erfordert, etwa Taxifahrer, passt gut zur rastlosen Art des Schützen.

BERUFE FÜR SCHÜTZEN

Fachverkäufer(in), LKW-Fahrer(in), Taxifahrer(in), Feuerwehrmann/-frau, Touristikfachmann/-frau, Croupier, Jockey, Mädchen für alles, Komiker(in), Alleinunterhalter(in), Autor(in) von Kurzgeschichten

SCHÜTZE

LINKS Schütze-Menschen mögen Mannschaftsspiele, Zielsportarten und, wie alle Feuerzeichen, Pferdesport.

lernen die meisten, ihre Energie zum eigenen Vorteil zu nutzen. Zielsportarten wie Bogenschießen oder Darts kommen ihrem wachen Verstand entgegen, doch trotz ihres großen Talents erringen Schützen nur selten sportliche Siege, da ihre Konzentrationsfähigkeit sie oft im Stich lässt. Sie besitzen ein herausragendes Rhythmusgefühl und lieben laute schnelle Musik mit starkem Schlagzeug.

GESUNDHEIT DES SCHÜTZEN

Schütze-Menschen haben zwar eine gute Konstitution, doch ihre Vorliebe für Essen, Trinken, Spiele, Sex und körperliche Verausgabung kann ihnen im fortgeschrittenen Alter Probleme bereiten. Besonders Alkohol schadet ihnen, da ihre Leber sehr anfällig ist. Auch eine fettreiche Ernährung kann ihnen gefährlich werden. In ihrem schützetypischen

SCHÜTZETYPISCHE SPORTARTEN

Bogenschießen, Reiten, Polo, Hockey, Pistolen- und Gewehrschießen, Aerobic, Leichtathletik, Dreisprung, Darts, Fußball, Baseball, Basketball

Optimismus sind sie meist überzeugt, niemals mit gesundheitlichen Problemen kämpfen zu müssen, befinden sich hierbei aber natürlich im Irrtum.

ERNÄHRUNG DES SCHÜTZEN

Die meisten Schützen sorgen sich wenig um ihre Gesundheit oder Ernährung und hören nicht auf Warnungen, die sie von ihrem exzessiven Lebensstil abbringen wollen. Daher werden sie leider häufig krank. Als geborene Jäger bekommt ihnen fleischreiche Ernährung gut, doch überwiegen tierische Produkte zu einseitig, können sie Bluthochdruck und Kurzatmigkeit verursachen. Es ist daher wichtig für sie, ihren Speiseplan durch Obst und Gemüse zu ergänzen.

OBEN Schützen trinken gern viel, was ihnen besonders schadet, da ihre Leber außerordentlich stark auf Alkohol reagiert.

HEIL-NAHRUNG

Spargel, Minze, Oliven, Löwenzahnblätter, Maulbeeren, Weißdornbeeren, Hagebutten, Kastanien, Ahornsirup, Salbei, Thymian, Muskat

DIE SONNENZEICHEN

10 STEINBOCK ♑

21. Dezember bis 19. Januar.

Der Planet Saturn regiert den Steinbock.

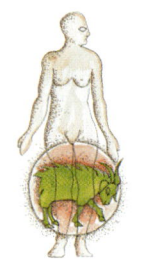

Der Steinbock regiert Haut, Knochen und Knie.

Das Element Erde regiert den Steinbock.

UNTEN Steinböcke neigen dazu, die ganze Last der Welt auf ihren Schultern zu tragen, was sich manchmal sogar in ihrem äußeren Erscheinungsbild niederschlägt.

DAS WESEN DES STEINBOCKS

Der starke Einfluss des Saturn auf dieses Tierkreiszeichen verschafft Steinbock-Geborenen ein besonderes Pflicht- und Verantwortungsgefühl. Steinböcke möchten alles richtig machen, und sie möchten, dass andere dies anerkennen. Wenn sie auch mit so gut wie allem fertig werden, gehen sie doch nie leichtsinnig mit Problemen um. Sie sind nicht eben die geborenen Lebenskünstler, doch ihr absoluter Wille zum Erfolg verhilft ihnen dazu, mit zusammengebissenen Zähnen bis zum Ende durchzuhalten.

OBEN Steinböcke sind wie ihr Symboltier, widerstandsfähig und auch in harten Zeiten überlebensfähig.

KURZCHARAKTERISTIK
vernünftig, reserviert, vorsichtig, ehrgeizig, arbeitsam, verlässlich, kühl, unsicher, klug, moralisch, materialistisch, ernsthaft, entschlossen, sinnlich, pflichtbewusst

Den Weg zum Erfolg meistern sie langsam, aber sicher. Leider gehen sie bei ihrem zielstrebigen Kampf ums Glück nicht immer rücksichtsvoll und freundlich vor. Da sie sich selbst in jedem Bereich ihre Bestleistung abverlangen, erwarten sie von anderen dasselbe. Bequemlichkeit und mangelnder Ehrgeiz sind Steinbock-Geborenen fremd, und sie glauben, dass alle, die nicht ebenso leben, es nicht besser verdienen, als schlecht behandelt zu werden. Sehen sie sich gezwungen, innezuhalten und über ihr Tun nachzudenken, tut vielen Steinbock-Menschen ihr Verhalten Leid, doch andere bleiben uneinsichtig und der Ruf der Steinböcke als harte, kalte Wesen scheint nicht völlig ungerechtfertigt.

Bereits in sehr jungen Jahren erscheinen Steinböcke ungewöhnlich erwachsen und vernünftig. Als Kleinkinder haben sie weniger Trotzanfälle und verhalten sich auffällig gehorsam und brav. Sie beobachten still und warten den richtigen Moment ab, um zu zeigen, wie klug, witzig und liebenswert sie wirklich sind. Noch der strengste Steinbock besitzt unter seiner rauen Schale einen trockenen Sinn für Humor.

OBEN Steinbock-Babys sind oft recht ernst und verhalten sich bemerkenswert erwachsen.

Steinböcke brauchen viel Respekt, Anerkennung und Sicherheit. Bekommen sie all diese Unterstützung, werden sie zu belieb-

- Dünnes, feines Haar
- Ernsthafter, besorgter Gesichtsausdruck
- Blasse Haut; sehen in jungen Jahren älter, als alte Menschen jünger aus
- Kleine Augen und Nase, schmallippiger Mund
- Schlanker, knochiger Körperbau mit hervorstehenden Knien, kleingewachsen bis mittelgroß

STEINBÖCKE UND DIE LIEBE

Die Unsicherheiten und Ängste, die die meisten Steinbock-Menschen plagen, treten am deutlichsten zutage, wenn sie sich verlieben. Aus Furcht vor Ablehnung verbergen sie ihre wahren Gefühle, bis sie absolut sicher sind, auf uneingeschränkte Gegenliebe zu stoßen – was selbst für die feurigsten Verehrer keine leichte Aufgabe ist. Wird sie jedoch gemeistert, werden Steinböcke zu liebevollen, ungehemmten Wesen und lassen auch ihrer Sinnlichkeit freien Lauf. Solange Liebe und Sicherheit gewährleistet sind, ist ein Steinbock zufrieden. Niemals würde er auch nur daran denken, mit anderen zu flirten, da er Monogamie als moralische Pflicht betrachtet. Wenn es allerdings Probleme gibt, halten Steinböcke mit aller Macht an der Beziehung fest, anstatt sich in Würde zu trennen. Denn sie gestehen Niederlagen ungern ein und brauchen zu dringend das Gefühl, geliebt zu werden. Also verlassen sie ihre Partner nicht, können aber dem anderen gegenüber verbittert und rachsüchtig werden. Im Allgemeinen sind Steinböcke treue und liebevolle Partner, die für eine glückliche Beziehung wirklich kämpfen.

RECHTS Steinböcke geben eine einmal gefundene Liebe nicht gern auf und halten an der Beziehung auch dann noch fest, wenn beide unglücklich sind.

Das Zeichen ist mit den Farben Grau, Dunkelbraun, Grün und Schwarz verbunden.

Geburtsstein ist der Jadestein.

SA

Glückstag ist der Samstag.

ten und angesehenen Gesellschaftern. Ohne Anerkennung jedoch können sie sehr unglücklich, zurückgezogen und berechnend werden. Haben sie einen solchen negativen Kurs einmal eingeschlagen, fällt es ihnen sehr schwer, sich zu der gesellschaftlichen Stütze zu entwickeln, die sie gern verkörpern würden. Steinböcke sind unerschütterlich treu, verlässlich, ehrlich, fleißig und klug, doch wenn ihr Ehrgeiz alles zu überschatten beginnt, drohen Heuchelei und Überheblichkeit. Erwachsene Steinböcke erscheinen manchmal unnahbar, besonders gegenüber Kindern oder Schwächeren. Doch die Mühe, sie näher kennen zu lernen, lohnt sich, da sie vom inneren Wesen her überraschend weichherzig, sensibel und liebevoll sind.

UNTEN Steinböcke sind beruflich außerordentlich ehrgeizig und pflichtbewusst.

DIE SONNENZEICHEN

RECHTS Steinböcke schrecken vor harter Arbeit und Überstunden nicht zurück. Sie mögen Tätigkeiten, die Geschick und Effektivität erfordern.

STEINBÖCKE BEI DER ARBEIT

Ihr Saturn-Einfluss ermöglicht es Steinbock-Geborenen, ungeachtet der Bezahlung lang und hart zu arbeiten. Ihre Ausdauer zahlt sich für gewöhnlich aus, und viele bringen es in ihrem Beruf zu einflussreichen Spitzenpositionen. Doch wie viel Macht oder Wohlstand sie schon erreicht haben mögen, wollen Steinböcke doch immer die nächste Sprosse der sozialen Leiter erklimmen. Sollten sie dabei in einem Anfall blinden Ehrgeizes stolpern, raffen sie sich rasch wieder auf und beginnen von vorn.

Ihre hohen Moralvorstellungen führen Steinbock-Menschen oft in Berufe des Rechtswesens, Staatsdienstes, Militärs oder eine andere Stellung, die Disziplin, Effektivität und harte Arbeit erfordert.

BERUFE FÜR STEINBÖCKE

Richter(in), Anwalt/Anwältin, Polizist(in), hochrangiger Offizier, Beamter/Beamtin, Verkehrspolizist(in), Gefängniswärter(in), Banker(in), Steuerberater(in), Versicherungskaufmann/-frau, Sekretär(in), Ingenieur(in), Automechaniker(in), Ladenbesitzer(in)

STEINBÖCKE IN IHRER FREIZEIT

Die langsame und ernsthafte Art der Steinbock-Menschen wirkt sich unweigerlich auch auf ihr Freizeitverhalten aus. Steinböcke können durchaus Spaß haben, doch die geselligeren Tierkreiszeichen können das oft nicht recht glauben. Aktiveren Zeichen scheint es rätselhaft, dass irgendjemand seine Freizeit auf derartig unbewegte, düstere Art und Weise genießen können soll. Steinböcke selbst betonen jedoch, dass man kaum mit den Armen rudern, schreiben oder herumtanzen

RECHTS Das ruhige, ernste Wesen der Steinbock-Menschen zeigt sich auch in der Wahl ihrer Freizeitaktivitäten.

> **STEINBOCK POSITIV**
> Mit Beharrlichkeit gelangt man ans Ziel.

> **STEINBOCK NEGATIV**
> Ein bisschen Spass muss sein ...

> **HEILNAHRUNG**
> Rosinen, Bucheckern, Pinienkerne, Gerste, Spinat, Karotten, rote Bete, Rüben, Tamarinde

muss, um sich zu amüsieren. Sie können gut mit sich selbst auskommen und sind damit zufrieden, stundenlang für sich zu lesen. Lassen sie sich jedoch einmal auf Wettbewerbssportarten ein, agieren sie kühl und klug und sollten niemals unterschätzt werden. Niederlagen ertragen sie schlecht, und das gilt auch für ihre Freizeitbeschäftigungen. Am liebsten mögen sie langsame Sportarten wie Bowling, Billard, Crickett oder Bergsteigen. Ihr kleiner und meist knochiger Körperbau prädestiniert sie für Gymnastik oder Langlauf, doch erschwert ihre eher schwache Konstitution ihnen besonders in jungen Jahren jede starke körperliche Anstrengung. Sie sind sehr musikalisch und singen oder musizieren ebenso gern selbst wie Musik zu hören. Ihre Vorlieben liegen meist bei klassischen und ernsthaften Stücken. Die wenigsten Steinbock-Menschen geben gern Geld aus. Sie vermeiden allzu kostspielige Freizeitaktivitäten.

GESUNDHEIT DES STEINBOCKS

Wegen ihres drahtigen Körperbaus sehen Steinböcke oft angegriffener aus, als sie wirklich sind. Besonders im Kindesalter neigen sie allerdings wirklich häufiger zu Krankheiten als andere. Als Wintergeborene müssen sie gut umsorgt und warmgehalten werden. Doch sind sie gute Überlebenskünstler. Schwächlich scheinende Steinbock-Kinder entwickeln sich oft zu bemerkenswert gesunden Erwachsenen, die sich auch noch lange ein jugendliches Aussehen bewahren. Ältere Steinbock-Menschen, die ohne Probleme gealtert sind, entdecken manchmal ihre verlorene Jugend und beginnen plötzlich zu lachen und zu spielen wie ein Kind. Doch natürlich leiden auch sie irgendwann unter gesundheitlichen Problemen: Am verbreitetsten sind rheumatische Erkrankungen, gefolgt von Haut- und Knieproblemen. Steinböcke, die ihre Emotionen nicht ausleben oder ihre Ziele nicht erreichen konnten, können zu Arthritis und schweren Depressionen neigen.

ERNÄHRUNG DES STEINBOCKS

Steinbock-Kinder müssen zum Essen ermahnt und angeregt werden, doch mir fortschreitendem Alter verbessert sich ihr Appetit. Oft knabbern sie den ganzen Tag lang an energiereichen Gesundheits-Snacks wie Karotten, Trockenobst oder Nüssen. Schwere Mahlzeiten bekommen ihnen nicht gut und sollten vermieden werden.

> **STEINBOCK-TYPISCHE SPORTARTEN**
>
> Free Climbing, Bergsteigen, Golf, Wandern, Minigolf, Billard, Bowling, Jogging, Skilauf, Yoga

RECHTS Abenteuerlustige Steinböcke empfinden Free Climbing oder Bergsteigen als wahre Herausforderungen für ihre Ausdauer und ihren Mut.

WASSERMANN

20. Januar bis 18. Februar

KURZCHARAKTERISTIK

freundlich, human, distanziert, exzentrisch, intelligent, kühl, zurückhaltend, eigensinnig, charismatisch, stur, unemotional, talentiert

Der Planet Uranus regiert den Wassermann.

Der Wassermann ist mit den Farben Indigoblau und Dunkelblau verbunden.

Das Element Luft regiert den Wassermann.

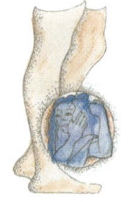

Der Wassermann regiert Beine und Knöchel.

Geburtsstein des Wassermanns ist der Saphir.

Glückstag ist der Samstag.

DAS WESEN DES WASSERMANNS

Der Wassermann ist eines der am schwersten durchschaubaren Zeichen des Tierkreises – vielleicht weil es Emotionen und Sensibilität mit dem ihnen eigentlich entgegengesetzten Element Luft verbindet. Die Wellenlinien des Wassermann-Symbolzeichens erinnern vielleicht an Meereswellen, sind aber tatsächlich elektrische Ströme oder Gehirnwellen, was dieses Zeichen exakt charakterisiert. Besonders im persönlich-zwischenmenschlichen Bereich ist der Wassermann kein gefühlsbetontes Zeichen. Sonderbarerweise erwarten andere von Wassermännern eine ganze Flut von Emotionen. Wenn sie nicht erfolgt, halten Fremde die Wassermann-Geborenen für unergründlich, da sie nicht durch die Oberfläche dieses Zeichens dringen können. Tatsächlich tragen Wassermänner ihre Emotionen im Wasserkrug mit sich, doch verschütten sie davon so gut wie nie etwas und geben ihre innersten Gefühle nie anderen Preis, egal, wie sehr sie gedrängt werden – einfach deshalb, weil sie dazu nicht in der Lage sind. Sie sind geistig aktive Menschen, und wenn wir hinter ihre Stirn blicken könnten, wären wir überrascht über die hoch energetischen Vorgänge dort. Wassermänner nutzen ihren scharfen Verstand und ihr Wissen, um zu bekommen, was sie wollen. Menschen dieses Zeichens gelten als schwer zu verstehen und hoch individualistisch. Diesen Ruf spielen sie klug aus, um sich Macht und Aufmerksamkeit zu verschaffen. Sie sind ausgesprochen freundlich, doch bleiben sie persönlich stets auf Distanz. In großen Versammlungen geben sie sich gesellig, doch sobald es um kleinere, intimere Kreise geht, ziehen sie sich wieder zurück. In größeren Zusammenhängen, etwa bei sozialen Hilfsorganisationen, verhalten sie sich hilfsbereit, doch in engen persönlichen Beziehungen können sie

OBEN Dieses Zeichen trägt seine Emotionen im Wasserkrug verschlossen mit sich und verschüttet selten eine Tropfen davon.

UNTEN Wassermann-Menschen beleben oft große anonyme Versammlungen, doch ziehen sich bei kleineren Gruppen wieder in sich zurück.

Volles, mittelbraunes bis dunkles Haar

Attraktive, gleichmäßige Züge auf kantigem Gesicht; kleine, wohlgeformte Nase

Hoher, schlanker Wuchs

Können ungewöhnliche bis exzentrische Kleidungs- und Sprachgewohnheiten pflegen

LINKS Typische Wassermänner sind freundlich und aufmerksam und zeigen normalerweise einige dieser Merkmale.

kühl und herzlos wirken – was anderen widersprüchlich erscheint, ist für den Wassermann nur logisch und altruistisch.

Wassermann-Menschen werden von Uranus, dem Planeten des plötzlichen Wandels und der modernen Technik, regiert und sind in ihrer Sprache und ihrem Verhalten ganz auf die Zukunft ausgerichtet. Sie sind hoch intelligent und mit den ungewöhnlichsten Talenten begabt. Sie sagen gern ihre Meinung und erscheinen nicht selten als unerträgliche Besserwisser – allerdings wissen sie es aber häufig tatsächlich am besten. Mit weniger rasch denkenden Menschen sind Wassermänner nach außen hin geduldig, können innerlich aber recht intolerant sein.

WASSERMÄNNER UND DIE LIEBE

Keinem Sonnenzeichen fällt es so schwer sich zu verlieben oder das Wesen der Liebe auch nur zu verstehen wie dem Wassermann. Es gibt natürlich Ausnahmen, in deren Horoskopen dann etwa der Mond oder die Venus in herausragender Position stehen, doch im Allgemeinen müssen Wassermann-Geborene sich enorm anstrengen, um intime Kontakte zu knüpfen. Wenn sie dann jemanden finden, den sie lieben zu können glauben, sind sie bemerkenswert treu und bemühen sich sehr, den anderen glücklich zu machen, doch ihre sonderbaren Angewohnheiten und ihre kühle Grundhaltung verhindern oft ein langwährendes Glück zu zweit. Manchmal laufen sie vor emotional aufgeladenen Situationen einfach davon, weil sie glauben, nicht damit fertig zu werden. Sie wollen niemanden verletzen oder irritieren, aber es sieht letztlich doch meist so aus. Wenn Wassermann-Menschen sich vergewissert haben, dass die Emotionen wieder abgeebbt sind und ihr Verstand logisch arbeitet, kommen sie aus ihrem Versteck hervor und versuchen sich in Wiedergutmachung. Ihr Charisma und die Fähigkeit, andere zu überreden, hilft ihnen dabei, und viele bleiben ein Leben lang beim Partner ihrer Wahl. Andere sehen sich von Zeit zu Zeit nach Abwechslung um, betrachten sich aber dennoch als loyale Partner.

OBEN Für verliebte Wassermänner kann erotische Literatur der erste Schritt sein, um die sie umgebende unterkühlte Atmosphäre ein wenig abzutauen.

WASSERMANN POSITIV
Wissen ist Macht.

WASSERMANN NEGATIV
Wer am lautesten schreit, hat am wenigsten zu sagen.

WASSERMÄNNER BEI DER ARBEIT

Der Einfluss des Uranus verschafft Wassermann-Geborenen ein Bedürfnis nach konstanter Veränderung im Leben – doch solange ihr Beruf ihnen sowohl Abwechslung als auch Stabilität bietet, bleiben sie in ein und derselben Stellung zufrieden und erfolgreich. Es kann jedoch dauern, bis sie die richtige Stelle gefunden haben, und sie langweilen sich leicht. Wie alle Luftzeichen sind sie am glücklichsten, wenn sie mit anderen kommunizieren können. Sie verfügen über ein enormes Wissen, das sie gern an andere weitergeben, und auch wenn sie zeitweise gern allein sind und nach außen hin manchmal desinteressiert wirken können, sind sie doch stets an allem interessiert und nehmen ihre Umgebung intensiv wahr. Wassermänner erwarten Anerkennung für ihre Intelligenz und guten Leistungen, und sie bekommen sie meist auch. Sie halten es für ihr gutes Recht, dass sich ihnen jede Gelegenheit bietet, und wenn sie sich ungerecht behandelt fühlen, können sie recht rebellisch werden. Sie lieben alle Formen der Naturwissenschaft und modernen Technik und fühlen sich auch zum Flugwesen, dem Universum und den Grenzen unseres Daseins hingezogen.

WASSERMÄNNER IN IHRER FREIZEIT

Wenn sie auch über große Ausdauer und Stärke verfügen, ziehen die meisten Wassermänner es doch vor, sich geistig zu betätigen. Sie lieben Worte und mögen es, anderen etwas beizubringen. Wenn sie etwas einmal nicht wissen sollten, geben sie entweder vor, es doch zu tun, oder ignorieren die Frage ganz. Bekannt als die Genies im Tierkreis sind Wassermänner fähige, begabte Menschen und in den verschiedensten Freizeitbereichen erfolgreich. Ihrem kühlen, analytischen Temperament kommen Bücher, Stra-

---

BERUFE FÜR WASSERMÄNNER

Pilot(in), Fluglotse/Fluglotsin, Computerprogrammierer(in), Elektriker(in), Wissenschaftler(in), Astronom(in), Astrolog(in), Gehirnchrirurg(in), Psychiater(in), Stuntman/Stuntfrau, Entertainer(in)

RECHTS Wassermänner fasziniert die Wissenschaft, und viele von ihnen wählen Berufe, in denen sie die fernsten Randbereiche des Menschheitswissens ausloten können.

WASSERMANN

es zu tanzen, besonders wenn sie dabei ihre einzigartige Individualität zum Ausdruck bringen können.

GESUNDHEIT DES WASSERMANNS

Wassermänner sind fit, kräftig und für gewöhnlich das ganze Leben lang vergleichsweise gesund. Doch kann ihre geistige Überaktivität ihrem Nervensystem schaden und Krankheiten wie Epilepsie, Parkinson, Multiple Sklerose oder andere Gehirnprobleme fördern. Körperlich sind Wassermänner stärker als die anderen zwei Luftzeichen, und sie haben guten Genesungskräfte. Ihre Knöchel können jedoch ziemlich schwach sein, und in fortgeschrittenem Alter treten häufig Stürze auf.

ERNÄHRUNG DES WASSERMANNS

Trotz ihrer schlanken, agilen Figur sind die meisten Wassermänner gute Esser, doch bleiben sie bei einer recht begrenzten Auswahl an Mahlzeiten, die zu Vitamin- und Mineralmangel führen kann. Ungewöhnliche Essgewohnheiten oder sonderbarer Heißhunger kommen bei ihnen häufiger vor. Sie sollten ihre Ernährung abwechslungsreich gestalten und Gehirnnahrung wie Fisch oder Nüsse in ihren Speiseplan einbeziehen.

tegiespiele, Schach, Bridge und alle Tätigkeiten, die Diplomatie und Geschick erfordern, am meisten entgegen. Blitzschnell lernen sie mit Computern, Elektrogeräten und moderner Technik umzugehen. Als letztes Luftzeichen fühlt der Wassermann sich in Flugzeugen und bei anderen Beschäftigungen am Himmel sehr wohl. Ausgezeichnet würde ihnen die Raumfahrt liegen; sie können ohne weiteres stundenlang am selben Fleck still sitzen. Solange nur ihr Geist beschäftigt ist, sind sie zufrieden. Alles Ungewöhnliche fasziniert sie, und sie sind durchaus in der Lage, sich mit mehr als einer Sache gleichzeitig zu beschäftigen. Sie haben Interesse an Astronomie und wissenschaftlichen Neuentdeckungen und betätigen sich manchmal selbst als Erfinder. Sie lieben Musik aller Art und haben ein gutes Rhythmusgefühl. Jazz, Synthesizer und moderne Klassik gefallen ihnen besonders. Sie genießen

> **WASSERMANNTYPISCHE SPORTARTEN**
>
> Sportfliegen, Drachenfliegen, Fallschirmspringen, Bungee-Jumping, Hochsprung, Stabhochsprung, Badminton, Aerobic, Tanzen, Skilauf, Eislauf, Rad fahren

LINKS Als letztes der drei Luftzeichen fühlt der Wassermann sich bei Sportarten, die unter freiem Himmel stattfinden, sehr wohl – je ungewöhnlicher desto besser.

> **HEILNAHRUNG**
>
> fetter Fisch, Kokosnüsse, Walnüsse, Haselnüsse, Sonnenblumenkerne, Karotten, Lakritz, Kümmel, Petersilie, Weizenkeim

LINKS Wassermann-Geborene probieren beim Essen nicht gern herum und sind damit zufrieden, jeden Tag mehr oder weniger dasselbe zu sich zu nehmen.

DIE SONNENZEICHEN

FISCHE

♓

19. Februar bis 20. März

Der Planet Neptun regiert die Fische.

Das Element Wasser regiert die Fische.

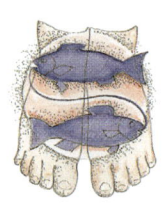

Die Fische regieren die Füße.

Dieses Zeichen ist mit den Farben Violett, Türkis und Grün verbunden.

Geburtsstein ist der Amethyst.

Glückstag ist der Donnerstag.

KURZCHARAKTERISTIK

emotional, sensibel, widersprüchlich, introvertiert, künstlerisch, diffus, anpassungsfähig, verwirrt, eskapistisch, rätselhaft, freundlich, aufopfernd, launisch, abhängig

Augen entweder groß und attraktiv, vorstehend und starr blickend oder klein und durchdringend

Enigmatische, träumerische oder verwirrte Ausstrahlung

Variable Größe, stämmiger Körperbau

LINKS Fische-Menschen können äußerlich unterschiedlich aussehen – alles an diesem Zeichen ist komplex.

DAS WESEN DER FISCHE

Mit dem Zeichen der Fische schließt sich der Kreis der zwölf Tierzeichen wieder. Dieses Zeichen enthält ein wenig von jedem der anderen Zeichen und ist oft am schwersten durchschaubar. Nicht nur anderen, sondern auch sich selbst sind Fische oft ein Rätsel. Die beiden Fische, die in ihrem Symbol in entgegengesetzte Richtungen schwimmen, stellen die wahren Gefühle und Wesensmerkmale der Fische treffend dar. Der Drang, zurück in eine imaginäre Vergangenheit ohne Ängste zu kehren, prägt den Fische-Geist stark, doch gleichzeitig sind viele von ihnen hoch begabt und drängen durchaus nach vorn ins Rampenlicht, um ihre Talente offen zu zeigen. Daher sind Fische-Menschen oft unzufrieden. In der materiellen Außenwelt des Erfolgsstrebens und Wohlstandes sehnen sie sich danach, in die eigene innere Welt zu entfliehen, wo sie Frieden und seelischen Halt finden können. Doch ihre kreative Energie und ihr Bemühen, die Welt zu verbessern, lässt sich nicht zum Schweigen bringen, sodass ihr privates Heiligtum zum Gefängnis wird.

OBEN Die in entgegengesetzte Richtungen schwimmenden Fische symbolisieren die widersprüchliche und komplexe Natur der Fischepsyche.

Die Komplexität ihrer Emotionen macht sie für andere schwer durchschaubar, und es heißt, dass niemand einen Fische-Menschen jemals wirklich gekannt hat. Sie können sich immer wieder völlig unerwartet verhalten. Das halten manche für verwirrend oder auch ärgerlich, andere schätzen Fische jedoch als charismatische und vielfältige Persönlichkeit.

Meist sind typische Fische ruhig und introvertiert, eher abwartende Zuschauer als aktive Teilnehmer. Für gewöhnlich sind sie freundliche und hilfsbereite Menschen und haben auch bereitwillig ein offenes Ohr für anderer Leute Probleme. Wenn sie aber dann selbst getröstet werden müssen, finden sie es häufig schwer, ihre Gefühle gegenüber anderen auszudrücken und suchen doch im Stillen Trost bei sich selbst.

Die fischetypische Fähigkeit, ebenso großartige Höhen zu erklimmen wie in tiefste Niederungen zu sinken, sorgt für ei-

FISCHE

RECHTS Wenn Fische auch ihre Gefühle meist mit sich abmachen, können sie doch anderen gut zuhören.

ne hohe Suchtgefährdung – nicht nur von Drogen oder Alkohol können sie abhängig werden, sondern auch von Sex, Essen und noch viel ungewöhnlicheren Trieben. Fische sind leichtgläubig und verführbar, ganz besonders in jungen Jahren. Aus ihrer Aufopferungsbereitschaft kann in negativen Stimmungen Selbstzerstörung werden; doch immer auf gehobenem Niveau, denn dieses Sonnenzeichen ist das der Heiligen und Priester. Fische können es nicht ertragen, etwas oder jemanden verletzt zu sehen und bieten stets bereitwillig ihre Hilfe an. Doch ihre Übersensibilität kann sie auch in echte Schwierigkeiten bringen.

Das rätselhafteste an diesem Zeichen ist die Vielfalt der in ihm geborenen Typen. Fische-Menschen ähneln sich überhaupt nicht. Jeder von ihnen reagiert je nach augenblicklicher Stimmung unterschiedlich. Wenn sie gut gelaunt sind, ist ihnen nichts zu viel, doch wenn sich Niedergeschlagenheit breit macht, ertrinken sie regelrecht in der Tiefe ihrer Sorgen.

FISCHE UND DIE LIEBE

Der fließende Strom des Fischelebens ist im Allgemeinen seicht und schnell – mit dem Ergebnis, dass Fische-Menschen sich rasch verlieben, ihre Zuneigung aber ebenso rasch wieder anderen schenken. Sie haben das starke Bedürfnis, Liebe zu geben und zu empfangen, und trotz ihres tief empfundenen Wunsches, sich von Beziehungen nicht belasten zu lassen, werden sie doch von ihren Partnern häufig abhängig. Viele von ihnen sind schon in jungen Jahren regelrecht besessen von Liebe und Sex, doch oft bleiben sie bei ihrem ständigen Partnerwechsel sonderbar naiv auf der Suche nach dem Ideal. Starke Männer fühlen sich oft von der süßen Unschuld und Abhängigkeit der Fische-Frau angezogen, müssen dann aber bestürzt feststellen, dass ihre Stärke und Entschlossenheit die ihre bei weitem übertrumpft. Fische sind geschickt darin, mehrere Beziehungen nebeneinander zu führen, und obwohl sie selbst sich aus einer Verbindung leicht wieder lösen können, sind diejenigen, die sich in sie verlieben, oft auf ewig in ihren Netzen gefangen.

UNTEN Fische flirten gern und oft und sind schnell von der Möglichkeit einer neuen Liebe zu begeistern – wofür sie die alte nicht zwingend verlassen ...

DIE SONNENZEICHEN

FISCHE POSITIV
Ehrlich währt am längsten.

FISCHE NEGATIV
Wer nach jedem Köder schnappt, den fängt man bald.

FISCHE BEI DER ARBEIT

Die angeborene Sensibilität und Schüchternheit dieses Zeichens erschwert es Fische-Geborenen, innerhalb eines streng kontrollierten Arbeitsumfeldes vollständig akzeptiert zu werden. Monotone Arbeiten, harte Worte oder Zeitdruck ertragen Fische nur schwer. Sie sind viel glücklicher, wenn sie in einem kleinen Team und in entspannter Atmosphäre ganz nach ihrem eigenen Tempo arbeiten können. Als sehr kreative und künstlerische Menschen sind sie am besten für Berufe geeignet, die diese Talente auch fördern, etwa in der bildenden Kunst, Musik oder Schriftstellerei. Den meisten von ihnen liegt nicht viel an materieller Entlohnung, doch wenn sie sich wirklich darauf einlassen, können sie mit Geld auch gut umgehen. Fische sind in der Lage, ebenso gut auf höchstem wie auf niedrigstem Niveau zu arbeiten, und da andere nur schwer einschätzen können, wie sie mit bestimmten Arbeitssituationen umgehen, werden sie oft in untergeordnete Positionen abgestellt, in denen sie sich nach Anerkennung sehnen. Setzen sie sich aber einmal durch, kann man hundertprozentig auf sie zählen. Fische arbeiten unermüdlich für gute Resultate, wenn sie sich nur anerkannt und bestätigt fühlen.

FISCHE IN IHRER FREIZEIT

Bei ihren Freizeitbeschäftigungen wird die fischetypische Vorliebe für Wandel und Abwechslung nicht so deutlich erkennbar. Sie geben sich mit nichts ab, was sie nicht ganz verstehen und genießen können, da Niederlagen sie stark demoralisieren. Bei all ihrer Lebhaftigkeit, Kreativität und Begabtheit scheinen Fische doch, so bald es um körperliche Betätigung geht, plötzlich zwei linke Hände, keinen Gleichgewichtssinn und wenig Ausdauer zu besitzen. Am besten passen zu ihnen Wassersportarten wie Schwimmen, Tauchen, Surfen, Kanufahren, Rudern oder Segeln. Ihre angeborene Ruhelosigkeit macht sie recht leichtfüßig und viele gute Tänzer oder Fußballer sind unter diesem Zeichen geboren. Langsame Sportarten, die große Konzentration erfordern, sind weniger geeignet, Angeln jedoch ist etwas, an dem sie Spaß haben können.

Am erfolgversprechendsten sind für sie alle Tätigkeiten, die wenig physische Kräfte voraussetzen, wie etwa Schreiben, Dichten, Malen oder Musizieren. Sie neigen zu trauriger, emotionaler Musik und weinen sich dabei gern die Augen aus. Doch auch lebhafte Tanzrhythmen, Pop und Klassik kommen bei

> **BERUFE FÜR FISCHE**
> Musiker(in), Künstler(in), Dichter(in), Schriftsteller(in), Apotheker(in), Ingenieur(in), Küstenwache, Klempner(in), Meteorologe/ Meteorologin, Fischer(in), Arbeiter(in) auf einer Ölbohrinsel, Krankenschwester/-pfleger, übersinnliches Medium, Sozialarbeiter(in), Therapeut(in)

UNTEN Wenn sie einen unkreativen Beruf wählen, dann suchen sich Fische-Menschen darin oft eine Stellung, in der sie mit oder auf dem Wasser arbeiten können.

FISCHE

FISCHETYPISCHE SPORTARTEN

Surfen, Angeln, Fußball, Tanzen, Eislauf, Rollerskating, Laufen, Aerobic, Yoga, Wildwasserfahren, Gymnastik, Schwimmen

OBEN Wenn sie sich nicht gerade im Wasser aufhalten, suchen Fische-Menschen meist neue Wege, ihre Kreativität auszudrücken.

ihnen gut an – es gibt wenig, das sie nicht irgendwann einmal zu schätzen wissen. Wenn sie lang genug still sitzen können, eignen sich auch Meditation und Yoga für sie. Fische fühlen sich auch sehr zum Theater hingezogen und sind oft bemerkenswert gute Schauspieler, die sich auf der Bühne wahrhaft zu verwandeln scheinen. Vor allem aber lieben es Fische, einen imaginären Wettkampf gegen sich selbst auszutragen und bei Spielen wie Solitaire oder Patiencenlegen die eigene Gesellschaft zu genießen.

GESUNDHEIT DER FISCHE

Fische sind berüchtigt für ihre schwächliche Konstitution und ihre Neigung zu gefährlichen Suchtmitteln. So können sie ihr Leben erheblich verkürzen, andererseits sind unter den ältesten Menschen der Welt auch viele Fische. Fische müssen sich warm halten, besonders im Bereich der Hände und Füße, da sie zu Rheumatismus und Kreislaufstörungen neigen. Sie leiden unter Problemen mit den Füßen, unter Diabetes oder den Folgeerscheinungen ihrer individuellen Süchte. Magersucht kommt bei ihnen häufig vor, Fettleibigkeit jedoch auch nicht selten.

ERNÄHRUNG DER FISCHE

Emotional aus dem Gleichgewicht gebrachte Fische neigen zu Ess-Störungen. Sie brauchen eine abwechslungsreiche Ernährung, die reich an Flüssigkeit, Mineralien, Fisch und Meeresfrüchten ist.

HEILNAHRUNG

Brunnenkresse, brauner Reis, Gurken, Löwenzahnblätter, Mohn, Sesam, fetter Fisch, Birnen, Algen, Melone

GRUPPIERUNGEN DER SONNENZEICHEN

DIE ZWÖLF ZEICHEN des Tierkreises teilen sich in drei Gruppen, die die wichtigste Grundlage der Geburtshoroskop-Astrologie bilden: die *Polaritäten*, die *Elemente* und die *Vierecksgruppierungen*. Sie ermöglichen uns ein tieferes Verständnis der grundlegenden Motivationen und Eigenschaften der zwölf Zeichen.

UNTEN Aktive Zeichen wie der Widder und die Zwillinge neigen zur Extrovertiertheit und sind oft wahre Partylöwen.

DIE POLARITÄTEN

Der Tierkreis kann in zwei gegensätzliche Hälften mit je sechs Zeichen unterteilt werden, die man Polaritäten nennt. Traditionell heißen sie *männlich* und *weiblich*, doch in jüngerer Zeit bevorzugt man die Begriffe *positiv* und *negativ*. Im Grunde sind alle vier Begriffe nicht besonders glücklich gewählt, denn „negativ" impliziert Schwäche und Charaktermängel. Heute ziehen viele die Bezeichnungen *aktiv* und *passiv* vor, die weniger wertend und den Eigenschaften der Zeichen viel angemessener sind. Beginnend beim Widder als aktivem Zeichen ist von dort an jedes zweite Zeichen ebenfalls aktiv. Die anderen sechs sind passiv.

AKTIVE/PASSIVE ZEICHEN	
AKTIVE ZEICHEN männlich, positiv	**PASSIVE ZEICHEN** weiblich, negativ
Widder	Stier
Zwillinge	Krebs
Löwe	Jungfrau
Waage	Skorpion
Schütze	Steinbock
Wassermann	Fische

Ganz allgemein neigen aktive Zeichen eher zu Extrovertiertheit und Selbstsicherheit, die passiven eher zu Innenschau und Ruhe.

DIE ELEMENTE

Eine Einteilung des Tierkreises in vier 90-Grad-Viertel ergibt die Elementegruppen *Feuer*, *Erde*, *Luft* und *Wasser*. Zu jedem Element gehörten drei kompatible Zeichen. Alle Elemente interagieren: Das Feuer braucht die Erde als Grundlage, um zu zünden; die Luft erhält Glut und Flammen am Leben. Beginnt es unkontrollierbar zu lo-

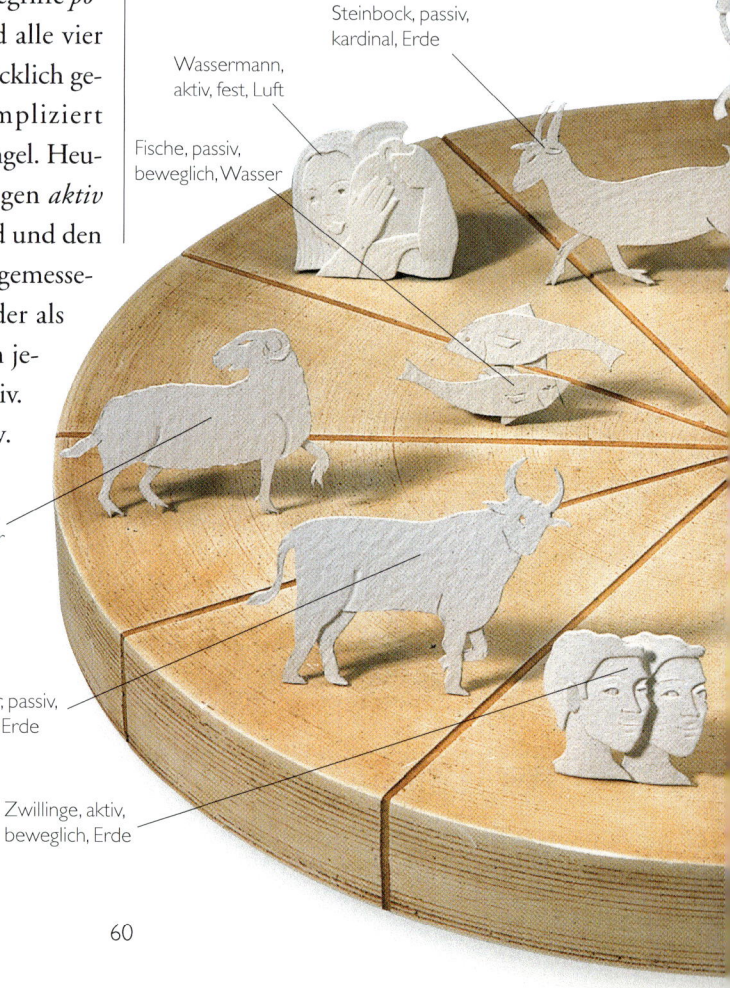

RECHTS Die Gruppierungen der Sonnenzeichen in Elemente, Polaritäten und Vierecksgruppierungen helfen Astrologen zu erkennen, wie die Zeichen miteinander umgehen und auskommen.

Steinbock, passiv, kardinal, Erde

Wassermann, aktiv, fest, Luft

Fische, passiv, beweglich, Wasser

Widder, aktiv, kardinal, Feuer

Stier, passiv, fest, Erde

Zwillinge, aktiv, beweglich, Erde

GRUPPIERUNGEN DER SONNENZEICHEN

DIE ELEMENTE			
FEUER	**ERDE**	**LUFT**	**WASSER**
Widder	Stier	Zwillinge	Krebs
Löwe	Jungfrau	Waage	Skorpion
Schütze	Steinbock	Wassermann	Fische

dern, kann das Wasser es in seine Grenzen weisen. Die Erde benötigt die Wärme und Kraft des Feuers zur Regeneration, die Luft, um neues Leben in ihr zu ermöglichen, und Wasser, um dieses Leben zu nähren. Die Luft wärmt sich erst durchs Feuer auf, ihre Wirkungsweise wird durch die Erde reguliert und das Wasser gibt ihr den Regen und ermöglicht so den Fortbestand des Lebens. Wasser ist aufs Feuer angewiesen, um wieder zu trocknen und so nicht die Erde zu überschwemmen. Die Erde braucht es, um seinen Fluss einzudämmen und die Luft, um Strudel und Wellen zu bilden. Im Allgemeinen sind Feuerzeichen-Menschen warmherzig und begeisterungsfähig, Erdzeichen praktisch und erdgebunden, Luftzeichen kommunikativ und Wasserzeichen-Menschen sensibel und emotional.

DIE VIERECKSGRUPPIERUNGEN

Die dritte Zeichengruppe des Tierkreises sind die *Viereksgruppierungen*. Dabei handelt es sich um drei Gruppen, die aus vier inkompatiblen Zeichen bestehen – eines aus jedem Element – und die jeweils im 90-Grad-Winkel zueinander stehen. Diese Sektoren nennt man *kardinal*, *fest* und *beweglich*. Für Astrologieanfänger ist es nicht ganz leicht zu verstehen, warum die Zeichen in diese Gruppen zusammengefasst werden und was sie tatsächlich gemeinsam haben, doch ermöglichen sie bemerkenswert treffende Einsichten in die Motivationen eines Menschen. Ganz allgemein sind Kardinal-Zeichen eher dominant und durchsetzungsfähig, feste Zeichen unflexibel und kompromisslos und bewegliche Zeichen ruhelos und anpassungsfähig.

Schütze, aktiv, fest, Wasser

Skorpion, passiv, fest, Wasser

Waage, aktiv, kardinal, Luft

Jungfrau, passiv, beweglich, Erde

Löwe, aktiv, fest, Feuer

Krebs, passiv, kardinal, Wasser

OBEN Im Allgemeinen sind passive Zeichen wie Jungfrau und Krebs von ruhigem und eher zurückhaltendem Wesen

DIE VIERECKS-GRUPPIERUNGEN		
KARDINAL	**FEST**	**BEWEGLICH**
Widder	Stier	Zwillinge
Krebs	Löwe	Jungfrau
Waage	Skorpion	Schütze
Steinbock	Wassermann	Fische

POLARITÄTEN UND ELEMENTE

DIE POLARITÄTEN
Aktiv: *Widder, Zwillinge, Löwe, Waage, Schütze, Wassermann*

Die drei Feuerzeichen (Widder, Löwe, Schütze) und die drei Luftzeichen (Zwillinge, Waage, Wassermann) bilden zusammen diese kompatible Gruppe. Alle sechs Zeichen sind von extrovertiertem und selbstsicherem Wesen. Sie neigen zu direkter Konfrontation und denken nicht lang nach, bevor sie handeln. Sie sind objektiv, dynamisch und ungehemmt und fallen im Allgemeinen mehr auf als die passiven Zeichen.

Passiv: *Stier, Krebs, Jungfrau, Skorpion, Steinbock, Fische*

Die drei Erdzeichen (Stier, Jungfrau, Steinbock) und die drei Wasserzeichen (Krebs, Skorpion, Fische) bilden gemeinsam diese kompatible Polarität. Sie sind vorwiegend passive Menschen, von Natur aus introvertiert und eher ruhig. Sie denken gründlich nach, bevor sie handeln oder sprechen und ziehen es vor, im Stillen hinter den Kulissen tätig zu werden. Besonders in ihrer Kindheit sind sie zurückhaltend und gehemmt, und bis sie es im Leben zu mehr Selbstsicherheit gebracht haben, werden sie häufig zugunsten aktiver Zeichen übersehen.

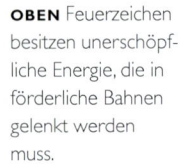

OBEN Feuerzeichen besitzen unerschöpfliche Energie, die in förderliche Bahnen gelenkt werden muss.

DIE ELEMENTE
Feuer: *Widder, Löwe, Schütze*

Wie ihr Symbol das Feuer sind auch die Menschen, die unter diesem Zeichen geboren sind, warmherzige, charismatische und leicht entflammbare Wesen. Haben sie einmal Feuer gefangen, brennen sie schon heftig und mit überwältigender Kraft. Ein konstantes und beherrschtes Feuer ist ein großartiger Anblick und kann ganze Menschenmassen faszinieren. Feuerzeichen-Menschen sind energisch, extrovertiert und schnell begeisterungsfähig. Doch manchmal geraten ihre Flammen auch außer Kontrolle. Dann können sie in ihrer Hitzköpfigkeit tatsächlich zu einer Gefahr werden. Wer ihnen zu nahe steht, kann Verletzungen davon tragen – Gebührender Respekt und Sicherheitsabstand sind bei Feuerzeichen durchaus angebracht.

Erde: *Stier, Jungfrau, Steinbock*

Unter den drei Erdzeichen Geborene sind praktische, materialistisch veranlagte, logische und bodenständige Menschen. Sie sind solide und vernünftig und besitzen eine angeborene Liebe zur gesamten Natur. Es macht ihnen nichts aus, sich bei jedem Wetter im Freien aufzuhalten – ja, sie brauchen das sogar, um sich im Alltagsleben wohl zu fühlen. Die natürliche Vielfalt der Erdzusammensetzung zeigt bereits, dass es an Erdzeichen-Menschen mehr zu entdecken gibt als man auf den ersten Blick glaubt. Sie sind nicht so engstirnig oder phlegmatisch, wie sie scheinen mögen. Wird das natürliche Gleichgewicht durch Katastrophen wie Erdbeben, Überschwemmungen, Wirbelstürme oder Waldbrände gestört, kann sich das Wesen der

OBEN Erdzeichen sind vernünftige, bodenständige Menschen, können jedoch mit plötzlichen Zornausbrüchen reagieren, wenn man sie zu sehr reizt.

POLARITÄTEN UND ELEMENTE

Erde unwiderruflich wandeln. Überredet oder zwingt man Erdzeichen-Menschen zu zerstörerischem Handeln, kann es eine Katastrophe geben. Das üblicherweise eher passive Temperament dieser Menschen wird dann zu einem wahren Vulkan ausbrechender Wut. Ein einziger solcher Ausbrüche kann manchmal ein ganzes Leben zerstören.

LUFT: *Zwillinge, Waage, Wassermann*

Menschen mit Luftzeichen sind die geborenen Kommunikationsexperten des Tierkreises. Sie sind lebhaft, gesprächig, intelligent und stecken voller Ideen – die von anderen allerdings häufig als Luftschlösser abgetan werden. Sie schweben gern über den alltäglichen Dingen, manchmal als Beobachter, oft genug aber lassen sie sich auch unentschlossen von einem zum anderen wehen. Menschen dieses Zeichens brauchen viel Freiheit, um ihren erfinderischen Geist zum Einsatz zu bringen. Was Luftzeichen stets bedenken sollten ist, dass eine Brise zwar sehr erfrischend sein kann, doch zu viel heiße oder kalte Luft Schaden verursachen kann. Luftzeichen-Menschen, die sich zu sehr bemühen, andere mit ihren geistigen Fähigkeiten zu beeindrucken, können Probleme bekommen. Für gewöhnlich sind Luftzeichen sehr umgänglich und lassen sich nicht auf emotionale Untiefen ein, doch wenn sie wütend sind, können sie verbal sehr verletzend werden.

WASSER: *Krebs, Skorpion, Fische*

Alle Wasserzeichen-Menschen sind emotional. Seien es die Ozeane des Krebses, die stillen Wasser des Skorpions oder die seichten Flussläufe der Fische – das Wasser umspült diese drei Zeichen bei ihrem Lebenskampf in einer, wie sie finden, harten und materialistischen Welt. Als tiefstsensible, verletzliche und leidenschaftliche Menschen sind Wasserzeichen passiv und fürsorglich zugleich – nicht immer zu ihrem eigenen Besten. Sie sind zurückhaltend, intuitiv und künstlerisch veranlagt, doch oft auch unsicher und unfähig, ihre wahren Gefühle zu zeigen. Die Gefühle von Wasserzeichen-Geborenen sollte man ernst nehmen: Wasser kann schließlich zu einer ernsthaften Gefahr werden, wenn man leichtfertig damit umgeht. Unter diesem Zeichen Geborene erwarten stets, dass andere auf ihre Gefühle positiv eingehen. Fühlt sich ein Wasserzeichen-Mensch ungeliebt oder schlecht behandelt, besteht die Gefahr, dass aus den sanften Wellen plötzlich eine zerstörerische Springflut wird.

LINKS Wasserzeichen-Menschen sind sehr emotional und müssen mit großer Einfühlsamkeit behandelt werden, wenn die Schleusen geschlossen bleiben sollen.

LINKS Luftzeichen sind geborene Redner jeglicher Couleur – höchst unterhaltsam, aufdringlich oder gar langweilige Besserwisser.

VIERECKSGRUPPIERUNGEN

RECHTS Wohlstand bedeutet für Stier-Menschen (fest, Erde) die Sicherheit, die sie für ihre emotionale Stabilität brauchen.

KARDINAL

Kardinalzeichen kreisen um die eigene Persönlichkeit. Sie wissen, was sie wollen und wie sie es bekommen. Am liebsten erheben sie ihre Stimme laut und bringen Dinge in Gang. Wenn ihr Vorwärtsdrang jegliche Rücksicht überrennt, hält man sie leicht für egozentrisch oder gefühllos. Für jedes Zeichen gelten jedoch spezielle Charakteristika.

WIDDER *kardinal, Feuer:* Widder-Menschen setzen sich mit physischer Präsenz durch, sie bahnen sich ihren Weg nach vorn mit den Ellbogen, ohne auf die Bedürfnisse anderer zu achten. Doch wenn auch die eigenen Ansprüche stets Vorrang haben, wollen sie anderen doch so gut wie nie Schaden zufügen.

KREBS *kardinal, Wasser:* Krebse erreichen ihr Ziel mit der für sie typischen ausweichenden Seitwärtsbewegung meist auf Umwegen und schlagen erst dann zu, wenn ihnen ein positives Ergebnis sicher scheint. Misslingt ein solcher Anlauf, appellieren sie an die Gefühle ihres Gegenübers, um das Gewünschte zu erreichen.

WAAGE *kardinal, Luft:* Waage-Geborene gehen stets höflich und charmant vor und drängen sich so an die Spitze der Schlange, dass niemand es bemerkt. Erfolg fällt ihnen häufig einfach zu, und meist bewundert

LINKS Widder (kardinal, Feuer) setzen sich auch physisch stets durch und drängen sich ohne Rücksicht auf die Bedürfnisse anderer nach vorn.

man sie wegen ihrer ausgeglichenen Persönlichkeit.

STEINBOCK *kardinal, Erde:* Steinböcke erreichen mit Ruhe und eiserner Entschlossenheit ihr Ziel. Zunächst unbemerkt stehlen sie sich nach vorn und überraschen dann alle mit ihrer plötzlich erhobenen fordernden Stimme. Sie geben niemals auf und kommen letztlich so gut wie immer ans Ziel.

FEST

Die festen Zeichen tragen ihren Namen zu Recht, denn sie schätzen tägliche Routine und können in ihrer Haltung recht unflexibel sein. Doch sind sie loyale und ausdauernde Menschen. Anders als Kardinalzeichen kommen sie nur schwer in Gang und strengen sich nie unnötig an. Was sie einmal begonnen haben, bringen sie stets zu Ende.

STIER *fest, Erde:* Stier-Menschen neigen zu einer unflexiblen, zum Materialismus tendierenden Einstellung. Sie sammeln Besitztümer und Wohlstandszeichen, können sich von nichts trennen und ziehen es vor, sich auf jeweils nur eine Sache zu konzentrieren. Haben sie sich einmal für etwas entschieden, kann man sie davon nur schwer abbringen.

VIERECKSGRUPPIERUNGEN

wie ein Schwamm, und ihr Verstand arbeitet höchst erfindungsreich. Ihre dogmatischen vorgefassten Meinungen entfremden sie jedoch leicht von ihren Mitmenschen.

BEWEGLICH

Unter den beweglichen Zeichen Geborene sind ebenso launisch wie anpassungsfähig. Sie genießen die Vielfalt und orientieren sich gern in mehrere Richtungen gleichzeitig. Ihre zwiespältige, komplexe Natur kann zu Unsicherheit und Inkonsequenz führen. Sie leben für den Augenblick und lassen das Vergangene rasch hinter sich.

LÖWE *fest, Feuer:* Löwe-Geborene sind unerschütterlich in ihrer Begeisterung und Lebensfreude. Ihre Flamme brennt hell und unaufhörlich, noch lange nachdem andere Zeichen bereits aufgegeben haben. Ihr kämpferischer Einsatz ist bewundernswert (wenn auch oft fehlgeleitet). Löwen droht Überanstrengung und Burnout-Syndrom.

SKORPION *fest, Wasser:* Skorpione beharren fest auf ihren Emotionen. Das stille Wasser ihrer Persönlichkeit erscheint oft ebenso unbeweglich wie tief. Skorpione lieben und hassen von ganzem Herzen, scheinen aber wegen ihrer rigorosen Selbstkontrolle oft nach außen hin kühl.

WASSERMANN *fest, Luft:* Wassermänner sind auf die mentalen Aspekte des Lebens fixiert. Neues Wissen saugen sie auf

ZWILLINGE *beweglich, Luft:* Zwillinge besitzen anpassungsfähige und veränderliche Persönlichkeiten. Ihre Interessen wechseln häufig, und meist verzichten sie auf tiefer gehende Studien. Auch sprechen und kommunizieren sie gern, ohne je ein Ende zu finden.

JUNGFRAU *beweglich, Erde:* Jungfrauen zeichnen sich durch bodenständige Anpassungsfähigkeit aus. Ihr Geist ist stets auf der Suche nach Herausforderungen. In kürzester Zeit können sie viel erreichen, solange sie auf eine solide Grundlage bauen können.

SCHÜTZE *beweglich, Feuer:* Schützen wenden ihre Begeisterung gern den verschiedensten Dingen zu – am besten gleichzeitig. Sie lieben es, Neues zu erforschen und sind stets auf der Suche nach Aufregung und Abenteuer.

FISCHE *beweglich, Wasser:* Fische-Persönlichkeiten verfügen über ein stark veränderliches Gefühlsleben. Etwas, das ihnen noch gestern große Sorgen bereitet hat, ist heute bereits vergessen. Zwar befinden sie sich in einem ständigen Fluss der Gefühle, doch kehren sie immer wieder an die Quelle zurück.

LINKS Wassermänner (fest, Luft) dürsten förmlich nach Wissen und nutzen jede Minute, um neue Informationen aufzunehmen.

OBEN Die Gefühle der Fische (beweglich, Wasser) sind dauernden Änderungen unterworfen – eben noch fröhlich, können sie Minuten später in Trauer versinken.

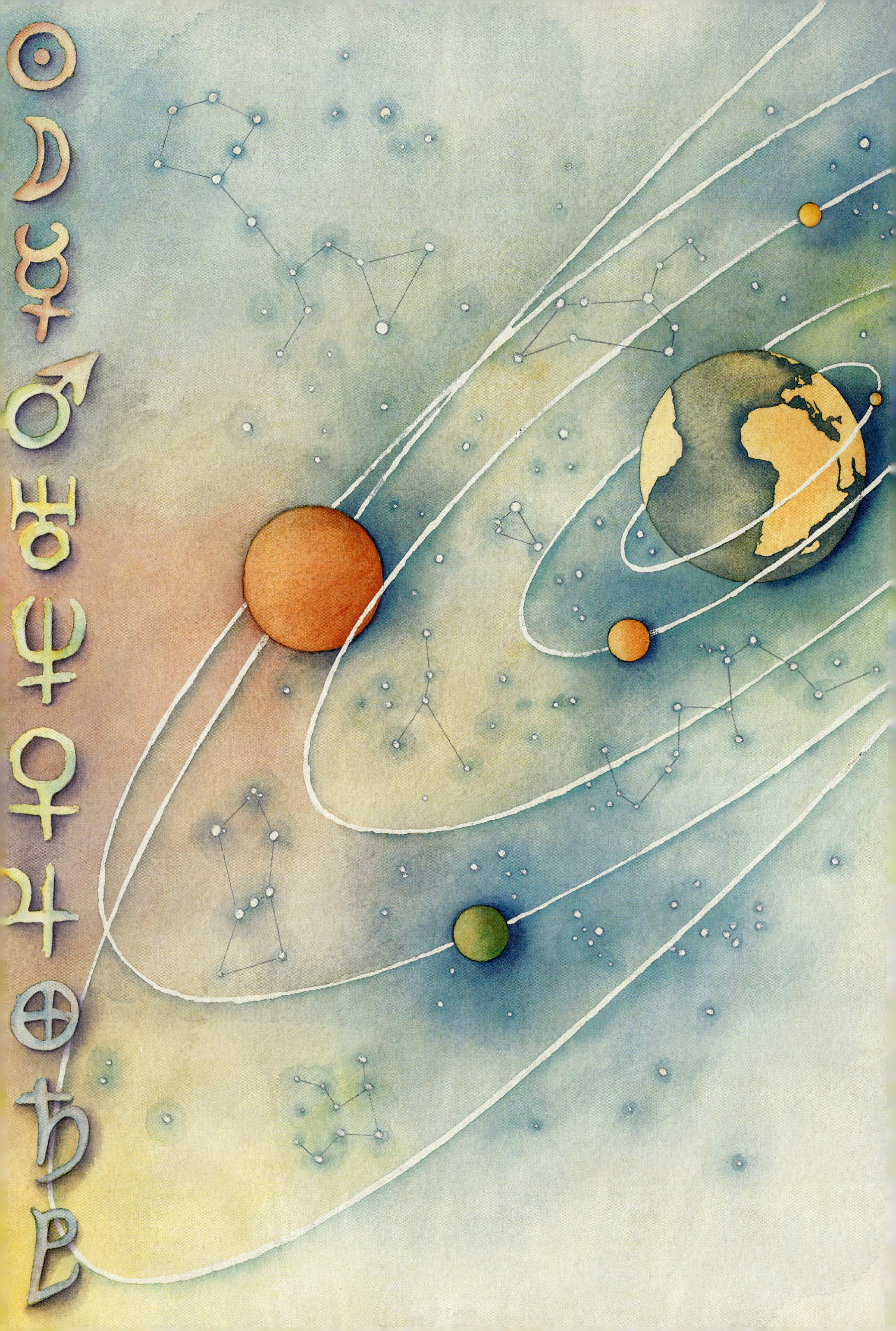

TEIL ZWEI
DIE PLANETEN
★★★★★

Grundlage der traditionellen Astrologie sind die acht Planeten unseres Sonnensystems (mit Ausnahme der Erde) sowie Sonne und Mond. Jeder Planet beeinflusst uns auf seine Weise, und ohne planetare Energie würden wir vermutlich nicht existieren. Für astrologische Zwecke betrachtet man die Erde als zentrale Kraft (was mit den Ursprüngen der Astrologie im geozentrischen Weltbild zusammenhängt), die von allen anderen Planeten umkreist wird. Früher kannte man außer Sonne und Mond (die nach heutigem Verständnis natürlich gar keine „Planeten" sind) nur Merkur, Venus, Mars, Jupiter und Saturn. Doch während der letzten Jahrhunderte kamen drei weitere hinzu: Uranus, Neptun und Pluto. Mit ihrer Entdeckung gingen jeweils dramatische Veränderungen unserer Lebensweise einher, und in den nächsten Jahrhunderten werden vermutlich weitere Planeten entdeckt, die unser Leben beeinflussen. Vielleicht wird so auch das Problem gelöst, wie zehn Planeten mit zwölf Tierkreiszeichen in Einklang zu bringen sind.

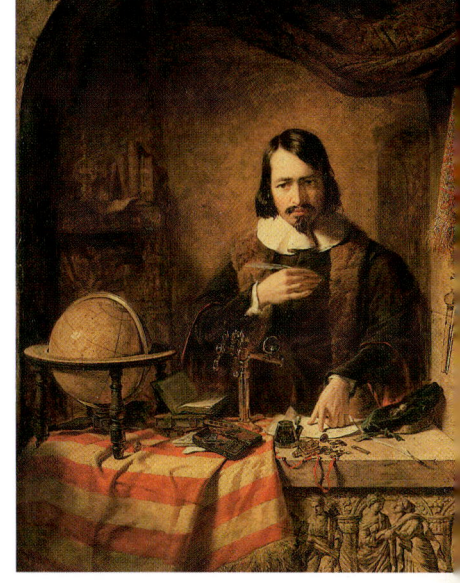

RECHTS Die Wirkung der äußeren Planeten auf unser Leben fasziniert Astrologen seit vielen Jahrhunderten.

DIE PLANETEN

PLANETARE WIRKUNGSKRÄFTE UND ZYKLEN

PLANETEN-GRUPPIERUNGEN
INNERE PLANETEN
Sonne, Mond, Merkur, Venus, Mars
MITTLERE PLANETEN
Jupiter, Saturn
ÄUSSERE PLANETEN
Uranus, Neptun, Pluto

ALLE PLANETEN besitzen ihre ganz speziellen Zyklen. Sie gliedern sich in drei große Gruppen. Die *inneren, mittleren* und *äußeren* Planeten. Die inneren Planeten Sonne, Mond, Merkur, Venus und Mars rotieren mit hoher Geschwindigkeit um den Tierkreis. Die Umlaufbahnen von Sonne und Mond sind sehr regelmäßig – 30 Tage für die Sonne, 28 Tage für den Mond. Merkur, Venus und Mars besitzen jedoch einen längeren und unregelmäßigeren Orbit. Gelegentlich ist der Merkur schneller als der 28-Tage-Kreislauf des Mondes. Die mittleren Planeten Jupiter und Saturn bewegen sich viel langsamer als die inneren – der Jupiter braucht ein Jahr, der Saturn zweieinhalb Jahre – während die jüngst entdeckten äußeren Planeten Uranus, Neptun und Pluto am meisten Zeit benötigen. Der Uranus braucht sieben Jahre, der Neptun 14, und die unzuverlässige Umlaufbahn des Pluto kann zwischen acht und 33 Jahren liegen.

Jeder dieser Planeten regiert eines der Tierkreiszeichen, und in ihrer planetaren Energie liegen die Merkmale jedes Zeichens begründet. Beispielsweise ist die Sonnenenergie heiß, daher passenderweise dem Feuerzeichen Löwe zugeordnet, die des Saturn jedoch kalt und trocken, was der Persönlichkeit des Erdzeichens Steinbock zugeordnet wird. Bis wir die nächsten zwei Planeten entdeckt haben, regieren Merkur und Venus jeweils zwei Zeichen – der Merkur ist für Zwillinge und Jungfrau zuständig, die Venus für Stier und Waage. Man nimmt an, dass das lebhafte Kommunikationsgeschick des Merkur zum Zeichen der Zwillinge passt, seine ernsthafte und praktische Seite eher zum Zeichen der Jungfrau. Die ebenso sinnlichen wie materialistischen Werte der Venus scheinen charakteristisch für den Stier, ihre Liebes- und Beziehungsaspekte sind eher der Waage zuzuordnen. Als man den Pluto entdeckte, meinten einige Astrologen, er beherrsche eher den Widder als den Skorpion (beide Zeichen wurden bis dahin vom Mars regiert), doch bald wurde klar, dass die intensive Kontrollmacht des Pluto besser zu den unergründlichen Tiefen des Skorpions passte als zur wilden Feurigkeit des Widders.

RECHTS Jedes Tierkreiszeichen wird von einem der zehn astrologischen „Planeten" regiert, die sich in verschiedenen Laufbahnen durch den Tierkreis bewegen.

PLANETARE WIRKUNGSKRÄFTE UND ZYKLEN

DIE FIXSTERNE

Es gibt Millionen langsamer Fixsterne in unserer Galaxis, doch die meisten von ihnen liegen viel zu weit entfernt, als dass sie für astrologische Studien von Belang sein könnten. Einige der näher liegenden und bekannteren (wie etwa Sirius) sind viele 1000 Mal größer als unsere Sonne und könnten sehr wohl Einfluss auf die Erde ausüben.

FIXSTERNE UND IHR EINFLUSS

GÜNSTIG	VERÄNDERLICH	UNGÜNSTIG
Mirach	Canopus	Algol
Capella	Alphard	Castor
Sirius	Regulus	Pollux
Fomalhaut	Vega	Antares
Alphecca	Altair	Menkar

REGIERENDE PLANETEN

PLANET	SYMBOL	TIERKREISZEICHEN
Sonne	☉	Löwe
Mond	☽	Krebs
Merkur	☿	Zwillinge und Jungfrau
Venus	♀	Stier und Waage
Mars	♂	Widder
Jupiter	♃	Schütze
Saturn	♄	Steinbock
Uranus	♅	Wassermann
Neptun	♆	Fische
Pluto	♇	Skorpion

Vor der Entdeckung von Uranus, Neptun und Pluto wurde der Wassermann vom Saturn regiert, die Fische vom Jupiter und der Skorpion vom Mars.

CHIRON

Da wir bisher nur zehn Planeten kennen, die unsere zwölf Tierkreiszeichen regieren, hegt man schon seit langem die Vermutung, es müsse noch zwei weitere, bislang unentdeckte Planeten in unserem Sonnensystem geben, die die Herrschaft über die Zwillinge/Jungfrau und die über Stier/Waage übernehmen würden. 1977 wurde dann ein kleiner Himmelskörper, vermutlich ein Planetoid, zwischen Saturn und Uranus entdeckt. Man nannte ihn Chiron („der Schlüssel"), da er eine kommunikative Verbindung zwischen den mittleren Planeten Jupiter und Saturn und den äußeren Planeten Uranus und Neptun etabliert. Es war nicht ganz klar, ob er den Schützen oder die Jungfrau regiert – es gibt überzeugende Argumente für beide –, doch in den 80er-Jahren beschlossen die Astrologen nach langer Recherche, dass der Chiron mit Heilung und New Age in Verbindung steht und daher besser zum Zeichen der Jungfrau passt. Wenn er auch winzig klein und immer noch relativ unbekannt ist, wird der Chiron doch zunehmend fester Bestandteil von Geburtshoroskopen. Seine Entdeckung hilft dem Merkur mit seiner dualen Herrschaft über die Jungfrau mit Sicherheit. Nun bleibt nur noch die Entdeckung eines zwölften Planeten abzuwarten, die die Venus ihrer Doppelverantwortung für Stier und Waage entheben könnte.

OBEN Der Chiron, der sich hier gerade der Sonne nähert, hat eine Umlaufbahn von 50,7 Jahren.

DIE PLANETEN

UNTEN Der Einfluss des Mondes erscheint auf Geburtshoroskopen von Kindern oft besonders hervorgehoben.

SONNE

Die Sonne benötigt etwa 30 Tage, um ein Zeichen zu durchqueren und ein ganzes Jahr, um den Tierkreis einmal zu vollenden. Die Grundpfeiler der Astrologie, wie sie sich noch in Sternzeichenkolumnen der Illustrierten wiederfinden, basieren auf den berechenbaren Mustern des Sonnenlaufs (in Wirklichkeit natürlich der Bewegung der Erde um die Sonne). Sonnenenergie steht mit unserem Inneren in Verbindung. Wie andere uns auch immer sehen, wir selbst betrachten uns vom Standpunkt unseres Sonnenzeichens aus.

MOND

Dieser schnellste unserer Himmelskörper braucht nur zweieinhalb Tage, um ein Zeichen zu durchlaufen und 28 Tage für den gesamten Tierkreis. In manchen alten astrologischen Systemen ist das Mondzeichen sogar wichtiger als das Sonnenzeichen. In Geburtshoroskopen von Kindern spielt es ohne Frage eine große Rolle, doch mit der Zeit werden andere Planeteneinflüsse bedeutsamer. Die Mondenergie ist grundsätzlich emotional und reaktiv. In wenigen Fällen kann sie irrational und unkontrolliert wirken.

MERKUR

Die Laufbahn des Merkur ist kurz, aber mit einer Spanne von 15–70 Tagen pro Tierkreiszeichen sehr veränderlich. Die Energie des Merkur ist von ruhelosem Wesen und wirkt auf uns in kurzen Stößen ein. Sie beherrscht die menschliche Kommunikation.

VENUS

Auch der Lauf der Venus ist variabel – manchmal benötigt sie fünf ganze Monate, um ein Zeichen zu durchqueren. Venusenergie ist ausgeglichener als die des Merkur. Sie strahlt in langsamen, harmonischen Wellen und beherrscht all das, was wir im Allgemeinen am Leben schätzen: Schönheit, Liebe und Frieden. Auch auf materiellen Wert und irdische Besitztümer bezieht sie sich.

MARS

Der Lauf des Mars ähnelt dem der Venus, doch selten braucht er weniger als sechs Wochen, um ein Zeichen zu durchqueren. Marsenergie vibriert buchstäblich vor Kraft und kann (besonders bei Männern) die Energien anderer Planeten mühelos überlagern. Physische Ausdauer, Triebkraft, Aggression und sexuelle Bedürfnisse stehen sämtlich unter Marseinfluss.

JUPITER

Der erste der langsameren Planeten benötigt in etwa ein Jahr, um ein Zeichen zu durchqueren. So entsteht ein Zwölf-Jahres-Zyklus. Die Rückkehr des Jupiter auf die Position, die er bei der Geburt einnahm, bedeutet in jedem Leben einen entscheidenden

OBEN Die harmonische Energie der Venus wird für gewöhnlich dann geweckt, wenn sich intime Beziehungen anbahnen.

Entwicklungspunkt. Jupiterenergie trifft uns ausladend, aber leicht. Meist wird sie als günstig empfunden, kann aber bisweilen auch Belangloses enthalten.

SATURN

Der Saturn braucht zweieinhalb Jahre durch jedes Zeichen und zirka 28 Jahre, um den Tierkreis zu vollenden. Die Rückkehr des Saturn, die um das 28. Lebensjahr stattfindet, ist als entscheidender Wendepunkt in unserem Leben bekannt. Im Vergleich zum Jupiter ist die Energie des Saturn dicht und konzentriert, doch hält sie wesentlich länger an. Durch sie erfahren wir Bedeutsames über unser Leben.

URANUS

Dieser uns am nächsten stehende der äußeren Planeten beendet seinen Lauf durch ein Zeichen nach sieben Jahren und den gesamten Kreislauf nach 84 Jahren. Die Halbzeit seiner Rückkehr, die zwischen das 38. und 43. Lebensjahr fällt, bezeichnet meist eine recht dramatische Periode. Die Uranusenergie ist dynamisch und bringt plötzliche Veränderungen mit sich, die aufregend, aber auch gefährlich sein können.

NEPTUN

Dieser Planet hat seine Reise durch ein Zeichen nach 14 und den ganzen Tierkreis nach 84 Jahren vollendet. Neptunenergie ist langsam und nebelhaft. Sie kann uns in Mysterien hüllen, in Tiefen der Verzweiflung stürzen oder unser spirituelles Bewusstsein erhöhen. Es ist eine schwer greifbare Form der Energie. Die gewaltige Entfernung zwischen Neptun und Erde könnte der Grund für dessen enorme Energiestreuung sein.

PLUTO

Der kleine Planet Pluto hat eine höchst unregelmäßige Umlaufbahn – manchmal benötigt er zehn bis zwölf Jahre für ein Zeichen, wie während der zweiten Hälfte des 20. Jahrhunderts, zu anderen Zeiten bewegt er sich noch langsamer als der Neptun und braucht über 30 Jahre. Seine Energie kann trotz seiner winzigen Größe beeindruckend sein. Er regiert Verwandlung, Tod, Unterwelt, Vulkane und spirituelle Bereiche.

OBEN Der Pluto steht mit dramatischen Veränderungen in Verbindung: Weltkriege und Naturkatastrophen wie Vulkanausbrüche fallen in seinen Einflussbereich.

DIE PLANETEN

PLANETEN IN DEN SONNENZEICHEN

✶ ✶ ✶ ✶ ✶ ✶ ✶ ✶ ✶ ✶ ✶ ✶ ✶

ALLE ZEHN PLANETEN (elf, wenn man Chiron mitzählt) sind Teil unserer individuellen psychischen Konstitution, die uns im Moment unserer Geburt zufällt. Tabellen des täglichen Planetenstandes, die so genannten Ephemeriden, zeigen sämtliche Planetenstände des 20. Jahrhundert auf und sind über jede Buchhandlung zu beziehen. Außer für den Mond, der einige kleinere Anpassungen benötigen kann, braucht man keinerlei Berechnungen, um die Position der Planeten auszumachen. Eine grundlegende Kenntnis der astrologischen Symbole für die Tierkreiszeichen und die Planeten hilft jedoch, die Tabellen zu durchschauen (siehe S. 5, 69 und Literatur S. 189).

In einem Ephemeriden-Buch finden Sie für den Monat und das Jahr Ihrer Geburt eine Seite. Dort stehen in Spalten aufgeführt die Planetenpositionen für Ihr Geburtsdatum, beginnend mit dem Stand der Sonne. Zu Beginn jedes Monatsabschnittes finden Sie die Sonnenzeichen mit ihren jeweiligen Winkelgradangaben, die Planetensymbole sind oben über jeder Spalte verzeichnet.

Nun können Sie ein erstes Geburtshoroskopdiagramm (ein Muster finden Sie auf S. 188) anlegen, in dem das Sonnenzeichen und seine Gradzahl im ersten Winkel ganz links eingetragen werden und die restlichen Zeichen in chronologischer Reihenfolge an jede der folgenden 30-Grad-Häuserspitzen, und zwar gegen den Urzeigersinn. Die Planeten können dann entsprechend ihrer Winkelangaben für Ihr Geburtsdatum in das Diagramm eingetragen werden. Das Beispiel links zeigt, wie die Planeten für einen Skorpion-Geborenen am 3. November 1974 stehen würden.

RÜCKLÄUFIGE PLANETEN

Ein großes „R" neben der Gradangabe eines Planeten steht für „rückläufig", was bedeutet, dass dieser Planet sich – von der Erde aus gesehen – scheinbar rückwärts bewegt. Rückläufige Planeten gelten als wirkungs-

OBEN Ein Geburtshoroskop lässt sich mithilfe der Tabellen in Planeten-Ephemeriden erstellen.

RECHTS Sonnen Tabelle für eine Person mit unbekanntem Geburtszeitpunkt, die am 3. November 1974 Geburtstag hat.

Leeres Haus

Haus mit einem Planeten

Sonnenzeichen

Andere Zeichen der Reihenfolge nach

UNTEN Eine Ephemeride ist eine lange Liste aus Tabellen, die zeigt, welcher Planet zu welcher Zeit in welchem Zeichen steht.

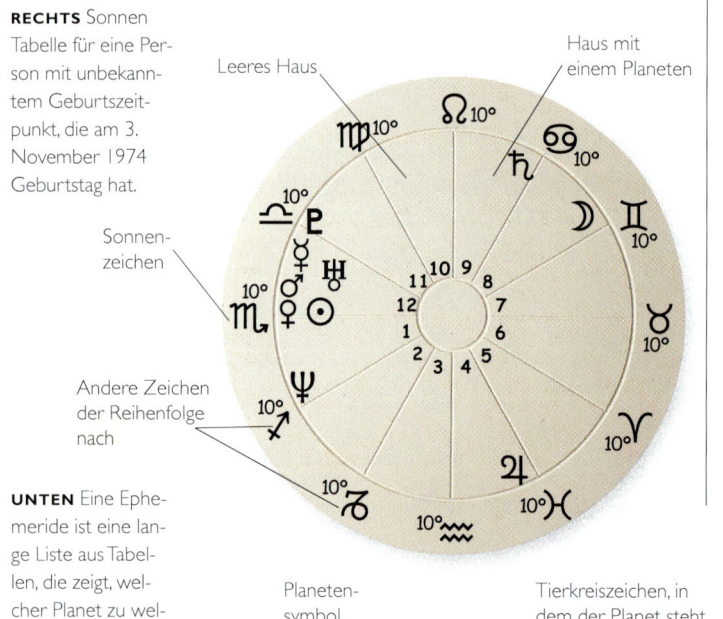

Planetensymbol

Tierkreiszeichen, in dem der Planet steht

PLANETEN IN DEN SONNENZEICHEN

zahl steht in Ephemeriden für „Stillstand" und taucht dann auf, wenn die Bewegung des Planeten scheinbar zu einem Stillstand gekommen ist. Ein großes „D", das „direkt" bedeutet, zeigt an, dass der Planet zwischen Rück- und Vorwärtslauf wechselt.

LINKS In einer Ephemeride ist häufig auch vermerkt, ob ein Planet rückläufig (R) ist, still steht (S) oder zwischen Rück- und Vorwärtslauf wechselt (D).

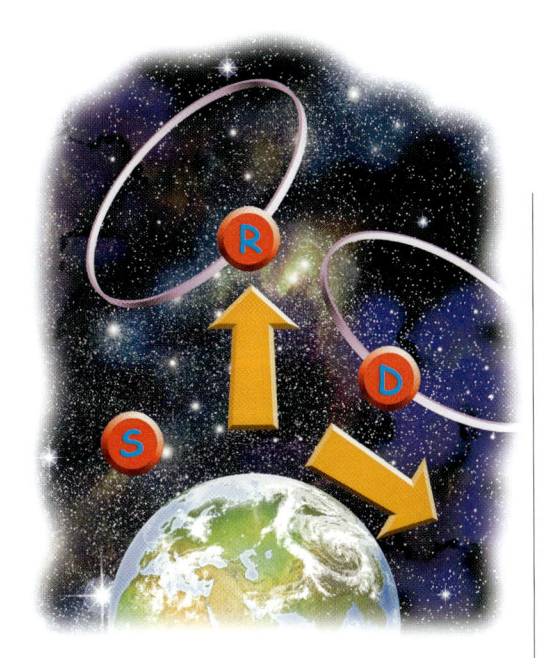

schwach, was möglicherweise auf die inneren Planeten Merkur, Venus und Mars zutrifft. Doch für die äußeren Planeten, die in solch einer Bewegung bis zu sechs Monate verharren können, scheint das wenig wahrscheinlich. Menschen mit einem rückläufigen Merkur im Geburtshoroskop haben allerdings tatsächlich häufig ein Kommunikationsproblem, und eine rückläufige Venus scheint Beziehungsprobleme mit sich zu bringen. Menschen mit rückläufigem Mars haben Schwierigkeiten, ihre körperliche Energie einzusetzen. Ein großes „S" neben der Gradzahl steht in Ephemeriden für „Stillstand"

PLANETENGRUPPEN

Bestimmte Gruppen von drei oder mehr Planeten, die in einem einzigen Zeichen auftreten, können eine besondere Betonung von Merkmalen oder Entwicklungspunkten im Leben bedeuten. Mit solchen gebündelten Einflüssen umzugehen ist nicht immer leicht. Bestehen die Beziehungen beispielsweise zwischen Sonne, Mond, Merkur, Venus, Mars und Jupiter, ist ihr Einfluss für gewöhnlich günstig. Doch wenn die äußeren Planeten und der Saturn sich mit einem der inneren Planeten (oder Jupiter) verbinden, kann es zu Problemen kommen, die erst einmal gemeistert werden müssen. Kanalisiert man solche Energie, kann sie großen Erfolg und persönliche Entschlossenheit hervorbringen.

ERHÖHUNG UND FALL

Es gibt einige traditionell bevorzugte Planetenstellungen. Wenn Planeten in erhöhter Stellung erscheinen, sollen sie sehr stark wirken, stehen sie jedoch "im Fall" (der Erhöhung gegenüber), gilt ihre Wirkung als beeinträchtigt.

PLANET	ERHÖHUNG	FALL	DETRIMENT
SONNE	Widder	Waage	Wassermann
MOND	Stier	Skorpion	Steinbock
MERKUR	Jungfrau	Fische	Schütze
VENUS	Fische	Jungfrau	Widder
MARS	Steinbock	Krebs	Zwillinge
SATURN	Waage	Widder	Krebs
URANUS	Skorpion	Stier	Löwe
NEPTUN	Krebs	Steinbock	Jungfrau
PLUTO	Fische	Jungfrau	Stier

DIE PLANETEN

PLANETEN IN DEN SONNENZEICHEN: DEUTUNG

MOND

Im Widder: Emotionen kommen rasch, direkt und mit Enthusiasmus zum Ausdruck, manchmal aggressiv. Reaktionen von kindlicher Aufrichtigkeit.

Im Stier: Emotionen werden treu, schützend und praktisch ausgedrückt. Hartnäckig, entschlossen und sinnlich. Langsame, vernünftige Reaktionen.

In den Zwillingen: Emotionen werden kühl und unruhig mitgeteilt. Spricht gern über Gefühle, scheut aber vor Körperkontakt zurück. Rasche Reaktionen.

Im Krebs: Emotionen werden vorsichtig und schüchtern vermittelt. Starker Nährinstinkt und Bedürfnis nach emotionaler Sicherheit. Vernünftige Reaktionen.

Im Löwen: Emotionen werden reichlich und mit großem Nachdruck ausgedrückt. Stolz, doch großzügig mit Zuneigungsbeweisen. Laute, gewohnheitsmäßige Reaktionen.

In der Jungfrau: Emotionen kommen ruhig, logisch und kritisch zum Ausdruck. Komplexes Wesen mit sinnlichem Einschlag. Rationale Reaktionen.

In der Waage: Emotionen kommen mit Wärme und Charme zum Ausdruck, doch eine liebevolle Fassade verbirgt ein kühles Innenleben. Ruhige, höfliche Reaktionen.

Im Skorpion: Emotionen werden mit Leidenschaft, aber insgeheim erlebt. Neigung zu Besitzdenken und Eifersucht. Zwanghafte Reaktionen.

Im Schützen: Emotionen werden freigiebig und warmherzig mitgeteilt. Sucht nach emotionalen Abenteuern. Humorvolle Reaktionen.

Im Steinbock: Emotionen kommen gehemmt, aber sinnlich zum Ausdruck. Ein strenges Äußeres verbirgt liebenswürdige Weichherzigkeit. Vorsichtige Reaktionen.

Im Wassermann: Emotionen kommen nur reserviert zum Ausdruck, doch mit zur Schau gestellter Freundlichkeit. Dogmatische, hingebungsvolle Reaktionen.

In den Fischen: Emotionen werden auf unterschiedliche Art und Weise ausgedrückt, doch stets mit Sensibilität. Tränenreiche Reaktionen.

MERKUR

Im Widder: Sprache und Kommunikation werden furchtlos und klug gemeistert. Interesse ist schnell erregt, doch die Konzentrationsspanne nur kurz.

Im Stier: Sprache und Kommunikation werden langsam und sorgfältig gehandhabt. Praktischer Verstand und Sinn für Finanzen.

In den Zwillingen: Sprache und Kommunikation laufen unaufhörlich, schnell und geistreich – bis zur Unverständlichkeit. Hervorragendes Aufnahmevermögen, vergisst jedoch schnell.

Im Krebs: Sprache und Kommunikation sind begrenzt, doch von ätzender Schärfe in der Defensive. Phantasie und Gedankenwelt hoch entwickelt.

Im Löwen: Sprache und Kommunikation sind laut und auffällig. Nicht leicht reizbar, doch bei Zornausbrüchen heftig. Kreativer, künstlerischer Geist.

In der Jungfrau: Sprache und Kommunikation werden ruhig und logisch organisiert. Neigt zur Verstiegenheit in Details. Kritisch zu sich und anderen.

In der Waage: Sprache und Kommunikation verlaufen höflich und charmant. Rasche Auffassungsgabe, schüchtern als Kind und auch später gehemmt.

OBEN Kinder mit dem Mond im Widder können zu heftigen Trotzanfällen neigen.

OBEN Wenn der Mond im Schützen steht, können die Betreffenden ihre Gefühle warmherzig zum Ausdruck bringen und äußerst geistreich sein.

UNTEN Menschen mit dem Merkur in den Zwillingen können sehr schwatzhaft sein und sind manchmal nicht leicht zu ertragen.

PLANETEN IN DEN SONNENZEICHEN

Im Skorpion: Sprache und Kommunikation verlaufen ruhig und zweckgerichtet. Intensives Denken und lebhafte Vorstellungsgabe werden entweder kreativ genutzt oder durch Misstrauen und Rachsucht verschwendet.
Im Schützen: Sprache und Kommunikation gelingen direkt und humorvoll. Wahres Erzählgenie. Direkt und gelegentlich taktlos.
Im Steinbock: Sprache und Kommunikation bewusst und wertend. Ehrgeiz ist nicht leicht in die Tat umzusetzen.
Im Wassermann: Sprache und Kommunikation verlaufen auf intellektuellem Niveau betont freundlich. Voreingenommenheit kann zu Feindschaften führen.
In den Fischen: Sprache und Kommunikation sind entweder vage und abschweifend oder geheimnisvoll-erkenntnisreich. Vorstellungskraft und Kreativität sind nicht immer leicht auszudrücken.

OBEN Die Venus im Krebs bringt ein Bedürfnis nach Zuneigung und Körperkontakt mit sich.

VENUS

Im Widder: Liebt ebenso leidenschaftlich wie leichtsinnig und genießt neue Herausforderungen. Routine-Beziehungen werden rasch langweilig. Benötigt Tempo und andauernde Stimulation.
Im Stier: Liebt mit Hingabe und Treue, kann in festen Beziehungen zu unromantischer Phantasielosigkeit neigen. Mag eingespielte Routine. 
In den Zwillingen: Liebt das Flirten und die Vielfalt. Echte Verständigung ist wichtiger als rein sexuelle Betätigung. Bevorzugt Intellekt.
Im Krebs: Liebt mit großer Feinfühligkeit, Loyalität und Rücksicht. Braucht viel Körperkontakt und schätzt materielle Besitztümer.
Im Löwen: Liebt aus ganzem Herzen mit Stolz und Treue. Neigt zu Dominanz und Besitzdenken. Legt Wert auf Äußerlichkeiten und große Feiern.
In der Jungfrau: Liebt kühl und analytisch, findet aber Geschmack an geordneten Romanzen und intellektueller Auseinandersetzung. Schätzt Sauberkeit und praktischen Sinn.
In der Waage: Liebt mit liebenswertem Charme, neigt jedoch zum Perfektionismus und verschwindet schnell, wenn ein Partner nicht den Erwartungen entspricht. Genießt Luxus.
Im Skorpion: Liebt intensiv, treu und leidenschaftlich. Charismatisch und hoch erotisch, aber anspruchsvoll. Schätzt Freundlichkeit und harte Arbeit.
Im Schützen: Liebt Freiheit und Abwechslung, hat daher Schwierigkeiten mit dauerhaften Liebesbeziehungen. Abenteuerlustig und humorvoll. Hat Spaß an Spiel, Sport und Tieren.
Im Steinbock: Liebt ernsthaft und mit großer Vorsicht. Erträgt Schmerz und Ablehnung nicht, verhält sich daher bei Unsicherheit eher zurückhaltend. Schätzt Loyalität, Aufmerksamkeit und starke Moralvorstellungen.
Im Wassermann: Liebt aus freundlichem Sicherheitsabstand und bleibt lange treu, wenn genügend persönliche Freiheit herrscht. Schwer durchschaubare, beeindruckende Persönlichkeit. Schätzt Individualität.
In den Fischen: Liebt mit Sensibilität und Hingabe, neigt aber auch zur Heimlichtuerei. Romantisch, eskapistisch und häufig regelrecht zwanghaft abhängig von Zuneigung. Mag Zärtlichkeit und Künstlerpersönlichkeiten.

UNTEN Menschen mit dem Schützen in der Venus lieben das Abenteuer und verbringen gern Zeit mit Tieren.

DIE PLANETEN

OBEN Steht der Mars im Widder, kann sportliche Betätigung ein sinnvolles Ventil für angestauten Stress bieten.

RECHTS Menschen mit dem Mars in der Jungfrau können von Körperpflege und Kosmetik regelrecht besessen sein.

RECHTS Der Jupiter im Schützen verstärkt das Bedürfnis nach aufregenden Abenteuern und fördert das Verlangen nach echtem Nervenkitzel.

MARS

Im Widder: Körperliche und sexuelle Energie kommt selbstbewusst oder aggressiv zum Ausdruck. Sportliche Betätigung kann Spannungen lösen, die sonst zu Gewalttätigkeit führen können.

Im Stier: Körperliche und sexuelle Energie wird entschlossen zum Ausdruck gebracht. Besitzt große Ausdauer, hat Spaß an Bewegung im Freien.

In den Zwillingen: Körperliche und sexuelle Energie findet kaum oder nur als Zuschauer Ausdruck. Satirische Wortgewandtheit.

Im Krebs: Körperliche und sexuelle Energie wird mit großen Gefühlen ausgelebt, aber übertriebene Angst vor Zurückweisung kann zu Egoismus führen.

Im Löwen: Körperliche und sexuelle Energie kommt stark und wirkungsvoll zum Ausdruck. In die richtigen Bahnen gelenkt erfolgreich und dauerhaft, doch bei Missbrauch droht Gewalttätigkeit.

In der Jungfrau: Körperliche und sexuelle Energie ist auf kurze, heftige Ausbrüche begrenzt. Ermüdet schnell und bevorzugt Verstandestätigkeit. Kann zu zwanghaftem Sauberkeitsfanatismus neigen.

In der Waage: Körperliche und sexuelle Energie wird mit Begeisterung ausgelebt, doch ohne jede Ausdauer. Kann zu verbaler Aggressivität neigen.

Im Skorpion: Körperliche und sexuelle Energie ist bemerkenswert kraftvoll und dauerhaft, doch nicht immer unter Kontrolle. Findet sie keine Ausdrucksmöglichkeit, drohen Verbitterung und Neid.

Im Schützen: Körperliche und sexuelle Energie ist reichlich vorhanden, aber ziellos. Braucht fortwährende Abwechslung und Bewegung.

Im Steinbock: Physische und sexuelle Energie verbessert sich im Alter. Bringt oft Höchstleistungen, wenn andere längst versagt haben.

In Wassermann: Physische und sexuelle Energie wird zum Verstand hin kanalisiert. Große Konzentrationskraft verhilft zu bemerkenswerter Ausdauer.

In den Fischen: Körperliche und sexuelle Energie werden rasch abgegeben, aber ebenso schnell zerstreut. Ist kreativ und talentiert, braucht aber eine leitende Hand.

JUPITER

Im Widder: Selbstsicherheit und Führungsqualitäten werden verbessert. Dominante, zuversichtliche Lebenseinstellung und optimistisches Selbstvertrauen.

Im Stier: Stabilität und Erdverbundenheit sowie Kreativität werden betont. Loyal und tolerant, erfolgreich und optimistisch in Gelddingen.

In den Zwillingen: Der geistige Horizont wird erweitert, Vielseitigkeit betont. Alltägliche Verrichtungen können zu großen Abenteuern werden. Optimistische Haltung zu ideellen Zielen.

Im Krebs: Die Gefühle können auf besonders liebevolle und mitfühlende Weise ausgedrückt werden. Autorität und Führungsqualitäten werden betont. Optimistische Haltung zu Heim und Familie.

Im Löwen: Besonders starkes Bedürfnis nach Spaß, Gelächter und Dramatik. Neigt zur Prahlerei und fordert Respekt. Optimistisch in Bezug auf Kreativität und Liebesbeziehungen.

In der Jungfrau: Praktische und logische Fähigkeiten werden verbessert, Vernunft und Alltagskönnen betont. Optimistisch in Gesundheitsfragen.

In der Waage: Große Beliebtheit und auch Gerechtigkeitssinn. Charme und intellektuelle Fähigkeiten führen zum Erfolg. Optimistisch in Beziehungsfragen.

Im Skorpion: Gefühlstiefe, Ausdauer und Wahrnehmungskraft werden erhöht. Großzügig, aber schlau in Geldangelegenheiten. Optimistisch in materialistischen Belangen.

PLANETEN IN DEN SONNENZEICHEN

Im Schützen: Humor, Aufregung und Abenteuer werden betont. Beliebt, witzig und vom Glück begünstigt. Optimistisch zum eigenen Lebenserfolg.
Im Steinbock: Hingabe, Moralvorstellungen und Leistungsvermögen werden verbessert. Intelligenz, Ausdauer und finanzielle Stellung werden begünstigt. Optimistisch in Karrierefragen.
Im Wassermann: Geistige Aktivität wird besonders unterstützt, vor allem Sprachgeschick. Führungsqualitäten und Beliebtheit bei Gruppenbeschäftigungen. Optimistisch im Umgang mit Freunden.
In den Fischen: Sensibilität, Kreativität und Phantasie werden verbessert, doch persönliche Freiheit ist unumgänglich. Optimistisch bei Wohltätigkeitsarbeit und Glaubensfragen.

SATURN

Im Widder: Extrovertiertheit, Impulsivität und Begeisterung werden begrenzt, Toleranz und Geduld unterstützt.
Im Stier: Sinnliche oder materialistische Sehnsüchte werden begrenzt, praktischer Sinn und Erfindungsreichtum (besonders in finanziellen Fragen) hingegen gefördert.
In den Zwillingen: Geistige Flexibilität und Ruhelosigkeit werden eingegrenzt, Konzentrationsfähigkeit und kommunikatives Geschick verbessert.
Im Krebs: Emotionalität wird begrenzt, ein dickeres Fell unterstützt, sodass Minderwertigkeitsgefühle und überhöhte Empfindsamkeit überwunden werden können.
Im Löwen: Geselligkeits- und Spaßbedürfnis wird eingegrenzt, der verantwortliche Umgang mit Machtpositionen hingegen gefördert.
In der Jungfrau: Das praktische, analytische und ruhelose Wesen wird unterdrückt, Konzentrationsfähigkeit und Durchhaltevermögen hingegen verbessert.
In der Waage: Waagetypischer Charme, Höflichkeit und Perfektionismus werden eingeschränkt, die Bereitschaft zum Handeln verbessert.
Im Skorpion: Verstörende emotionale und sexuelle Bedürfnisse werden begrenzt, Hartnäckigkeit und Toleranz hingegen gerade im Interesse eines zweisamen Glücks unterstützt.
Im Schützen: Freiheitsbestrebungen und Abenteuerlust werden gedämpft, Bescheidenheit und Zufriedenheit hingegen gefördert.
Im Steinbock: Härte und Strenge werden deutlich gemildert, ein vorsichtiges und langsames Vorgehen in Selbstsicherheit und ohne Angst vor Zurückweisung hingegen unterstützt.
Im Wassermann: Die rein äußerliche Freundlichkeit erfährt eine Einschränkung, die Sorgfalt bei der Informationsaufnahme und Führungsqualitäten hingegen werden gefördert.
In den Fischen: Vertrauensselige Emotionen erfahren deutliche Eingrenzung, Selbstkontrolle und äußerliche Tapferkeit hingegen werden bestärkt.

OBEN Wessen Jungfrau im Saturn steht, hat echtes Führungspotential und gute Erfolgsaussichten im Beruf.

OBEN Der Saturn in den Zwillingen fördert die Konzentrationskraft und verstärkt die geistige Beweglichkeit.

DIE PLANETEN

URANUS, NEPTUN UND PLUTO
✶✶✶✶✶✶✶✶✶✶✶✶✶✶

WEIL ES AUS unserer menschlichen Sicht so lange dauert, bis die drei äußeren Planeten jeweils ein Tierkreiszeichen durchquert haben, heißt es, ihr Einfluss betreffe eher Generationen als Einzelpersönlichkeiten. Beim persönlichen Geburtshoroskop wird ihnen daher geringere Bedeutung beigemessen als den anderen Planeten. Eine größere Rolle spielen sie allerdings bei der Häuserposition (siehe S. 92–103) und bei der Aspektbildung mit den inneren Planeten (siehe S. 109–129).

Tritt einer der äußeren Planeten in ein neues Zeichen ein, gehen damit meist umwälzende Veränderungen in unserer Welt einher. Der Lebensstil, die Umwelt und gesellschaftliche Strukturen sind nicht selten einer unwiderruflichen Veränderung unterworfen. Ob positiver oder negativer Art, hängt von dem betreffenden Planeten und Zeichen ebenso ab wie von der Einstellung der Betroffenen. Ein gutes Beispiel für den allgemeinen Einfluss der Bewegung der äußeren Planeten ist der Übergang des Pluto von der Waage in den Skorpion 1984, wo dieser Planet bis 1995 verblieb. Während dieser Zeit war ein bemerkenswerter Aufschwung in plutotypischen Bereichen wie der Entwicklung von Nuklearwaffen, Gewalt- und Sexualverbrechen zu verzeichnen. Der Pluto regiert den Skorpion, und als er sein Zeichen durchquerte, brachte er vieles von dem, was hinter den Kulissen geschehen war, ans Licht. Da der Pluto 1996 in den Schützen überging, können wir auf eine stärkere Betonung der philosophischen und religiösen Betätigung als schützetypische Domänen hoffen.

OBEN Die äußeren Planeten können durch die Generationen hindurch unterschiedliche Merkmale bei den gleichen Zeichen hervorbringen.

UNTEN Militärische Aufrüstungsvorhaben sind ein Beispiel für den zerstörerischen Einfluss des Pluto, wenn er in den Skorpion eintritt.

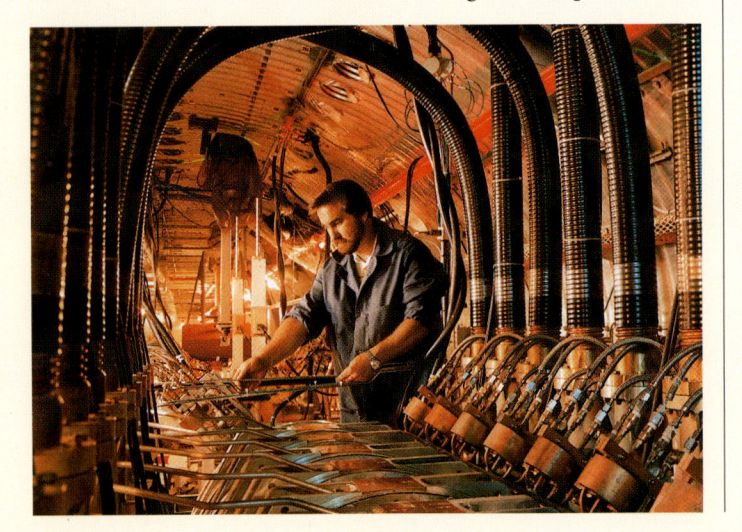

URANUS

Der Sieben-Jahres-Zyklus des Uranus kündigt aufregende oder auch schwierige Veränderungen an ...
Im Widder: Dynamik, Durchsetzungsvermögen, Ich-Bezogenheit, Brände. **Im Stier:** Kraft, Diktatur, strukturelle Schädigung. **In den Zwillingen:** Intellekt, Vielseitigkeit, Veränderungen im Bildungswesen. **Im Krebs:** Reservierte Emotionen, einzigartiges Familienerbe. **Im Löwen:** Große Errungenschaften, königliche Geburten, Egomanie. **In der Jungfrau:** Neurotisches Verhalten, Veränderungen im Gesundheitswesen, geistige Ruhelosigkeit. **In der Waage:** Talent, Kälte, Oberflächlichkeit. **Im Skorpion:** Sexuelle Abweichungen, Gefühlskälte, Grausamkeit. **Im Schützen:** Neue Entdeckungen. **Im Steinbock:** Rücksichtslose Macht, Unsensibilität, neue Regeln. **Im Wassermann:** Erfindungen, Rebellion, Fortschritte in der Raumfahrt. **In den Fischen:** Emotionales Chaos, Flutwellen.

PLANETEN IN DEN SONNENZEICHEN

NEPTUN

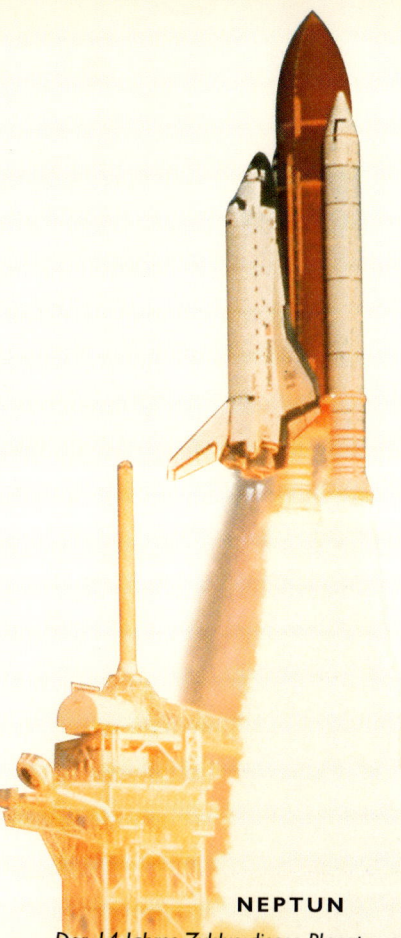

Der 14-Jahres-Zyklus dieses Planeten zeugt von spirituellen und weit reichenden Veränderungen ...
Im Widder: Zerfall der Führungsspitze, spirituelle Evolution. **Im Stier:** Finanzielle Verluste, gotische Architektur. **In den Zwillingen:** Instabilität, Offenheit für spirituelles Bewusstsein. **Im Krebs:** Psychische Entwicklung, Veränderungen der Meereswelt. **Im Löwen:** Bühnentalent, Zerfall von Königshäusern. **In der Jungfrau:** Überschwemmungen, mentale Instabilität, landwirtschaftlicher Boom. **In der Waage:** Flower Power, Halluzinationen, Frieden, Schönheit. **Im Skorpion:** Kontrollverlust, Sucht, Heilkraft. **Im Schützen:** Ruhelosigkeit, Visionen, religiöse Inbrunst. **Im Steinbock:** Rechtszerfall. **Im Wassermann:** Intellektueller Verfall, große Visionäre. **In den Fischen:** Mitgefühl, Surrealismus, spirituelles Bewusstsein.

PLUTO

Der Lauf des Pluto bringt große evolutionäre Veränderungen der gesamten Weltstruktur mit sich ...
Im Widder: Plötzliche Ausbrüche, Atomkriege. **Im Stier:** Hingabe, Untergrundaktivität. **In den Zwillingen:** Fortschritte in Kommunikations- und Sprachtechnik. **Im Krebs:** Besessenheit, übertriebene Sensibilität. **Im Löwen:** Veränderung der Machtstruktur, Magnetismus. **In der Jungfrau:** Kleinere Obsessionen, Erdbeben. **In der Waage:** Bahnbrechende Rechtsveränderungen, intensiver Charme. **Im Skorpion:** Sexuell übertragbare Krankheiten, Alternativtherapien. **Im Schützen:** Prophetische Kräfte, außersinnliche Wahrnehmung, Reisen. **Im Steinbock:** Rückkehr zu Recht und Ordnung, Beschränkungen. **Im Wassermann:** Spirituelle Wissenschaft. **In den Fischen:** Selbstzerstörung, Aufklärung, Stärkung der Emotionen.

LINKS Wenn der Uranus durch den Wassermann wandert, kündigt er Fortschritte im Raumfahrtwesen an.

CHIRON

Wie beim Pluto ist auch die Umlaufbahn des Chiron extrem elliptisch. Einerseits bleibt er 30 Jahre in den Zeichen Wassermann, Fische, Widder und Stier stehen, andererseits benötigt er nur 8 Jahre für den Löwen, die Jungfrau, die Waage und den Skorpion. In den letztgenannten Zeichen wirkt er allerdings viel radikaler. Als Verbindungselement zu den äußeren Planeten ermöglicht er einen Blick in unser Unterbewusstsein und unsere spirituellen Bedürfnisse, und zwar auf unterschiedliche Weise – mit Gewalt, wenn er im Widder steht, im Steinbock jedoch mit äußerster Vorsicht. Die meisten nach 1940 Geborenen haben entweder den Chiron oder den Pluto in einem dieser radikalen Zeichen stehen, wer aber zwischen 1940 und 1948 geboren ist, hat sie beide. Die Rollen, die diese Menschen in der Welt spielen, sind sowohl in körperlicher als auch in spiritueller Hinsicht von Bedeutung – sie sind die Pioniere, die sich bemühen, uns zu zeigen, wie wir den Übergang in eine bessere Welt sicher bewältigen können.

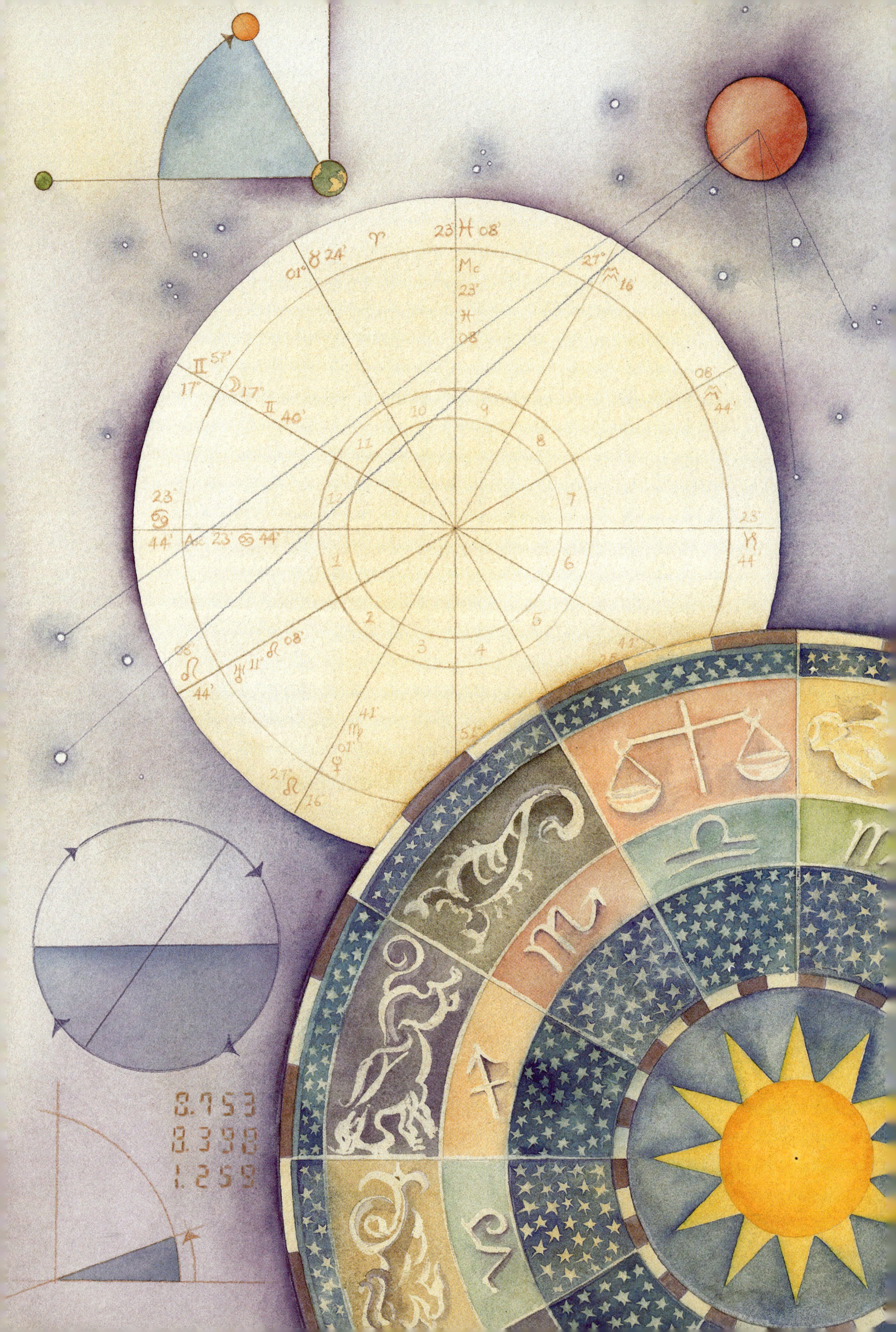
8.753
8.398
1.259

TEIL DREI
GEBURTSHOROSKOPE BERECHNEN

Vor 50 Jahren gehörten zur Erstellung eines Geburtshoroskops noch so komplexe mathematische Berechnungen, dass viele Menschen ihr Interesse an der Astrologie an diesem Punkt nicht weiter verfolgten. Mit dem Siegeszug der Taschenrechner und PCs ging jedoch alles viel schneller, und heute erledigt ein entsprechendes Computerprogramm derlei in wenigen Minuten. Sich selbst auf manuellem Weg ein Geburtshoroskop zu erstellen, ist einfacher als mit allen verfügbaren Informationen eine umfassende und exakte Interpretation zu versuchen. Außer den Ephemeriden (siehe S. 72) brauchen Sie für ein eigenes Geburthoroskop Häusertabellen für nördliche und südliche Breitengrade, einen Atlas mit Längen- und Breitengraden und Geburtshoroskopvorlagen (siehe S. 188). Außerdem sollten Sie den Zeitunterschied zwischen Greenwich Mean Time (GMT) und der Zeitzone der Geburt kennen. Von der betreffenden Person brauchen Sie das Datum, den Ort (Stadt und Land) sowie den genauen Zeitpunkt ihrer Geburt.

UNTEN Fortschritte in der Computertechnik bedeuten auch auf astrologischem Gebiet eine enorme Erleichterung – Geburtshoroskope können nun in wenigen Minuten berechnet werden.

BERECHNUNG

Der mathematische Vorgang der Umwandlung von Geburtsdatum, -zeit und -ort in ein komplettes Geburtshoroskop ist eine logische Berechnung, wie man an den beiden Beispielen gut erkennen kann. Zu Anfang sollten Sie den Geburtszeitpunkt in Greenwich Mean Time (GMT) umrechnen, dann von GMT in Sternzeit, die Zeit nämlich, die aus der Umlaufbahn der Planeten berechnet wird.

Nachdem Sie die Geburtsdaten eingetragen haben, notieren Sie auch den Breiten- und Längengrad der Geburtsstadt. Diese sind einfach in einem Atlas zu finden. In unseren Beispielen wird für die Zeiten das Zwölf-Stunden-System verwendet, was das Addieren und Subtrahieren vereinfacht, doch können Sie natürlich auch mit dem 24-Stunden-System arbeiten. Tragen Sie die Geburtszeit ein und rechnen Sie sie in GMT um. Der Eintrag in die Zeile „Zeitzone" beinhaltet die Abweichungen der Stunden von GMT, die je nach Ort hinzugezählt oder abgezogen werden müssen (vgl. die Geburt in Zypern unten). Wurde der Betreffende beispielsweise in San Francisco geboren, müssen Sie 8 oder 9 Stunden (die Sommerzeit nicht vergessen!) abziehen, da die Sonne an der Westküste der Vereinigten Staaten 8 Stunden

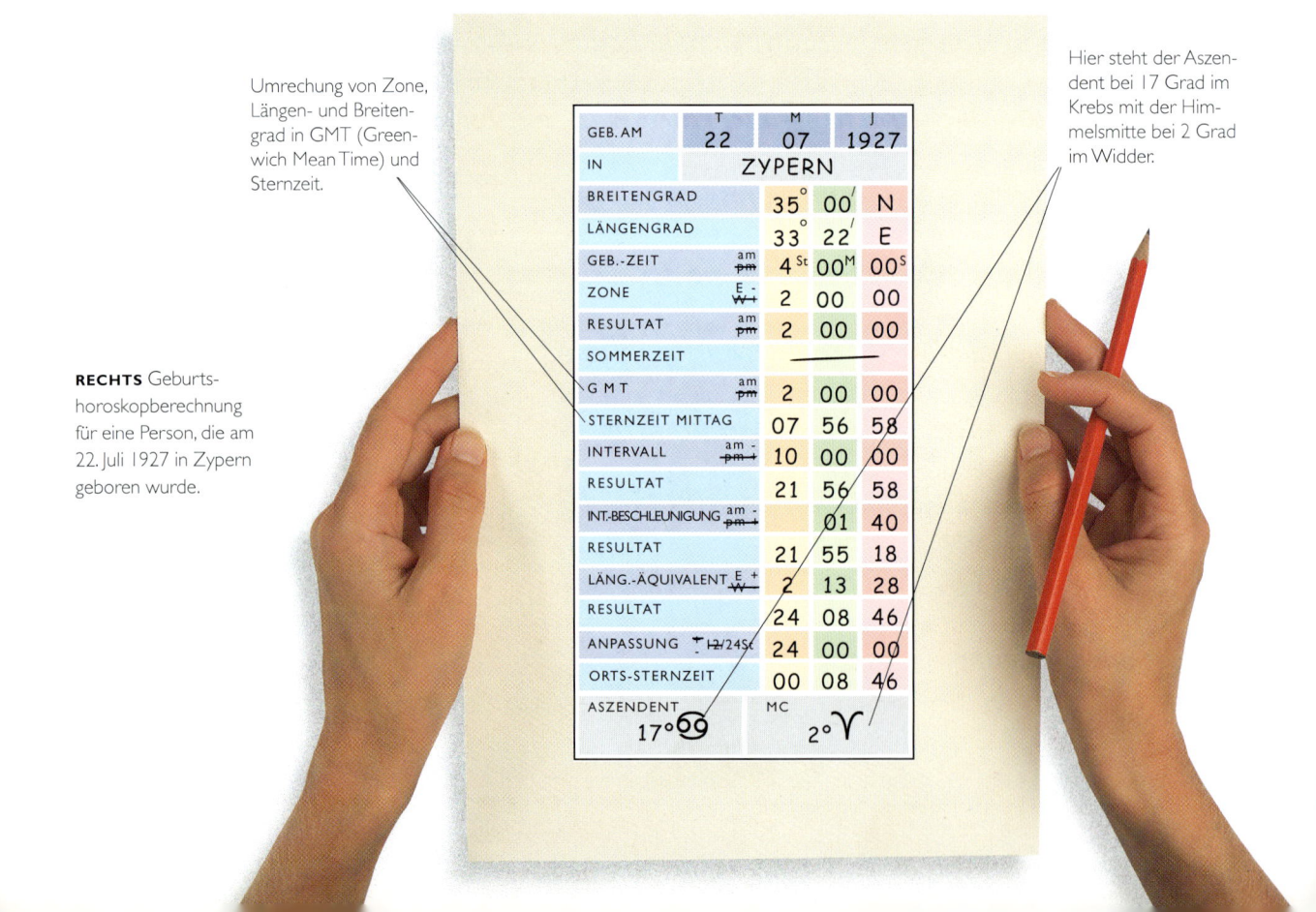

UNTEN Atlas, Ephemeride und Taschenrechner sind bei der Berechnung eines Geburtshoroskops die wichtigsten Utensilien.

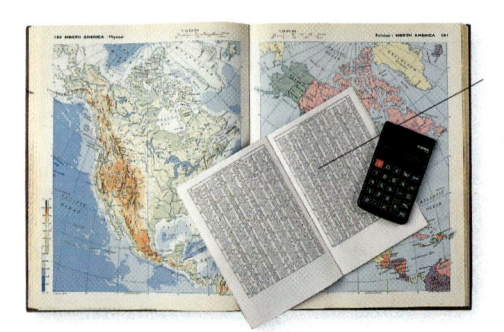

Aus einer Ephemeride erfahren Sie die Position der Planeten an jedem Tag des Jahres.

Umrechung von Zone, Längen- und Breitengrad in GMT (Greenwich Mean Time) und Sternzeit.

RECHTS Geburtshoroskopberechnung für eine Person, die am 22. Juli 1927 in Zypern geboren wurde.

Hier steht der Aszendent bei 17 Grad im Krebs mit der Himmelsmitte bei 2 Grad im Widder.

	T	M	J
GEB. AM	22	07	1927
IN	ZYPERN		
BREITENGRAD	35°	00'	N
LÄNGENGRAD	33°	22'	E
GEB.-ZEIT (pm)	4 St	00 M	00 S
ZONE (E–)	2	00	00
RESULTAT (pm)	2	00	00
SOMMERZEIT	—		
GMT (pm)	2	00	00
STERNZEIT MITTAG	07	56	58
INTERVALL (pm –)	10	00	00
RESULTAT	21	56	58
INT.-BESCHLEUNIGUNG (pm +)		01	40
RESULTAT	21	55	18
LÄNG.-ÄQUIVALENT (E+)	2	13	28
RESULTAT	24	08	46
ANPASSUNG (12/24)	24	00	00
ORTS-STERNZEIT	00	08	46
ASZENDENT 17° ♋		MC 2° ♈	

BERECHNUNG

später aufgeht als in Greenwich in London. Fand die Geburt während der Sommerzeit statt, zieht man diese Stunde ebenfalls ab.

Als nächstes suchen Sie aus der entsprechende Ephemeride die Sternzeit heraus, die Sie nach der GMT-Zeit eintragen. Dieser Wert gilt für den Zeitpunkt am Mittag, als nächstes muss also die Differenz vor oder nach 12 Uhr mittags ausgerechnet werden. Jemand, der um 3.20 Uhr morgens GMT geboren wurde, hat beispielsweise eine Differenz von acht Stunden 40 Minuten *vor* Mittag, eine Geburt um 7.25 Uhr abends jedoch liegt sieben Stunden 25 Minuten *nach* diesem Zeitpunkt. Die Differenz wird von der Sternzeit abgezogen oder hinzugezählt, sodass der ultimative Sternzeit-Wert entsteht.

Und noch eine kleine Anpassung ist nötig, da die Sternzeit 4 Minuten pro Tag schneller vorübergeht als GMT. Dies wird bewerkstelligt, indem man 10 Sekunden für jede Stunde Differenz hinzuzählt (Geburt nach Mittag) oder abzieht (Geburt vor Mittag). Jemand, der um 1.30 Uhr morgens geboren wurde 10½ Stunden vor Mittag also), benötigt einen Abzug von 105 Sekunden (S), also eine Minute 45 Sekunden. Eine Geburt hingegen, die um 9.00 Uhr abends stattfindet, erfordert eine Zugabe von 90 Sekunden – eine Minute 30 Sekunden.

Der letzte Schritt besteht darin, die Orts-Sternzeit für alle Geburten außerhalb des 0-Längengrades von Greenwich herauszufinden. Dazu multipliziert man die Längengradzahl mit vier. Zum Beispiel: Längengrad für Manchester sind 2 Grad 15 Minuten West, das mal 4 genommen ergibt 9 Minuten (M), die von der vorläufigen Sternzeit abgezogen werden müssen. Der Längengrad für Tokio ist 139 Grad 45 Minuten West, das mal 4 genommen ergibt 9 Stunden (St) 19 Minuten, die man zur Sternzeit hinzuzählen muss.

Liegt der Wert der Zahl über 24 Stunden (z. B. HMS 29 16 48), dann muss man 24 Stunden abziehen, um wieder auf eine Orts-Sternzeit von 5 16 48 zu kommen.

Position der Sonne im Tierkreiszeichen mit Gradangabe

Position des Mondes im Tierkreiszeichen mit Gradangabe

OBEN Ein Ausschnitt aus einer typischen Ephemeridenseite, die die Tage jedes Monats auflistet.

Umrechung des Geburtszeitpunktes in GMT (Greenwich Mean Time) und Orts-Sternzeit

Der Aszendent steht bei 19 Grad im Skorpion mit der Himmelsmitte bei 9 Grad in der Jungfrau.

LINKS Geburtshoroskop für eine Person, die am 29. Mai 1982 um 7.15 Uhr abends im englischen Beckenham geboren wurde.

GEBURTSHOROSKOPE ERSTELLEN

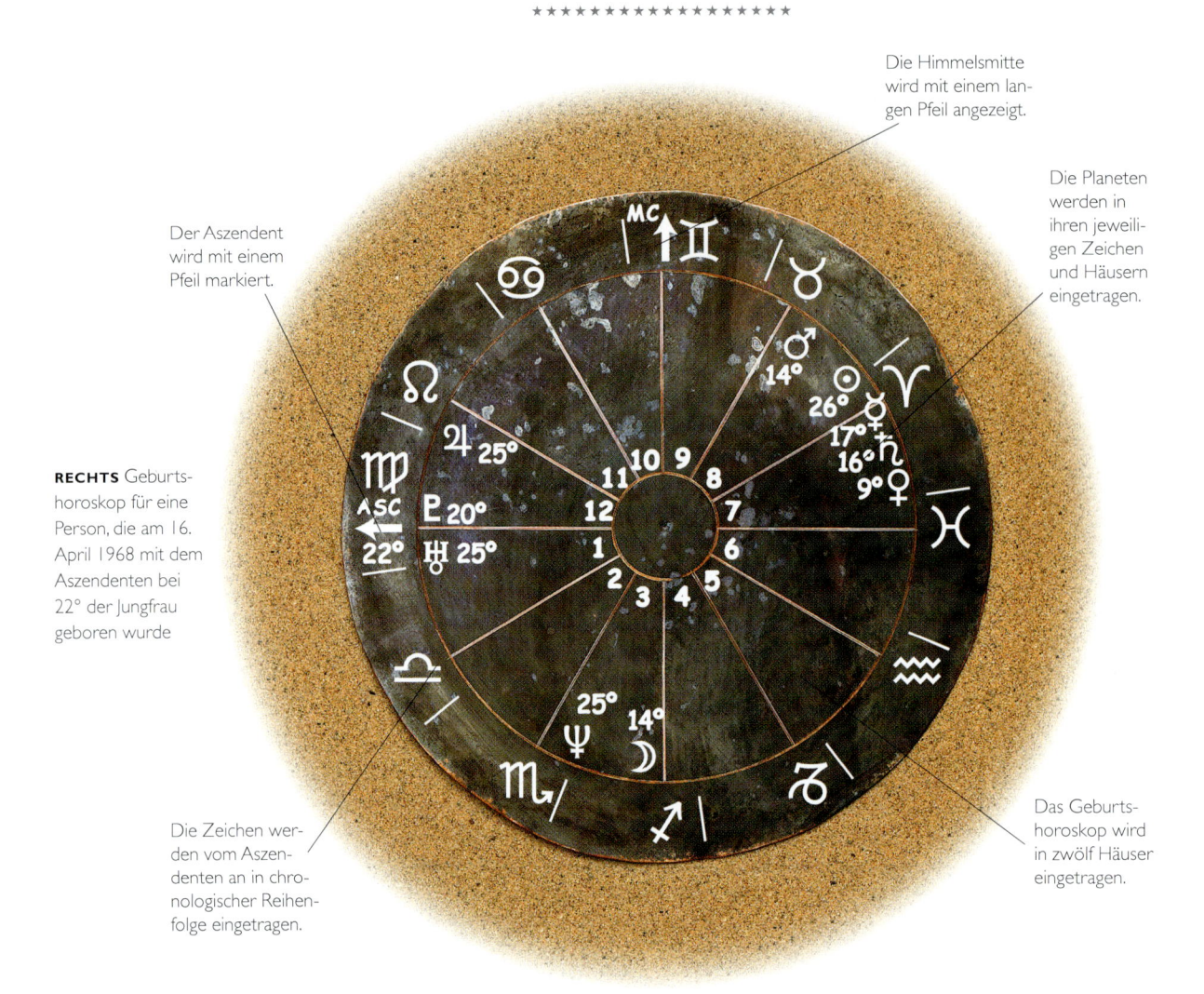

Die Himmelsmitte wird mit einem langen Pfeil angezeigt.

Die Planeten werden in ihren jeweiligen Zeichen und Häusern eingetragen.

Der Aszendent wird mit einem Pfeil markiert.

RECHTS Geburtshoroskop für eine Person, die am 16. April 1968 mit dem Aszendenten bei 22° der Jungfrau geboren wurde

Die Zeichen werden vom Aszendenten an in chronologischer Reihenfolge eingetragen.

Das Geburtshoroskop wird in zwölf Häuser eingetragen.

1 Die Häusertafel für den Breitengrad der betreffenden Geburt ermöglicht es Ihnen nun, ein persönliches Geburtshoroskop zu erstellen. Finden Sie die Sternzeitangabe (erste Spalte), die der Orts-Sternzeit zum Zeitpunkt der Geburt am nächsten kommt, und sehen Sie im Feld mit der Markierung „asc" (Aszendent) nach, um Zeichen und Gradzahl des Aszendenten herauszufinden.

Zum Beispiel findet sich in der Häusertabelle für den Breitengrad 52 Grad 28 Minuten Nord (Birmingham) die nächstliegende Sternzeit für 5 16 48 bei 5 16 29, was quer abgelesen einen Aszendenten von 22 Grad 26 Minuten in der Jungfrau ergibt.

Zeichen und Gradzahl des Aszendenten werden links in das Horoskopdiagramm eingetragen und mit einem Pfeil gekennzeichnet, wie oben zu sehen ist.

2 Das Geburtshoroskop wird in zwölf Felder von je 30 Grad eingeteilt, die man Häuser nennt (siehe S. 92–103). Die verbleibenden elf Zeichen, welche nach dem Aszendenten-Zeichen folgen, werden der Reihenfolge nach gegen den Uhrzeigersinn in die Felder nach dem Aszendenten-Feld eingetragen. Im hier abgebildeten Beispiel folgt der Jungfrau die Waage, daher wird an der zweiten 30-Grad-Linie, welche den Beginn (die Spitze) des zweiten Hauses be-

zeichnet, die Waage eingetragen und an der Spitze des dritten Hauses der Skorpion. So fährt man bis zur letzten Linie fort, die das zwölfte Haus und in diesem Fall das Zeichen des Löwen repräsentiert.

3 Sind die Zeichen ins Diagramm eingetragen worden, können die Planetenpositionen in ihre zugehörigen Zeichen und Häuser platziert werden. Dafür schaut man wieder in der Ephemeride beim entsprechenden Tag der Geburt nach, dort findet man die Planetenpositionen von rechts nach links, beginnend mit der Sonne, aufgeführt. Da sich Ephemeriden nach dem Planetenstand zur Mittagszeit richten, sind bei den inneren Planeten (Sonne, Mond, Merkur, Venus und Mars) eventuell einige kleine Anpassungen an die Geburtszeit notwendig. Liegt eine Geburt im Zeitraum zwischen einer Stunde vor und nach dem Mittagszeitpunkt, braucht die Planetenposition gar nicht verändert zu werden. Die Sonne bewegt sich jeden Tag einen Grad (alle zwölf Stunden 30 Minuten, alle sechs Stunden 15 Minuten usw.) und muss nur dann angepasst werden, wenn der Grad sich verändert; z. B. steht bei jemandem, der um 11.30 Uhr nachts geboren wurde, die Sonne bei einem Mittagsstand von 28 Grad 50 Minuten dann bei 29 Grad 19 Minuten (hier werden 29 Minuten für die zusätzlichen elf Stunden 30 Minuten vom Mittagszeitpunkt an addiert). Bei einer Geburt um 11.30 Uhr vormittags müsste dieselbe Minutenzahl abgezogen werden. Der Mond bewegt sich alle zwei Stunden um 1 Grad. Jemand, der um 4.00 Uhr morgens geboren wurde, müsste bei einem Mittagsmondstand von 20 Grad 8 Stunden abziehen, was 4 Grad der Mondbewegung entspricht, so erhält er eine Mondposition von 16 Grad. Merkur, Venus und Mars bewegen sich unregelmäßiger und benötigen oft keine Anpassung, bei einer sehr schnellen Bewegung sollte jedoch auch hier die Gradzahl noch einmal überprüft werden.

4 Auf diese Weise werden also mit den notwendigen Anpassungen alle Planeten von Sonne bis Pluto (also alle Spalten außer der zweiten zwischen Sonne und Mond, die den so genannten Mondknoten bezeichnet und im Moment noch außer Acht gelassen werden soll) mit ihren Positionen in das Diagramm eingetragen. Denken Sie daran, dass die Häuserspitzen immer bei derselben Gradzahl anzusetzen sind wie der Aszendent.

5 Die Position der Himmelsmitte *Medium Coeli* (MC, siehe S. 132) wird, wie im Beispiel zu sehen, mit einem Pfeil in das Diagramm eingetragen. Man findet das MC, indem man in der Häusertabelle die der mit „10" gekennzeichneten Spalte zugeordnete Sternzeit nachschlägt und von dort Zeichen und Gradzahl übernimmt. Liegt der Aszendent bei 22 Grad in der Jungfrau, findet man das MC mit 20 Grad in den Zwillingen angegeben. Dort trägt man es auch im Diagramm ein. Der direkt gegenüberliegende Punkt ist das *Imum Coeli* (IC), die Himmelstiefe. Auch diese kann im Diagramm (gegenüber des MC) eingetragen werden.

6 Nun können die Tabellen für „Eigenschaften" im Diagramm ausgefüllt werden, indem man die Anzahl der Planeten in den Polaritäten, Elementen und Vierecksgruppierungen zählt. Dann wird der regierende Planet (der das Zeichen im Aszendenten regiert) sowie aufsteigende oder Eckhäuser (siehe S. 132 f.) eingetragen.

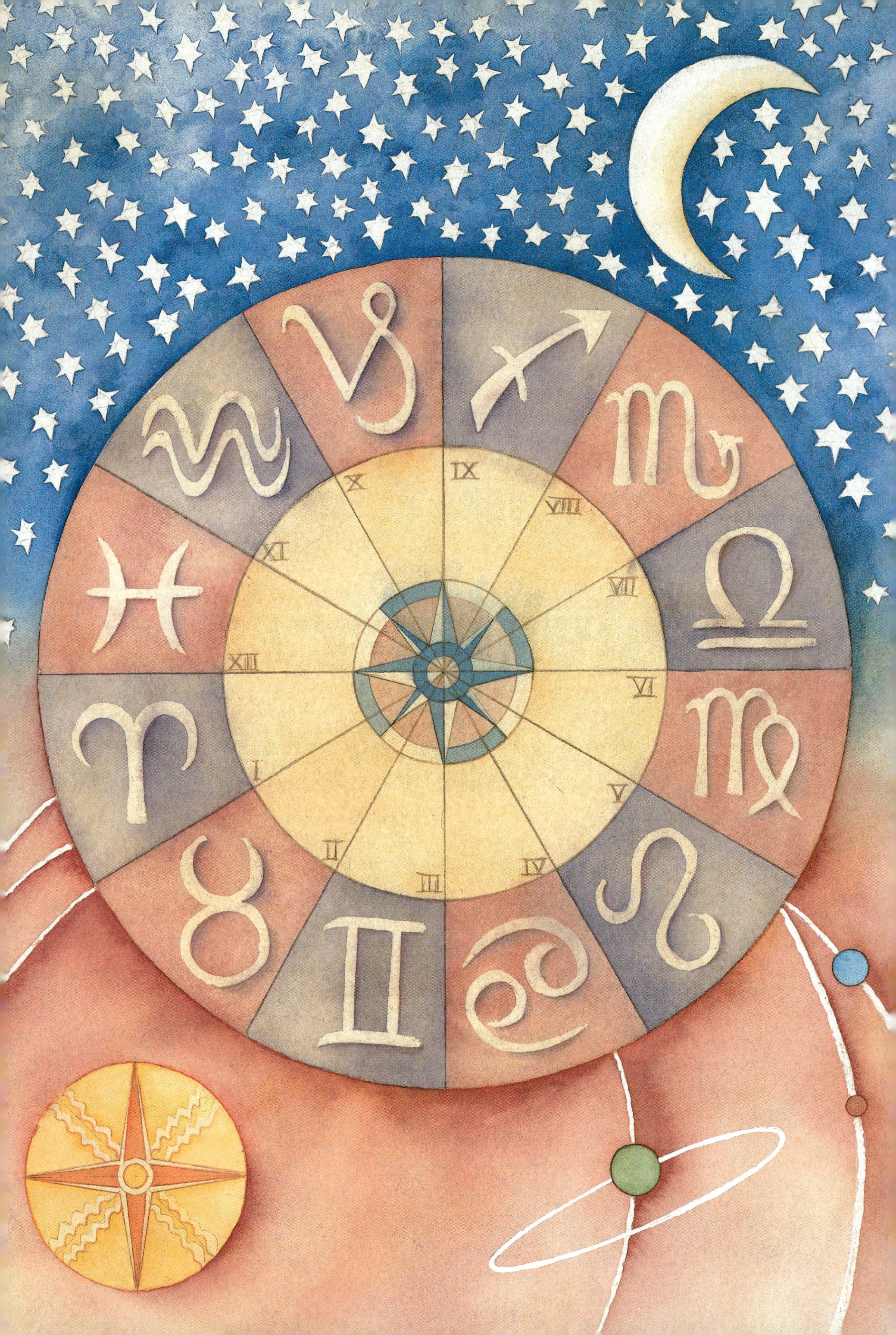
IX
X
VIII
XI
VII
XII
VI
I
V
II
IV
III

TEIL VIER
DIE HÄUSER
★★★★★

Wenn die Berechnung von Aszendent und Himmelsmitte abgeschlossen ist, erfolgt der Eintrag der Häuser nach einem der zahlreichen Häusersysteme, die Astrologen heute einsetzen. Die Häuser sind die zwölf Felder des 360-Grad-Tierkreises. Die drei verbreitetsten Häusersysteme sind das 30-Grad-Häusersystem, das Koch-System und das Placidus-System. Am einfachsten und für Anfänger am verständlichsten ist das 30-Grad-Häusersystem. Es ist eines der ältesten Systeme, und kam schon im alten Ägypten zum Einsatz. In ihm wird der Tierkreis ganz einfach in zwölf gleich große Abschnitte mit je 30 Grad unterteilt.

Das besonders in den USA beliebte Koch-System weicht leicht davon ab, da nicht alle Häuser exakt 30 Grad betragen. Das Placidus-System, das im 19. Jahrhundert immer beliebter wurde, basiert jedoch auf anderen Vorstellungen – die Größe der Häuser variiert enorm, und bei Breitengraden über 66 Grad ist nur ein eingeschränktes Geburtshoroskop mit wenigen Häuserspitzen möglich.

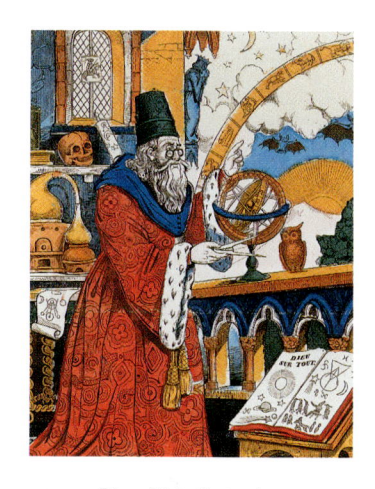

OBEN Diese Metz-Illustration von 1840 zeigt den belgischen Astrologen Mathieu Lansberg, der für seine astrologischen Weissagungen berühmt war.

DIE HÄUSER

INTERPRETATION DER HÄUSER

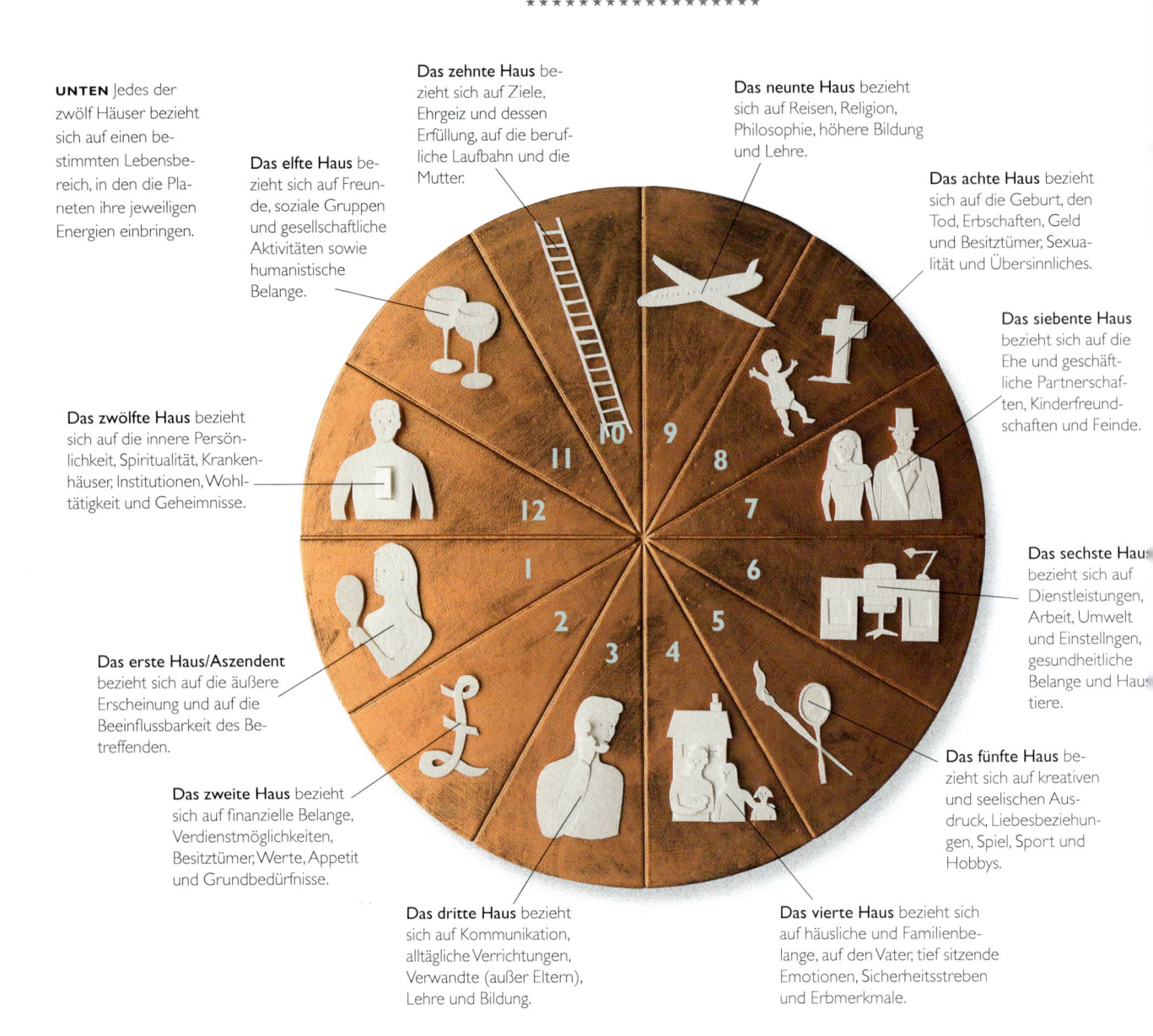

UNTEN Jedes der zwölf Häuser bezieht sich auf einen bestimmten Lebensbereich, in den die Planeten ihre jeweiligen Energien einbringen.

Das elfte Haus bezieht sich auf Freunde, soziale Gruppen und gesellschaftliche Aktivitäten sowie humanistische Belange.

Das zehnte Haus bezieht sich auf Ziele, Ehrgeiz und dessen Erfüllung, auf die berufliche Laufbahn und die Mutter.

Das neunte Haus bezieht sich auf Reisen, Religion, Philosophie, höhere Bildung und Lehre.

Das achte Haus bezieht sich auf die Geburt, den Tod, Erbschaften, Geld und Besitztümer, Sexualität und Übersinnliches.

Das siebente Haus bezieht sich auf die Ehe und geschäftliche Partnerschaften, Kinderfreundschaften und Feinde.

Das zwölfte Haus bezieht sich auf die innere Persönlichkeit, Spiritualität, Krankenhäuser, Institutionen, Wohltätigkeit und Geheimnisse.

Das sechste Haus bezieht sich auf Dienstleistungen, Arbeit, Umwelt und Einstellungen, gesundheitliche Belange und Haustiere.

Das erste Haus/Aszendent bezieht sich auf die äußere Erscheinung und auf die Beeinflussbarkeit des Betreffenden.

Das fünfte Haus bezieht sich auf kreativen und seelischen Ausdruck, Liebesbeziehungen, Spiel, Sport und Hobbys.

Das zweite Haus bezieht sich auf finanzielle Belange, Verdienstmöglichkeiten, Besitztümer, Werte, Appetit und Grundbedürfnisse.

Das dritte Haus bezieht sich auf Kommunikation, alltägliche Verrichtungen, Verwandte (außer Eltern), Lehre und Bildung.

Das vierte Haus bezieht sich auf häusliche und Familienbelange, auf den Vater, tief sitzende Emotionen, Sicherheitsstreben und Erbmerkmale.

QUADRANTEN
ERSTER QUADRANT
Häuser 1–3, Alter 0–9, 36–45

Diese drei Häuser sind sehr persönlicher und Ich-bezogener Natur. Menschen mit überwiegend vielen Planeten in diesem Abschnitt können die Gefühle und Motive anderer nur schwer verstehen. Am liebsten arbeiten sie allein, und eine Neigung zur Egozentrik ist unübersehbar.

ZWEITER QUADRANT
Häuser 4–6, Alter 9–18, 45–54

Menschen mit vielen Planeten in diesem Abschnitt brauchen viel sozialen Kontakt und persönlichen Austausch. Arbeit, Freizeit und Kreativität bilden entscheidende Aspekte ihrer Entwicklung, doch sind sie möglicherweise schwach und noch lange Zeit auf andere angewiesen.

HEMISPHÄREN

- **NORD:** Häuser 1,2,3,4,5,6 *subjektiv, persönlich, ichbezogen*
- **SÜD:** Häuser 7,8,9,10,11,12 *objektiv, äußerlich, gruppenorientiert*
- **OST:** Häuser 10,11,12,1,2,3 *selbstverantwortlich, unabhängig*
- **WEST:** Häuser 4,5,6,7,8,9 *anderen untergeordnet, abhängig*

Wenn alle Planeten in einer einzigen Hemisphäre platziert sind, entsteht ein Ungleichgewicht, das extremen oder zwanghaften Umgang mit den entsprechenden Lebensbereichen mit sich bringen kann. Alle Planeten im Norden verstärken Hemmungen und Probleme beim Austausch mit der Umwelt. Zehn Planeten im Süden führen zu Selbstüberschätzung und Mangel an Einsicht. Alle Planeten im Osten bringen Distanziertheit und Unfähigkeit, den Anweisungen anderer zu folgen, mit sich. Zehn Planeten im Westen deuten auf eine Persönlichkeit, die den Forderungen anderer ständig nachgibt.

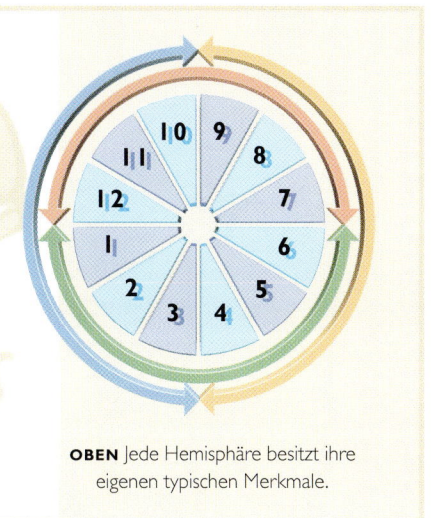

OBEN Jede Hemisphäre besitzt ihre eigenen typischen Merkmale.

DRITTER QUADRANT
Häuser 7–9, Alter 18–27, 54–63

Stehen die meisten Planeten in diesem Abschnitt, sind die Betreffenden gesellig und brauchen die Gesellschaft anderer auch. Sie sind nicht gern allein und können ihr Potential nur mit der Unterstützung anderer voll ausschöpfen. Dennoch sind sie sehr ehrgeizig und stark darauf bedacht, ihrer Umwelt zu gefallen.

VIERTER QUADRANT
Häuser 10–12, Alter 27–36, 63–72

Der letzte Quadrant steht mit der Welt in einer spirituell-menschlichen Ebene in Verbindung. Menschen mit vielen Planeten in diesem Abschnitt erscheinen oft als weise und über den persönlichen Traumata der physischen Welt stehend. Sie können sehr ehrgeizig sein, doch ihre Sorge um das Wohlergehen der Welt und die Erkenntnis, dass sie allein nichts an ihrem selbstzerstörerischen Kurs ändern können, lässt sie manchmal deprimiert oder einsam werden.

QUALITÄTEN
ECKHÄUSER
Häuser 1, 4, 7, 10

Die an Horizont- und Zenitkreis anliegenden Eckhäuser gelten als besonders wirkungsstark. Im Geburtshoroskop auf S. 84 sieht man beispielsweise, dass die Planeten Pluto und Uranus in Eckpositionen stehen. Stehen die meisten Planeten in Eckhäusern, hat man es mit einem durchsetzungsstarken, unternehmungslustigen und dynamischen Charakter zu tun.

FOLGEHÄUSER
Häuser 2, 5, 8, 11

Folgehäuser sind diejenigen, die den Eckhäusern folgen. Der Lebensbereich, für den sie zuständig sind, schließt sich teilweise an den der Eckhäuser an; so steht das achte Haus etwa für die tieferen sexuellen und emotionalen Qualitäten einer Beziehung, die im siebenten Haus ihren Ursprung hat. Menschen mit vielen Planeten in Folgehäusern sind selten besonders dynamisch oder durchsetzungsstark, doch sind sie gefestigte und kreative Persönlichkeiten.

FALLENDE HÄUSER
Häuser 3, 6, 9, 12

Fallende Häuser gelten als wirkungsschwächer als die anderen Häuser. Sie beziehen sich auf Kommunikation, Anpassungsfähigkeit und Wandel. Menschen mit vielen Planeten in diesen Häusern sind sehr talentiert, aber ruhelos und auf Abwechslung und Aufregung angewiesen.

DER ASZENDENT

DER ASZENDENT WIRD aus der Geburtszeit errechnet und ganz links im Geburtshoroskop eingetragen. Er bezeichnet immer die erste Häuserspitze und ist der wichtigste Faktor der divinatorischen Astrologie – ohne Aszendenten könnte kein Geburtshoroskop erstellt werden. Der Aszendent und sein regierender Planet liefern Erkenntnisse über unsere äußere Erscheinung und Persönlichkeit. Beide gemeinsam lassen erkennen, wie andere uns wahrnehmen, wie wir direkt und bewusst reagieren und wie wir unser Leben meistern. Was in den anderen Feldern (Häusern) des Horoskops vor sich geht, interpretiert man immer vom Aszendenten ausgehend. Die Planeten in seiner näheren Umgebung prägen die Persönlichkeit und Erscheinung ganz entscheidend mit. Wenn der Aszendent in den späteren Gradzonen eines Tierkreiszeichens steht, liegt der größte Teil des ersten Hauses innerhalb des folgenden Zeichens. Ein Skorpion-Aszendent bei 26 Grad würde nur 4 Grad vom Skorpion im ersten Haus enthalten, doch 26 Grad vom Schützen. Die Planeten, die innerhalb dieser 26 Schütze-Grade liegen, würden in der Persönlichkeit eine große Rolle spielen, dennoch sind es immer noch der Skorpion und sein Planet Pluto, welche die größte Macht ausüben.

Jedes der zwölf Zeichen bildet als Aszendent einen ganz eigenen Persönlichkeitstyp (siehe Kasten rechts für einen Waage-Aszendenten). Feuer- und Luftzeichen besitzen für gewöhnlich eine selbstsicherere, extrovertiertere Ausstrahlung als Erd- und Wasserzeichen, die nach außen hin zu Ruhe und Introvertiertheit neigen. Dennoch kann die äußere Persönlichkeit, die der Aszendent bestimmt, sich (mitunter völlig) vom wahren inneren Charakter unterscheiden. Je mehr Planeten im Aszendenten, also im ersten Haus, stehen, desto wahrscheinlicher ist es, dass die innere Persönlichkeit dem äußeren Erscheinungsbild gleicht. Beispielsweise verhält sich jemand, der mit drei Planeten inklusive des regierenden in der Nähe seines Schütze-Aszendenten geboren wurde, viel wahrscheinlicher wie ein typischer Schütze-Mensch als jemand, in dessen Aszendenten-Haus keine Planeten stehen und dessen regierender Planet Jupiter im passiven Zeichen des Skorpion steht. Beurteilt werden Menschen meist nach ihrem Aszendenten – nach Äußerlichkeiten eben, über die man jedoch weit hinaus ins Innere eines Menschen blicken muss, um ihn wirklich zu erkennen. Und genau das geschieht bei astrologischer Horoskop-Arbeit.

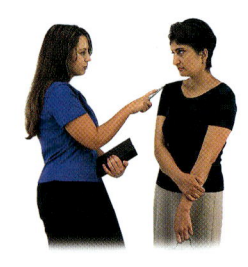

OBEN Die Person mit Feuerzeichen-Aszendent links besitzt ein starkes Ego und kann über den sensibleren Wasserzeichen-Aszendenten rechts Macht ausüben.

OBEN Person mit Feuerzeichen-Aszendent, geboren am 6. Dezember 1969, mit Schütze-Aszendent und zwei Planeten im Schützen im ersten Haus – ein starker und feuriger, doch freundlicher Charakter mit viel Selbstvertrauen.

OBEN Person mit Wasserzeichen-Aszendent, geboren am 3. Dezember 1962 in den USA, mit Krebs-Aszendent und dem Mars im Krebs im ersten Haus – ein schüchterne und verletzliche Persönlichkeit, selbst wenn der Mond im lebhaften Schützen steht.

WAAGE-ASZENDENT-PERSÖNLICHKEIT

Jedes der zwölf Tierkreiszeichen legt als Aszendent im ersten Haus eine charakteristische Persönlichkeit fest.

Erste Häuserspitze – Waage: Charmant, intelligent, friedliebend

Zweite Häuserspitze – Skorpion: Scharfsinnig, festgefahrene Ansichten über Geld und Besitz

Dritte Häuserspitze – Schütze: Freie, tolerante Ansichten über Verwandte, Erziehung, Kommunikation

Vierte Häuserspitze – Steinbock: Strikte Disziplin, ernste Einstellung zu häuslichen Angelegenheiten

Fünfte Häuserspitze – Wassermann: Ungewöhnlich, exzentrisch und erfindungsreich in Bezug auf Liebesbeziehungen, kreative Betätigung, Kinder und Hobbys

Sechste Häuserspitze – Fische: Sensibel, still und emotional im beruflichen Umfeld, intuitiv und sensibel für gesundheitliche Probleme

Siebente Häuserspitze – Widder: Dominante, unternehmungslustige Führungsqualitäten, die in Beziehungen und Partnerschaften zum Tragen kommen

Achte Häuserspitze – Stier: Sinnlich und erdverbunden in Beziehungen, praktisch und materialistisch in Bezug auf die finanziellen Angelegenheiten anderer

Neunte Häuserspitze – Zwillinge: Ruhelos, lebhaft und anpassungsfähig in Bezug auf Reisen und höhere Bildung

Zehnte Häuserspitze – Krebs: Ruhig, zielstrebig, sensibel und auf eigene Ziele bedacht

Elfte Häuserspitze – Löwe: Loyal, fordernd und spaßorientiert in Gruppen und Freundschaften

Zwölfte Häuserspitze – Jungfrau: Praktisch, kritisch und detailorientiert in Bezug auf Spiritualität, innere Entwicklung, Wohltätigkeit und große Institutionen

RECHTS Das Horoskop einer starken Waage-Aszendent-Persönlichkeit (auch der Herrscher der Waage, die Venus, steht im Aszendenten!).

GANZ RECHTS Im Freundeskreis und in sozialen Gruppen reagiert man gut auf den Löwen im elften Haus.

Alle zwölf Sonnenzeichen steigen im Lauf eines Tages am Osthorizont (des aufgehenden Aszendenten) auf, einige Zeichen bleiben dort jedoch länger stehen als andere – solche lang aufsteigenden Zeichen sind Jungfrau, Waage und Skorpion, die bis zu drei Stunden lang aufsteigen. Kurz aufsteigende Zeichen sind beispielsweise Wassermann, Fische und Widder, die manchmal nur eine Stunde brauchen, um den Horizont zu überqueren.

ÜBER DEN HORIZONT

LANG AUFSTEIGENDE ZEICHEN

Nördliche Breitengrade
Krebs, Löwe, Jungfrau, Waage, Skorpion, Schütze

Südliche Breitengrade
Steinbock, Wassermann, Fische, Widder, Stier, Zwillinge

KURZ AUFSTEIGENDE ZEICHEN

Nördliche Breitengrade
Steinbock, Wassermann, Fische, Widder, Stier, Zwillinge

Südliche Breitengrade
Krebs, Löwe, Jungfrau, Waage, Skorpion, Schütze

DIE HÄUSER

PLANETEN IN DEN HÄUSERN

SONNE

Die Sonne verkörpert unser wahres innerstes Ich und den spirituellen Weg. Sie steht für das Ego und dafür, wie wir selbst uns sehen. Das Haus, in dem die Sonne steht, beschreibt den denjenigen Lebensbereich, in dem diese Eigenschaft vor allem zum Einsatz kommen.

Im 1. Haus: Ego und Selbsteinschätzung werden ganz und gar auf die eigene Person und Erscheinung konzentriert. Führt oft zu egozentrischer oder gar narzisstischer Haltung.

Im 2. Haus: Ego und Selbsteinschätzung richten sich auf materielle Instinkte – finanzielle Sicherheit, Besitztümer und Wertesystem.

Im 3. Haus: Ego und Selbsteinschätzung werden von Kommunikation, Bildung, Verwandten und täglichen Aktivitäten bestimmt. Ruhelosigkeit, Lebhaftigkeit und Individualität überwiegen.

Im 4. Haus: Ego und Selbsteinschätzung richten sich auf Heim und Familienangelegenheiten. Eine starke Vaterfigur kann die Individualität unterdrücken.

Im 5. Haus: Ego und Selbsteinschätzung kommen durch kreative Betätigung, Hobbys, Romanzen, Kinder und Gesellschaftsaktivitäten zum Ausdruck.

Im 6. Haus: Ego und Selbsteinschätzung werden in Arbeits-, Organisations- oder Gesundheitsbelange kanalisiert. Dieser Mensch gibt und verlangt viel.

Im 7. Haus: Ego und Selbsteinschätzung kreisen um Partnerschaften und Freundschaften. Das wahre Ich findet nur durch den Umgang mit anderen eine Ausdrucksform.

Im 8. Haus: Ego und Selbsteinschätzung bleiben auf die immer emotionale oder finanzielle Erfüllung durch andere fixiert. Sorge um Geburt und Tod herrscht vor.

Im 9. Haus: Ego und Selbsteinschätzung finden ihre Motivation in höherer Bildung, weiten Reisen, Religion und Philosophie. Geist und Körper müssen ständig in Bewegung gehalten werden.

Im 10. Haus: Ego und Selbsteinschätzung finden ihren Anreiz im beruflichen Ehrgeiz. Streben nach Erfüllung und starke Einflussnahme der Mutter.

Im 11. Haus: Ego und Selbsteinschätzung werden durch starke und langlebige Freundschaften und harmonische Gruppenaktivitäten bestimmt. Dieser Mensch ist eine Autoritätsperson.

Im 12. Haus: Ego und Selbsteinschätzung sind häufig gehemmt oder verwirrt. Tätigkeiten in Krankenhäusern oder Wohlfahrtsorganisationen stärken das Selbstvertrauen.

MOND

Das Haus, in dem der Mond steht, bezeichnet den Lebensbereich, in dem wir unsere emotionalen Bedürfnisse am ehesten ausdrücken und in dem wir Unterstützung erhalten und geben – oft ein höchst sensibler Bereich des Horoskops.

UNTEN Menschen mit der Sonne im ersten Haus können zu Eitelkeit neigen.

OBEN Werdende Mütter mit der Sonne im achten Haus sind oft sehr besorgt um das Wohl ihres Kindes und die Geburt.

PLANETEN IN DEN HÄUSERN

Im 1. Haus: Emotionen werden mit größtmöglicher Rücksicht auf die eigenen Bedürfnisse, äußeres Erscheinungsbild und öffentlichen Status nach außen getragen.
Im 2. Haus: Emotionen werden durch materialistische und persönliche Sorgen verschärft. Dieser Mensch hat ein starkes Sicherheitsbedürfnis und braucht das Gefühl von Akzeptanz.
Im 3. Haus: Emotionen werden bei alltäglichen Verrichtungen, im Austausch mit anderen und auf Reisen gezeigt. Gutes Verhältnis zu weiblichen Verwandten.
Im 4. Haus: Emotionen sind auf häusliche Angelegenheiten, Eltern und Erbfaktoren ausgerichtet. Eine ungestörte Privatsphäre wird geschätzt.
Im 5. Haus: Emotionen werden in kreative Tätigkeiten, Liebesbeziehungen und Sozialleben kanalisiert. Fühlt sich wohl in Gesellschaft von Kindern.
Im 6. Haus: Emotionen werden bei der Arbeit oder bei gesundheitlichen Problemen mehr als deutlich. Bedürfnis nach Austausch mit Arbeitskollegen und Haustieren findet sich häufig.

LINKS Menschen mit dem Mond im ersten Haus müssen sich auf persönlicher Ebene akzeptiert fühlen können.

Im 7. Haus: Emotionen werden in der Beziehung offen ausgedrückt. Bedürfnis nach emotionaler Unterstützung.
Im 8. Haus: Emotionen werden innerhalb der Partnerschaft auf tiefer sexueller Ebene zum Ausdruck gebracht. Sehnsucht nach Wohlstand und den Besitztümern anderer. Übersinnliche Fähigkeiten.
Im 9. Haus: Emotionen richten sich auf höhere Bildung, ausländische Belange und Philosophie. Dieser Mensch fühlt sich glücklicher im Ausland.
Im 10. Haus: Emotionen sind auf die Karriere und auf Erfüllung ausgerichtet. Neigung zu öffentlicher Aufmerksamkeit. Enge Beziehung zur Mutter.
Im 11. Haus: Emotionen orientieren sich an den Reaktionen von Freunden. Bedürfnis nach Anerkennung, auch als Teil sozialer Gruppierungen.
Im 12. Haus: Emotionen werden verborgen gehalten und nur sehr selten mitgeteilt. Fühlt sich manchmal einsam und missverstanden, braucht die Zeit für sich aber dennoch für die Suche nach sich selbst.

UNTEN Steht der Mond im fünften Haus, haben die Betreffenden Spaß an gesellschaftlichen Anlässen und fühlen sich mit Kindern wohl.

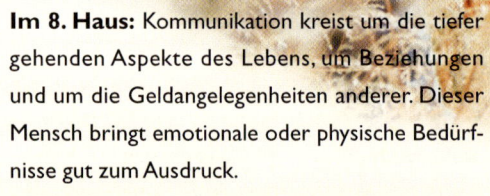

DIE HÄUSER

RECHTS Jemand mit dem Merkur im fünften Haus hat großen Spaß an romantischen Ausflügen.

MERKUR

Die Position des Merkur in den Häusern ist der Bereich unseres Lebens, in dem wir uns durch den Austausch mit anderen (für gewöhnlich mündlich oder schriftlich) zum Ausdruck bringen müssen. Ein bedeutender Bereich unseres Lebens, der in alltägliche Verrichtungen mit einfließt.

Im 1. Haus: Kommunikation kreist ums eigene Ich – was die Beliebtheit des Betreffenden fördern oder mindern kann. Lebhaftigkeit und Witz.

Im 2. Haus: Kommunikation dreht sich um materielle Belange. Genießt den Umgang mit und das Verdienen von Geld. Vielseitigkeit und praktische Interessen herrschen vor.

Im 3. Haus: Kommunikation spielt bei den alltäglichen Verrichtungen eine entscheidende Rolle. Hier finden sich gute Schriftsteller, Lehrer und Vermittler, die immer in Bewegung sind.

Im 4. Haus: Kommunikation verlagert sich auf den heimischen und familiären Bereich. Zu Hause vertrauensvolle und gesprächige Menschen erscheinen in der Öffentlichkeit oft unsicher oder schüchtern.

Im 5. Haus: Kommunikation fließt in soziale, künstlerische oder auch sportliche Betätigungen ein. Geistige Regheit, Austausch mit Kindern und Liebesbeziehungen sind wichtig.

Im 6. Haus: Kommunikation wird vor allem im Arbeitsumfeld relevant. Spricht gern über gesundheitliche Belange, Haustiere und Berufliches.

Im 7. Haus: Kommunikation ist in persönlichen Beziehungen besonders wichtig. Ein gesprächiges, lebhaftes Wesen in der Partnerschaft, doch abhängig von anderen als Quelle geistiger Anregung.

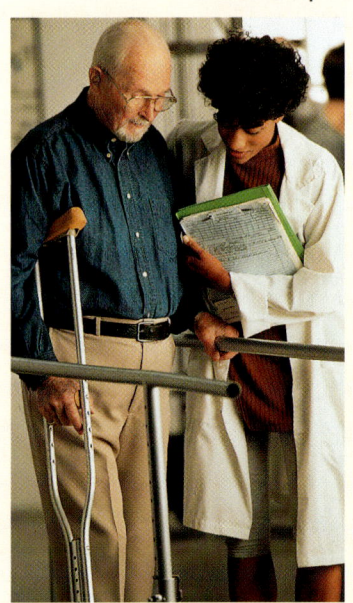

Im 8. Haus: Kommunikation kreist um die tiefer gehenden Aspekte des Lebens, um Beziehungen und um die Geldangelegenheiten anderer. Dieser Mensch bringt emotionale oder physische Bedürfnisse gut zum Ausdruck.

Im 9. Haus: Kommunikation kanalisiert sich in höherer Bildung, ausländischen Belangen, Religion und Philosophie. Hoch gebildet und weit gereist.

Im 10. Haus: Kommunikation kommt im Bereich der beruflichen Karriere zum Einsatz. Dieser Mensch braucht Zuhörer und kann andere inspirieren.

Im 11. Haus: Kommunikation ist bei gemeinsamen sozialen Aktivitäten von besonderem Belang. Spaß an Gesprächen und Diskussionen unter Freunden, heterogener und variationsreicher Freundeskreis.

Im 12. Haus: Kommunikationstalent ist gehemmt, Phantasie und Vorstellungskraft jedoch ausgeprägt. Einsatz im Krankenhaus oder im Wohltätigkeitsbereich fördert kommunikative Bemühungen.

OBEN Persönlichkeiten mit dem Merkur im zwölften Haus verbessern ihre kommunikativen Fähigkeiten durch die Pflege anderer.

PLANETEN IN DEN HÄUSERN

VENUS

Das Haus, das die Venus zum Zeitpunkt unserer Geburt einnimmt, ist der Lebensbereich, in dem wir uns entspannen und wo Frieden einzieht. In diesem Bereich laufen wir zur Höchstform auf und erscheinen anderen am attraktivsten. Auch auf Bereiche der Bequemlichkeit oder des Materialismus bezieht die Venus sich.

Im 1. Haus: Harmonie, Frieden und Liebe kommen in einer sanften, umgänglichen und liebenswerten Haltung zum Ausdruck. Die äußere Erscheinung kann sehr attraktiv sein.

Im 2. Haus: Harmonie, Frieden und Liebe werden in Geld, Besitztümer und Essen kanalisiert. Schätzt Luxus und Bequemlichkeit, Übergewicht droht.

Im 3. Haus: Harmonie, Frieden und Liebe richten sich auf Verwandte, Bildung, Schriftstellerei und Reisen. Gütige, beliebte Menschen.

Im 4. Haus: Harmonie, Frieden und Liebe finden im heimischen Umfeld ihren Ausdruck. Gute Beziehung zu einem Elternteil.

Im 5. Haus: Harmonie, Frieden und Liebe werden in soziale, kreative und romantische Interessen projiziert. Spaß am Umgang mit Kindern, aber Neigung zur Leichtfertigkeit.

Im 6. Haus: Harmonie, Frieden und Liebe konzentrieren sich auf die Bereiche Arbeit und Gesundheit. Diese Menschen sind stets bei guter Gesundheit und beliebt bei Arbeitskollegen.

Im 7. Haus: Harmonie, Frieden und Liebe konzentrieren sich auf die Partnerschaft. Die betreffende Person genießt Liebesbeziehungen und braucht sich dafür nur selten anzustrengen.

Im 8. Haus: Harmonie, Frieden und Liebe finden ihren Ausdruck in engen Zweierbeziehungen und körperlicher Leidenschaft. Erfolg stellt sich im Umgang mit den finanziellen Belangen anderer ein.

Im 9. Haus: Harmonie, Frieden und Liebe fließen in Interesse für ausländische Belange, höhere Bildung, Religion und Philosophie ein. Fühlt sich zu Ausländern hingezogen.

Im 10. Haus: Harmonie, Frieden und Liebe richten sich auf Arbeit und beruflichen Ehrgeiz. Im Beruf beliebt und künstlerisch tätig. Eine enge Mutterbindung ist häufig.

Im 11. Haus: Harmonie, Frieden und Liebe drücken sich vor allem bei gemeinschaftlichen Aktivitäten, Freundschaften und zwischenmenschlichen Belangen aus. Das Glück ist diesem Menschen durch liebevolle, wohlhabende Freunde hold.

Im 12. Haus: Harmonie, Frieden und Liebe kommen still und im Geheimen zum Ausdruck. Abgeschiedenheit und heimliche Liebesaffären werden bevorzugt. Verbindung zur Natur und zu spirituellen Bereichen herrschen vor.

LINKS Menschen mit der Venus im zweiten Haus schätzen gutes Essen und Wein – eine Neigung zu Übergewicht ist wahrscheinlich.

DIE HÄUSER

MARS

Die Häuserposition des Mars zum Zeitpunkt der Geburt bezeichnet den Lebensbereich, in den wir einen großen Teil unserer körperlichen Energie einfließen lassen – ob es sich dabei um Sport, Freizeit, Sex, Hausarbeit oder etwas anderes handelt, hängt vom Haus und dem Tierkreiszeichen ab, in dem der Mars steht. Marsenergie ist von Natur aus dominant, fordernd und Ich-bezogen. Negativ kann sie sich auch aggressiv, zornig oder gewalttätig auswirken. Der Bereich, in dem sie zum Einsatz kommt, ist häufig etwas, über das wir nur wenig Kontrolle haben und in dem wir willkürlich und unbedacht handeln.

UNTEN Steht der Mars im ersten Haus, stehen die Betreffenden stärker in Verbindung mit ihrer männlichen Seite – man darf sie niemals unterschätzen.

OBEN Der Mars im sechsten Haus verleiht einen guten Draht zu Tieren.

Im 1. Haus: Durchsetzungskraft oder Aggression erscheinen in der äußeren Persönlichkeit. Diese Personen verfügen über stark ausgeprägte Züge, ein dominantes Erscheinungsbild und blendendes Aussehen.

Im 2. Haus: Durchsetzungskraft oder Aggression kommen in finanziellen und persönlichen Bereichen zum Ausdruck. Erfolgreich im Umgang mit Geld, aber Neigung zum Geiz.

Im 3. Haus: Durchsetzungskraft oder Aggression haben vor allem Einfluss auf mündliche oder schriftliche Kommunikation. Autorität und Selbstvertrauen, aber Neigung zur Streitsucht.

Im 4. Haus: Durchsetzungskraft oder Aggression zeigen sich vor allem im heimischen Bereich, manchmal auf die Eltern gerichtet. Dominant und unnachgiebig.

Im 5. Haus: Durchsetzungskraft oder Aggression werden offen in kreative Betätigungen, romantische Beziehungen oder sportliche Aktivitäten kanalisiert. Der Umgang mit Kindern ist streng.

Im 6. Haus: Durchsetzungskraft oder Aggression manifestieren sich im Arbeitsumfeld oder im Umgang mit Kollegen. Auch gute Kontrolle über Tiere.

Im 7. Haus: Durchsetzungskraft oder Aggression richten sich auf persönliche Beziehungen. Dominiert gern oder wird gern von anderen dominiert. Schätzt bei anderen Entschlossenheit.

Im 8. Haus: Durchsetzungskraft oder Aggression kommen für gewöhnlich in allen Bereichen nur sehr kontrolliert zum Ausdruck, aber Vorsicht: Die seltenen Ausbrüche können sehr zerstörerische Auswirkungen haben.

Im 9. Haus: Durchsetzungskraft oder Aggression fließen in höhere Bildung, Auslandsreisen und abenteuerlustige Unternehmungen ein. Interesse an Religion oder spiritueller Führungsposition.

Im 10. Haus: Durchsetzungskraft oder Aggression richten sich auf berufliche Ziele. Dominante Mutter, Begeisterung für militärischen Führungsstil.

Im 11. Haus: Durchsetzungskraft oder Aggression werden zur Verbesserung von Freundschaften und Gruppenaktivitäten eingesetzt. Dieser Mensch genießt Führungspositionen.

Im 12. Haus: Durchsetzungskraft oder Aggression kommen nur sehr gehemmt oder ganz privat zum Ausdruck. Geheim gehaltenes Liebesleben.

JUPITER

Das Haus, in dem der Jupiter bei unserer Geburt steht, gilt als Glück bringender, produktiver Lebensbereich. Hier fühlen wir uns gut und optimistisch und können kaum glauben, dass irgend etwas Schlimmes passieren könnte. Teilweise können sich die Vorzüge dieses Planeten jedoch eher im Geist abspielen als sich in physischer Form zu manifestieren.

Im 1. Haus: Optimismus kommt in der eigenen Persönlichkeit offen zum Tragen und erstreckt sich häufig auch auf den physischen Körper (in späteren Jahren droht Gefahr von Übergewicht). Diese Person ist meist sehr beliebt bei anderen.

Im 2. Haus: Optimismus bezieht sich auf Gelddinge ebenso wie auf persönliche Angelegenheiten. Herausragendes Talent zum Geldverdienen. Herzhafter Appetit.

Im 3. Haus: Optimismus fließt in alle Kommunikationsbereiche ein, besonders in Gespräche mit Verwandten oder in der Bildung.

Im 4. Haus: Optimismus wird vor allem im Privatbereich ausgedrückt. Braucht ein großes Heim mit viel Raum.

Im 5. Haus: Optimismus richtet sich auf Kinder, Liebesbeziehungen und kreative Beschäftigungen. Dieser Mensch hat sportliches Talent und Glück, auch noch bei riskanten Unternehmungen.

Im 6. Haus: Optimismus kommt im Arbeitsumfeld und in gesundheitlichen Belangen zum Tragen. Beruflicher Erfolg und gutes Verhältnis zu Kollegen.

Im 7. Haus: Optimismus wird in persönlichen Beziehungen erfahren. Gute und glückliche Ehe mit herausragendem oder wohlhabendem Partner. Gute Geschäftsbeziehungen.

Im 8. Haus: Optimismus erstreckt sich auf die Emotionen und Leidenschaften der anderen Menschen. Viel Glück beim Aufbau von Wohlstand, besonders durch Erbschaften und Wettbewerbe.

Im 9. Haus: Optimismus fließt in lange, interessante Reisen, aufregende Abenteuer, höhere Bildung und auch in den religiösen Glauben ein. Offenherziger Forschergeist und Drang nach physischer Freiheit.

Im 10. Haus: Optimismus richtet sich auf den beruflichen Ehrgeiz und die Karriere. Gute Chancen auf Erfolg und Anerkennung.

Im 11. Haus: Optimismus kommt bei gemeinsamen Aktivitäten und in Freundschaften zum Ausdruck. Es handelt sich um beliebte, einflussreiche und durch gute Freunde gestützte Menschen.

Im 12. Haus: Optimismus wird nur im Verborgenen empfunden und in eine regelrechte Phantasiewelt verlegt. Die Betroffenen wären sehr gern beliebt, sind aber nicht in der Lage, sich zu öffnen. Unermüdliche, großzügige Arbeit hinter den Kulissen.

OBEN Der Jupiter im neunten Haus steht für ein Bedürfnis nach körperlicher Freiheit, das durch Reisen befriedigt werden kann.

LINKS Steht der Jupiter im fünften Haus, sind die Betreffenden meist sportlich und erfolgreich in Wettbewerben.

DIE HÄUSER

UNTEN Mit dem Saturn im zweiten Haus geht oft mangelnder Appetit einher.

SATURN

Das vom Saturn belegte Haus kennzeichnet einen Lebensbereich, der häufig problembelastet ist. Der Saturn gilt als verantwortlich für viele der Beschränkungen, Frustrationen und Ängste in unserem Leben. Doch ist der Saturn auch der Beherrscher des Karma und regiert daher einen Bereich, in dem wir noch viel zu lernen haben. Mit Einsicht und Geduld angegangen, können später im Leben auch die saturnischen Hindernisse überwunden werden.

Im 1. Haus: Einschränkungen, Ängste und Hemmungen werden auf die eigene Persönlichkeit projiziert. Die natürliche Energie des Aszendenten-Zeichens wird unterdrückt.

Im 2. Haus: Einschränkungen, Ängste und Hemmungen zeigen sich in Bezug auf Geld und Besitztümer. Talent zur Ansammlung von Ressourcen, unermüdliche Arbeit, schlechter Appetit und strenge Wertmaßstäbe herrschen vor.

Im 3. Haus: Einschränkungen, Ängste und Hemmungen werden in der Kommunikation, in der Schule und in Alltagssituationen erfahren. Strenge ältere Verwandte.

Im 4. Haus: Einschränkungen, Ängste und Hemmungen drücken sich im Privatleben aus. Restriktive Vaterbeziehung. Gestörte Familiensituation, neigt zu Depressionen.

Im 5. Haus: Einschränkungen, Ängste und Hemmungen zeigen sich bei kreativer Arbeit, Liebesbeziehungen und sportlichen Aktivitäten. Probleme mit Kindererziehung oder Geburten. Ernsthaftes Wesen.

Im 6. Haus: Einschränkungen, Ängste und Hemmungen beziehen sich auf das Arbeitsumfeld. Die Betroffenen können regelrechte Workaholics sein oder Arbeit ganz und gar ablehnen. Chronische Gesundheitsprobleme. Furcht vor Tieren.

Im 7. Haus: Einschränkungen, Ängste und Hemmungen werden in Beziehungen projiziert. Fühlt sich zu viel älteren oder viel jüngeren Partnern hingezogen. Späte Heirat, Gefahr von Abhängigkeit.

Im 8. Haus: Einschränkungen, Ängste und Hemmungen werden in emotionalen und sexuellen Beziehungen erfahren. Furcht vor dem Tod.

Im 9. Haus: Einschränkungen, Ängste und Hemmungen erscheinen in religiösen oder philosophischen Fragen sowie auf Reisen. Ernsthaftes Wesen, langsame Auffassungsgabe, doch sehr sorgsam.

Im 10. Haus: Einschränkungen, Ängste und Hemmungen beeinträchtigen die berufliche Laufbahn. Bedürfnis nach Verantwortung, Respekt und Führungspositionen. Verlässlich, als Mutter jedoch dominant oder streng.

Im 11. Haus: Einschränkungen, Ängste und Hemmungen stören Gemeinschaftsaktivitäten, Diskussionen und Freundschaften. Treue Freunde, die von den Betreffenden ebenfalls Loyalität erfahren.

Im 12. Haus: Einschränkungen, Ängste und Hemmungen liegen tief verborgen, kommen aber nur selten zum Ausdruck. Spaß an der Pflege älterer und bedürftiger Mitmenschen.

RECHTS Menschen mit dem Saturn im sechsten Haus können von ihrer Beruflichen Karriere geradezu besessen sein.

PLANETEN IN DEN HÄUSERN

URANUS

Das Haus, das der Uranus bei der Geburt einnimmt, steht für einen Lebensbereich, der mit Aufmerksamkeit, Veränderung und Aufregung einher geht. Der Uranus kann noch selbstsüchtiger als der Mars handeln und auch noch zerstörerischer wirken. Wenn diesem Lebensbereich keine Ausdrucksfreiheit gewährt wird, rebelliert der Uranus und verursacht ernsthafte Störungen. Lässt man seine Energie zu, kommt es zu bedeutsamen Veränderungen, und Talent und Erfindungsreichtum findet seinen Ausdruck.

Im 1. Haus: Rebellische Individualitätsbestrebungen werden auf die eigene Persönlichkeit projiziert. Kann selbstsüchtig oder exzentrisch erscheinen. Ungewöhnliches Aussehen.

Im 2. Haus: Rebellische Individualitätsbestrebungen beziehen sich auf persönliche Angelegenheiten. Häufig ungewöhnliche Einstellung zu Geld, Besitztümern, Essen oder Sex.

Im 3. Haus: Rebellische Individualitätsbestrebungen werden in alltägliche Kommunikation oder Erziehungsfragen kanalisiert. Ungewöhnliche Reisen.

Im 4. Haus: Rebellische Individualitätsbestrebungen werden in der heimischen Umgebung ausgedrückt, die oft sehr ungewöhnlich gestaltet ist. Distanzierter Vater. Irritierende Angewohnheiten.

Im 5. Haus: Rebellische Individualitätsbestrebungen zeigen sich im Umgang mit eigenen Kindern und Liebesbeziehungen. Gesellig, aber distanziert. Künstlerisch begabt.

Im 6. Haus: Rebellische Individualitätsbestrebungen zeigen sich in beruflicher Umgebung und bei Gesundheitsfragen. Ungewöhnliche Haltung zu Tieren. Keine Freude an Routineaufgaben.

Im 7. Haus: Rebellische Individualitätsbestrebungen kommen in Beziehungen zum Ausdruck. Die Betreffenden (oder ihre Partner) sind dominant, unnachgiebig und brauchen viel Freiheit. Sie sind dennoch sehr loyal.

Im 8. Haus: Rebellische Individualitätsbestrebungen kommen sehr kontrolliert in den emotionalen, physischen und finanziellen Bedürfnissen einer Beziehung zum Ausdruck. Ungewöhnliche sexuelle Vorlieben.

Im 9. Haus: Rebellische Individualitätsbestrebungen zeigen sich in religiösem Glauben und höherem Bildungsgang. Charismatische Wirkungskraft im Kontakt mit der Öffentlichkeit.

Im 10. Haus: Rebellische Individualitätsbestrebungen kommen in der beruflichen Laufbahn zum Tragen, die sehr ungewöhnlich sein kann. Die Betreffenden brauchen viel Freiheit und sind als Mütter eigenwillig bis diktatorisch.

Im 11. Haus: Rebellische Individualitätsbestrebungen kommen in Gruppensituationen zum Ausdruck. Ungewöhnliche, exzentrische, aber treue Freunde. Gesellig, aber stets vorsichtig.

Im 12. Haus: Rebellische Individualitätsbestrebungen sind im Verborgenen vorhanden, werden aber kaum ausgedrückt. Probleme mit dem Nervensystem. Unentdeckte Talente. Einzigartiges Karma.

LINKS Wessen Uranus im neunten Haus steht, hat eine Begabung für öffentliche Reden, die die Aufmerksamkeit vieler fesseln.

UNTEN Der Uranus im fünften Haus bringt oft ein ungewöhnliches künstlerisches Talent mit sich.

DIE HÄUSER

NEPTUN

Das Haus, das der Neptun bei der Geburt belegt, bezieht sich auf einen Lebensbereich, zu dem man nur schwer Zugang findet. Der Neptun erscheint häufig in einen regelrechten Schleier des Mysteriösen gehüllt, und nichts ist so wie es scheint. Empfindlichkeit, Verwirrung, Illusion, Desillusion und Eskapismus sind typische Folgen des Neptuneinflusses.

Im 1. Haus: Unzugänglichkeit und Empfindsamkeit kommen klar in der Persönlichkeit zum Ausdruck. Charismatische, mystische Aura. Ausstrahlung von Sanftheit und Unerreichbarkeit.

Im 2. Haus: Unzugänglichkeit und Empfindsamkeit zeigen sich in finanziellen und persönlichen Belangen. Den Betreffenden fällt es leicht, Geld zu verdienen und wieder zu verlieren. Schwaches Wertesystem, Suchtgefahr.

Im 3. Haus: Unzugänglichkeit und Empfindsamkeit wirken sich bei Kommunikation und Erziehung aus. Dieser Träumer hat auffällige Verbindungen zu Verwandten.

Im 4. Haus: Unzugänglichkeit und Empfindsamkeit finden ihren Ausdruck in heimischen Bereichen. Idealisierung des Vaters (oft auch Desillusionierung). In häuslichen Belangen ist dieser Mensch unpraktisch und chaotisch.

Im 5. Haus: Unzugänglichkeit und Empfindsamkeit kommen bei kreativer Betätigung, Liebesbeziehungen und gesellschaftlichen Anlässen zum Ausdruck. Im Umgang mit Kindern liebevoll, aber undiszipliniert. Künstlerisches Talent.

Im 6. Haus: Unzugänglichkeit und Empfindsamkeit wirken sich auf das Berufsleben aus. Sucht bei der Arbeit nach Perfektion, wird aber desillusioniert. Liebe zu Tieren.

Im 7. Haus: Unzugänglichkeit und Empfindsamkeit wirken sich im Beziehungsbereich aus. Idealisiert den Partner. Fühlt sich von schwachen, trügerischen Persönlichkeiten angezogen. Sehnt sich in Beziehungen nach spiritueller Erfüllung.

Im 8. Haus: Unzugänglichkeit und Empfindsamkeit werden innerhalb der emotionalen und sexuellen Bedürfnisse einer Beziehung ausgedrückt.

Im 9. Haus: Unzugänglichkeit und Empfindsamkeit hindern die Betreffenden daran, ihrem Glauben Ausdruck zu verleihen. Sie genießen lange Seereisen und Fahrten in unbekanntes Terrain.

Im 10. Haus: Unzugänglichkeit und Empfindsamkeit fließen in das Berufsleben ein. Musisch begabt. Eventuell überfordert mit der Verantwortung für Ruhm oder Vermögen. Schwache Mutter.

Im 11. Haus: Unzugänglichkeit und Empfindsamkeit zeigen sich in Gruppen und Freundschaften. Verletzlich und leicht zu leiten. Spirituelle oder religiöse Gruppen stärken das Selbstvertrauen.

Im 12. Haus: Unzugänglichkeit und Empfindsamkeit sitzen so tief, dass nur der Betreffende etwas von ihnen weiß. Lebhafte Träume, chaotisches Karma, spirituelle Einsichten.

OBEN Frauen mit dem Neptun im vierten Haus können dazu neigen, ihren Vater zu idealisieren.

LINKS Mit dem Neptun im siebenten Haus ist man empfindsam in persönlichen Beziehungen – die eigene totale Hingabe wird aber nicht immer erwidert.

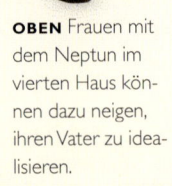

PLUTO

Die Energie des winzigen Planeten Pluto ist im Allgemeinen passiver Art, kann bei bestimmtem Anreiz aber hoch wirksam werden. Sein Haus bezeichnet einen äußerst wichtigen Lebensbereich, besonders in einer Eckposition. Das Verlangen, diesen Bereich zum Ausdruck zu bringen, kann zu einem dominanten und obsessiven Lebensfaktor werden. Entscheidungen auf Leben und Tod können sich ankündigen, wenn der Pluto in seinem Häuserbereich aktiviert wird.

Im 1. Haus: Macht und Autorität gehen von der eigenen Persönlichkeit aus. Die Betreffenden müssen wenig geben, erhalten dafür aber viel von anderen. Häufig sind brennender Blick, feste Mundpartie und entschlossener Gesichtsausdruck.

Im 2. Haus: Macht und Autorität manifestieren sich in finanziellen und persönlichen Angelegenheiten. Kann sich schwer trennen. Potentiell großer Reichtum. Strikte Werte, sexuelle Anziehungskraft.

Im 3. Haus: Macht und Autorität drücken sich durch die Kommunikation mit anderen aus. Hat Spaß an häufigen, kurzen Reisen und intensivem Kontakt mit Verwandten.

Im 4. Haus: Macht und Autorität kommen im privaten Bereich zum Ausdruck. Kann zu Hause ein wahrer Tyrann sein. Emotionale Untiefen.

Im 5. Haus: Macht und Autorität fließen in soziale Belange, romantische Beziehungen und kreative Betätigungen ein. Zwanghafter Umgang mit den eigenen Kindern. Kreatives Talent.

Im 6. Haus: Macht und Autorität kommen an der Arbeitsstelle offen zum Einsatz. Herausragend in Führungspositionen. Ein Workaholic mit guten Genesungskräften.

Im 7. Haus: Macht und Autorität werden in Beziehungen projiziert. Die Betreffenden (oder ihre Partner) sind extrem dominant und unduldsam. Es besteht die Gefahr des Partnerverlustes.

Im 8. Haus: Macht und Autorität werden in einer Zweierbeziehung klug eingesetzt. Diese Menschen sind sexuell charismatisch und sehr erfolgreich im Umgang mit den Finanzen anderer.

Im 9. Haus: Macht und Autorität drücken sich durch höhere Bildung und Auslandsinteressen aus. Gefahr des religiösen Fanatismus ist gegeben.

Im 10. Haus: Macht und Autorität kommen in der beruflichen Laufbahn zu voller Entfaltung. Angesehen und oft gefürchtet. Kann arrogant oder fordernd sein. Dominante Mutter.

Im 11. Haus: Macht und Autorität werden in Gruppenaktivitäten und Freundschaften ausgeübt. Loyal und ernsthaft an Kontrollposition in großen Organisationen interessiert.

Im 12. Haus: Macht und Autorität werden im geistigen Bereich erfahren. Ein Kontrollverzicht wird empfohlen. Diese Personen sind in Krankenhäusern oder Institutionen beruflich gut eingesetzt.

OBEN Der Pluto im ersten Haus verleiht oft einen entschlossenen Gesichtsausdruck.

UNTEN Menschen mit dem Pluto im sechsten Haus neigen in ihrem Bestreben nach körperlicher Fitness manchmal zu zwanghafter Übertreibung.

DIE HÄUSER

LEERE HÄUSER

★★★★★★★★★★★★★★★★★

IN EINEM LEEREN Haus steht zum Zeitpunkt der Geburt kein Planet – doch das bedeutet nicht unbedingt, dass dieser spezielle Lebensbereich nicht wichtig wäre. Wir wissen, dass die Planten in den Häusern für bestimmte günstige oder ungünstige Einflüsse stehen, doch wenn keine Planeten vorhanden sind, heißt das, dass ein Bereich nicht unserer besonderen Aufmerksamkeit bedarf – zumindest bis zu einem späteren Zeitpunkt im Leben, wenn Planetentransite erscheinen (siehe S. 144).

Leere Häuser können über einen Menschen fast so viel verraten wie die belegten. Jemand mit einem leeren zweiten Haus ist beispielsweise für gewöhnlich weniger an materiellen Dingen interessiert als jemand, der hier Planeten stehen hat. Ein leeres elftes Haus zeigt vermutlich das Bedürfnis nach nur wenigen engen Freunden statt nach Gruppenaktivitäten mit vielen Beteiligten.

Für die Wirkungsweise eines leeren Hauses muss man zunächst herausfinden, wo der regierende Planet des Zeichens an der Häuserspitze steht. So erkennt man, wie der leere Bereich in das Leben des Betreffenden integriert ist. Wenn der Stier etwa an der Spitze eines leeren vierten Hauses steht, muss man die Venus (Herrscherin des Stier) aufspüren, um herauszufinden, wo die Belange des vierten Hauses (Heim, Familie, Vater) wichtiger werden. Stünde in diesem Fall die

OBEN Mit einem leeren zweiten Haus und dem Herrscher im neunten Haus hat man keine Probleme mit spontanem Aufbruch zu Reisen ins Ungewisse.

RECHTS Leere Häuser in einem Geburtshoroskop bezeichnen solche Lebensbereiche, denen die Betreffenden keine große Aufmerksamkeit widmen müssen. Der Kasten rechts verrät Einzelheiten über die Interpretation leerer Häuser.

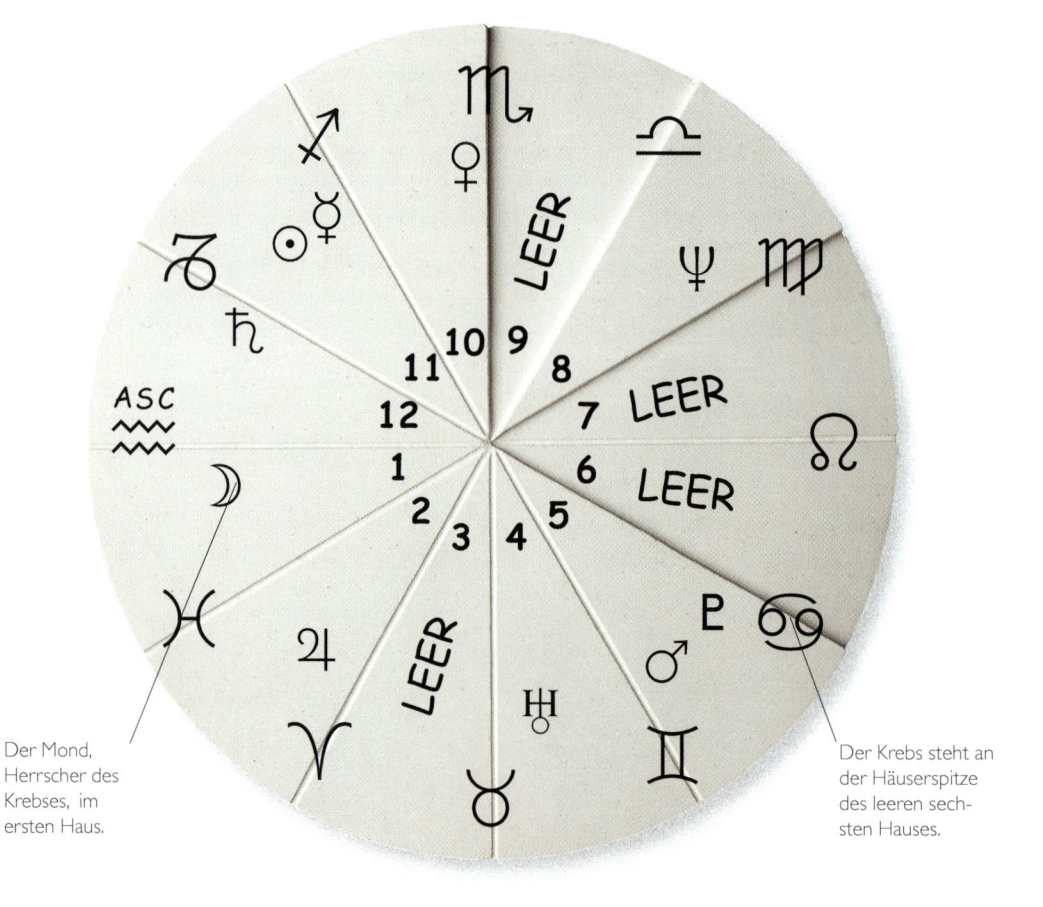

Der Mond, Herrscher des Krebses, im ersten Haus.

Der Krebs steht an der Häuserspitze des leeren sechsten Hauses.

Venus im zehnten Haus, würde das bedeuten, dass die häuslichen Belange (viertes) zu wichtigen Komponenten der beruflichen Laufbahn (zehntes) werden. Eine solche Verbindung könnte bedeuten, dass der Betreffende gut in einer Stellung aufgehoben wäre, die mit häuslichen Belangen verbunden ist – etwa Immobilien oder die Hotelbranche.

Leere Häuser zeigen in der Karmalehre ein „einfaches" oder „latentes" Karma, was bedeutet, dass der betreffende Bereich in diesem Leben keiner besonderen Lektion oder Lehre bedarf. Viele leere Häuser in einem Horoskop gehören zu einer „alten Seele", die sich bei ihrer Rückkehr auf die Erde auf wenige spezielle Bereiche konzentrieren kann.

OBEN Eine gute Hotelmanagerin könnte ein leeres viertes Haus und den Herrscher im zehnten Haus aufweisen.

LEERE HÄUSER: DEUTUNG

LEERES DRITTES HAUS

Häuserspitze Widder – Herrscher Mars im fünften Haus
Kommunikation, Reisen und Aktivitäten mit Verwandten (drittes Haus) werden mit Begeisterung unternommen (Widder), Spaß an geselligen Unternehmungen, Ausflügen, Kreativität (Mars Herrscher im fünften Haus).

LEERES SECHSTES HAUS

Häuserspitze Krebs – Herrscher Mond im ersten Haus
Arbeit und Gesundheit (sechstes Haus) werden sorgsam beachtet (Krebs), besonders wenn es um die äußere Erscheinung geht.

RECHTS Mit einem leeren sechsten Haus und dem Herrscher im ersten Haus fühlt man sich wohl in einer auf die äußere Erscheinung ausgerichteten Arbeitsumgebung – wie dieses Model.

Solche Menschen haben vielleicht Spaß an der Arbeit als Model oder Hair-Stylist(in) (Mond Herrscher im ersten Haus).

LEERES SIEBENTES HAUS

Häuserspitze Löwe –

Herrscher Sonne im elften Haus
Partnerschaft und Beziehungen (siebentes Haus) sind nicht von vorrangiger Bedeutung, werden aber mit Stolz, Treue und Zuneigung geführt (Löwe), besonders wenn es um enge Freundschaften und Gruppenaktivitäten geht (Sonne Herrscher im elften Haus).

LEERES NEUNTES HAUS

Häuserspitze Waage – Herrscher Venus im zehnten Haus
Reisen, Auslandsangelegenheiten, Religion und Philosophie (neuntes Haus) werden mit Intelligenz und Harmonie behandelt (Waage), wenn sie Bezug zu beruflichen Aspekten haben. Spaß an diesen Bereichen haben die Betreffenden vor allem dann, wenn eine Karriereverbesserung oder Beförderung in Aussicht steht (Venus Herrscher im zehnten Haus).

OBEN Jemand mit einem leeren neunten Haus und dem Herrscher im zehnten Haus hat Spaß an Geschäftsreisen.

DIE HÄUSER

VERTEILUNG DER PLANETEN

SCHON AUF DEN allererste Blick lässt ein Geburtshoroskop sofort wichtige Informationen über einen Menschen erkennen. Sind beispielsweise alle Planeten mit etwa gleichem Abstand über das ganze Diagramm verteilt, liegt ein völlig anderes Verhaltensmuster vor als bei jemandem, dessen Planeten sich alle auf kleinem Raum drängen.

Das System, nach dem die Planetenverteilungen in Gruppen aufgeteilt werden, richtet sich ursprünglich nach Marc Edmund Jones und seinem in den 40er-Jahren erschienenen Werk zur Horoskopinterpretation. Sieben besonders häufig vorkommende Verteilungsbilder sind die *Bündel-*, die *Schüssel-*, die *Kübel-*, die *Lokomotiven-*, die *Wippen-*, die *regelmäßige* und die *unregelmäßige Verteilung*. Manche Horoskope ähneln keinem dieser Bilder, weshalb das System um zwei weitere Formen erweitert wurde: die *Fächer-* und die *unbestimmte* Verteilung.

BÜNDEL-VERTEILUNG

Eine Bündel-Verteilung liegt vor, wenn alle Planeten in einem Bogen von 120 Grad zusammen stehen. Die Konzentration der Planeten auf solch kleinem Raum deutet auf eine entschlossene, engstirnige Persönlichkeit hin, die sich nur schwer an Veränderungen anpasst. Liegt das Bündel auf der unteren Hälfte des Kreises, sind die Betreffenden gern allein und eher ruhig, aber egoistisch. In der oberen Hälfte zeugen die Planeten von objektiverem Wesen, das mit dem öffentlichen Leben zurecht kommt.

OBEN Eine zurückgezogene, selbstgenügsame Persönlichkeit zeigt eine solche Bündel-Verteilung im unteren Bereich des Horoskops.

SCHÜSSEL-VERTEILUNG

Von einer Schüssel-Verteilung spricht man, wenn alle Planeten innerhalb von 180 Grad beieinander stehen. Die Schüsselform deutet wie auch das Bündel auf begrenzte Charaktere, die keinen Zugang in die andere Hälfte des Kreises erlauben. Stehen die Planeten in den Häusern 1–6, könnte es sich um schüchterne Menschen handeln, in den Häusern 1–7 strahlen sie zwar Selbstvertrauen aus, doch mangelt es ihnen vielleicht an Mitgefühl. In den Häusern 10–3 könnten die Betreffenden selbstgenügsam und unabhängig sein, in den Häusern 4–9 gegenüber gesellig, aber abhängig von anderen.

LINKS Ein schüchternes Kind könnte eine Schüssel-Verteilung in den Häusern 1–6 haben.

Die Planeten stehen im Bogen von 180 Grad zueinander.

KÜBEL-VERTEILUNG

Ein Planet liegt in der gegenüberliegenden Horoskopseite.

Mit einer Kübel-Verteilung haben wir es zu tun, wenn ein einziger Planet in der allen anderen Planeten gegenüberliegenden Seite des Horoskops steht und so bildlich gesprochen eine Art „Henkel" für den „Kübel" bildet. Anders als die ersten beiden Typen hat eine Kübel-Persönlichkeit keine beschränkte Weltsicht und kann sich an Veränderungen gut anpassen. Der einzeln positionierte Planet trägt stets besondere Bedeutung, kann bisweilen sogar das ganze Horoskop dominieren. Die Betreffenden räumen dem durch diesen Planeten repräsentierten Bereich höchste Priorität ein. Mit neun Planeten im unteren Horoskopbereich und einem Henkel im zehnten Haus (Karriere) könnte man etwa extrem ehrgeizig sein.

LINKS Eine Kübelform mit dem Henkel-Planeten im neunten Haus (Bildung) könnte zu jemandem gehören, der oft in Vorlesungen und Seminaren sitzt.

LOKOMOTIVEN-VERTEILUNG

Vier aufeinander folgende leere Häuser.

Alle Planeten stehen innerhalb eines 240-Grad-Bogens.

UNTEN Wenn der Planet vorn (die „Lokomotive") die Venus ist, strahlen die Betreffenden Harmonie und Friedlichkeit aus.

Diese Verteilung tritt auf, wenn alle Planeten in einem weiten 240-Grad-Bogen liegen und vier aufeinander folgende Häuser frei sind. Solche Menschen besitzen oft große Antriebskraft. Der Planet, der die anderen im Uhrzeigersinn als „Lokomotive" zieht, strahlt ein großes Bedürfnis nach Frieden, Harmonie und Liebe aus. Der Planet ganz hinten kann allerdings ebenso bedeutsam sein, besonders wenn er dominant ist, wie etwa die Sonne, der Mars oder der Uranus.

DIE HÄUSER

WIPPEN-VERTEILUNG

Bei einer Wippen-Verteilung sind die Planeten in zwei gleich große Gruppen auf gegenüberliegenden Seiten des Horoskops aufgeteilt. Wie der Name ahnen lässt, ruft diese Verteilung ein wippendes Auf und Ab für die Betreffenden hervor, die stets nach Perfektion und Ausgeglichenheit streben. Leider erreichen sie diese Ziele selten, da die Wippe nie länger als ein paar Sekunden in einer Position stehen bleibt. Das führt häufig zu einer launischen, unentschlossenen Persönlichkeit.

Zwei gleich große Gruppen auf gegenüberliegenden Seiten.

OBEN Eine Wippen-Persönlichkeit kann meist keinem geraden Lebensweg folgen und ist sehr oft unentschlossen.

REGELMÄSSIGE VERTEILUNG

Planeten in gleichmäßiger Verteilung auf dem ganzen Horoskop.

Nur wenig leere Häuser.

Eine regelmäßige Verteilung liegt vor, wenn die Planeten relativ gleichmäßig auf dem ganzen Horoskop verteilt sind und nur wenige Häuser leer bleiben. Solche Menschen sind kreativ und gebildet, doch wenn nicht viele ihrer Planeten in festen Zeichen stehen, fehlt es ihnen oft an Konzentration oder Verlässlichkeit.

RECHTS Menschen mit regelmäßiger Verteilung im Horoskop bringen ihr kreatives Talent gern zum Ausdruck, haben aber Probleme mit der Konzentration.

VERTEILUNG DER PLANETEN

UNREGELMÄSSIGE VERTEILUNG

Von einer unregelmäßigen Verteilung kann man sprechen, wenn es mehrere Planetengruppen gibt, die in ungleichmäßigen Abständen auf dem ganzen Horoskop verteilt sind. Die Betreffenden stechen durch Exzentrik oder Eigensinn aus der Menge hervor – hoch begabte Menschen, die jedoch ihre Energie oft nicht konstruktiv kanalisieren.

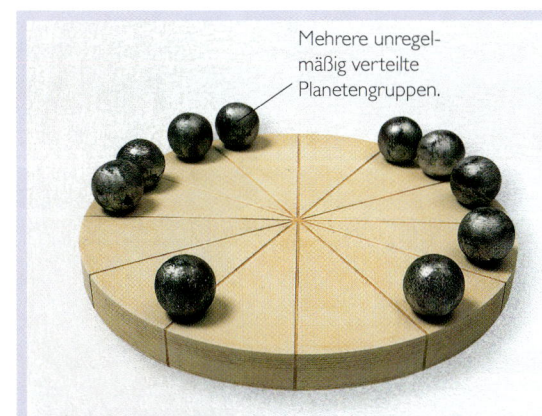

Mehrere unregelmäßig verteilte Planetengruppen.

LINKS Die Planeten in einer unregelmäßigen Verteilung sind in ungleichen Abständen im Horoskop verteilt.

FÄCHER-VERTEILUNG

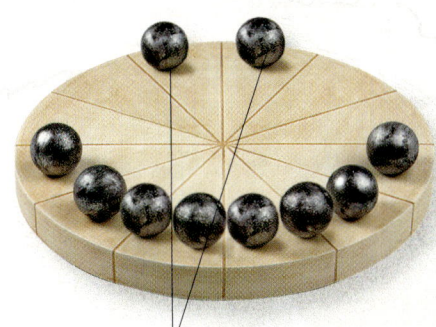

Zwei Planeten bilden eine Art „Fächergriff".

OBEN Die beiden „Griffe" (oben im Kreis) können widersprüchlichen Einfluss auf die Betreffenden ausüben.

Eine Fächer-Verteilung ähnelt der Kübel-Verteilung. Es handelt sich um eine relativ neue Kategorie – die beiden einzeln stehenden Planeten können gemeinsam zu effizientem Einsatz gebracht werden oder getrennt als zwei Einheiten betrachtet werden. Von den Betreffenden sagt man daher, sie schützen zwei deutlich unterschiedliche Seiten ihres Charakters, die jeweils eine starke Beziehung zum entgegengesetzten Gebiet haben und Kontrolle darauf ausüben. Manche bezeichnen sie als „Dr.-Jekyll-und-Mr.-Hyde-Persönlichkeiten".

UNBESTIMMTE VERTEILUNG

Bei einer unbestimmten Verteilung stehen alle Planeten in einem Bogen von 210 Grad beieinander, und ein Bereich von 150 Grad bleibt größtenteils leer. Sie stehen zu weit auseinander, als dass sie noch als Schüssel betrachtet werden könnten, doch bilden sie auch keine genügend lange Kette, um als Lokomotive zu gelten. Diese Verteilung tritt seit den 60er-Jahren immer häufiger auf – in den Horoskopen solcher Menschen, die sich in ihrem Leben oftmals anpassen müssen, um Teil der Gemeinschaft zu sein. Eine schwierige Kindheit hat sie vielleicht aus dem Gleichgewicht gebracht und macht es ihnen nun schwer, klare Zielvorstellungen zu finden.

Leere Häuser auf 150 Grad

Alle Planeten stehen im Bogen von 210 Grad beieinander.

UNTEN Menschen mit unbestimmter Verteilung mangelt es oft an Antriebskraft und klar umrissenen Zielen. Sie fühlen sich häufig als Außenseiter.

107

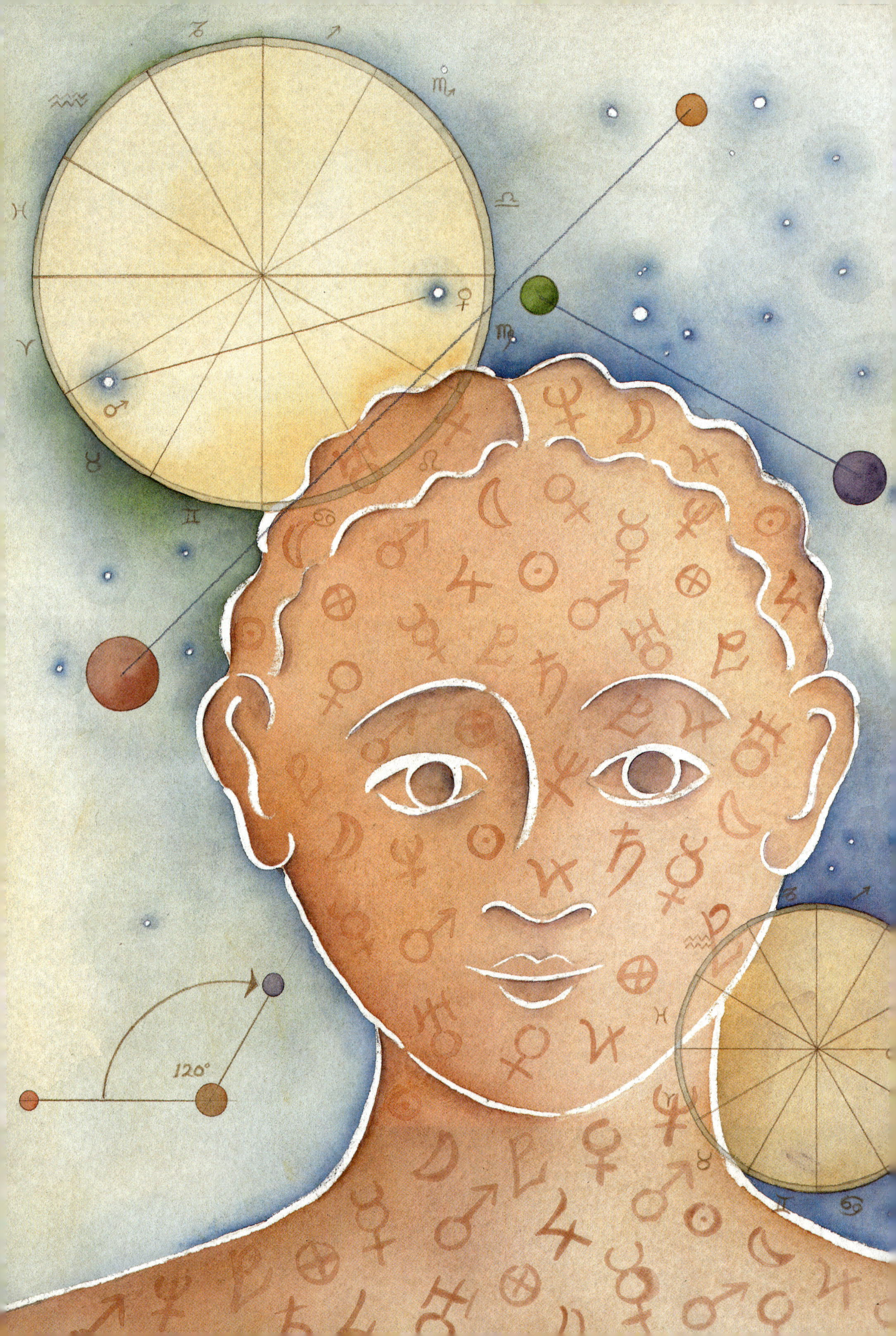
120°

TEIL FÜNF
ASPEKTE

★★★★★

Das Geburtshoroskop ist erstellt, die Planeten darin platziert und die Zeichen-Gruppierungen sowie die Anordnung sind notiert – nun ist es Zeit, sich mit den Aspekten zu beschäftigen, die sich aus den Winkelabständen zwischen den Planeten ergeben. Die 360 Grad des Tierkreises zerfallen fast wie von selbst in zwölf 30-Grad-Abteilungen, und die meisten Astrologen konzentrieren sich auf die sieben Hauptaspekte, die durch 30 teilbar sind. Doch gibt es auch zahlreiche Nebenaspekte, von denen eine ganze Reihe bedeutsam werden können.

OBEN Aspekte entstehen durch die genaue Position der Planeten im Verhältnis zueinander.

Aspekte rufen eine allgemein „günstige" oder „ungünstige" Reaktion hervor. Das Halbsextil, Sextil, Trigon und manchmal auch die Konjunktion gelten als günstig, das Quadrat, der Quincunx, die Opposition und teilweise auch die Konjunktion hält man für ungünstig.

Die Aspekte erst verleihen dem Geburtshoroskop den letzten Schliff; sie können entscheidende Faktoren in der Charakterbildung sein. Einige von der Venus gebildete ungünstige Aspekte können eine eigentlich attraktive Position dieses beliebten Planeten mit durchaus düsteren und weniger gern gesehenen Einflüssen versehen.

ASPEKTE

DIE SIEBEN HAUPTASPEKTE

KONJUNKTION ☌ Zwei oder mehr Planeten, die in einem Umkreis von 8 Grad beieinander stehen.

HALBSEXTIL ⚹ Zwei oder mehr Planeten, die im Abstand von 30 Grad zueinander stehen – bei 2 Grad Abweichung in jede Richtung.

SEXTIL ✶ Zwei oder mehr Planeten, die im Abstand von 60 Grad zueinander stehen – bei 4 Grad Abweichung in jede Richtung.

QUADRAT □ Zwei oder mehr Planeten, die im Abstand von 90 Grad zueinander stehen – bei 8 Grad Abweichung in jede Richtung.

TRIGON △ Zwei oder mehr Planeten, die im Abstand von 120 Grad zueinander stehen – bei 8 Grad Abweichung in jede Richtung.

QUINCUNX ⚻ Zwei oder mehr Planeten, die im Abstand von 150 Grad zueinander stehen – bei 2 Grad Abweichung in jede Richtung.

OPPOSITION ☍ Zwei oder mehr Planeten, die im Abstand von 180 Grad zueinander stehen – bei 8 Grad Abweichung in jede Richtung.

RECHTS Vier der sieben Hauptaspekte.

B = Halbsextil
C = Sextil
D = Quadrat
E = Trigon

6 Grad in den Zwillingen und bei 1 Grad im Wassermann. Solch ein Aspekt gilt als äußerst günstig für Talent und Selbstvertrauen.

HALBSEXTIL Diese Aspekte stehen in aufeinander folgenden Zeichen 28 bis 32 Grad auseinander – etwa ist der Mars bei 12 Grad im Wassermann im Halbsextil zu Planeten bei 13 Grad in den Fischen und 11 Grad im Steinbock. Das gilt als eher günstig.

SEXTIL Sextilaspekte stehen normalerweise in kompatiblen Zeichen 56 bis 64 Grad auseinander. Die Venus bei 4 Grad im Widder steht etwa im Sextil zu Planeten bei 6 Grad in den Zwillingen und 1 Grad im Wassermann.

BERECHNUNG

KONJUNKTION Zwei oder mehr Planeten, die zusammenstehen, bilden eine Konjunktion, wenn sie nicht mehr als 8 Grad auseinander stehen. Die Konjunktion ist ein wirkungsstarker Aspekt, der die Energien der beiden Planeten miteinander verbindet, um eine gemeinsame Kraft zu bilden, die je nach dem beteiligten Planeten günstig oder ungünstig ausfallen kann. Die Venus bei 4 Grad im Widder bildet ein Sextil zu Planeten bei Ein sehr günstiger Aspekt, der von Talent, Selbstvertrauen und Beliebtheit zeugt.

QUADRAT Ein sehr starker und anstrengender Aspekt. Die Planeten stehen dabei 82 bis 98 Grad auseinander und zwar innerhalb inkompatibler Zeichen der gleichen Vierecksgruppierung. Mars bei 14 Grad im Wassermann bildet ein Quadrat zu Planeten bei 20 Grad im Stier und 15 Grad im Skorpion. Die im Quadrat stehenden Planeten wetteifern miteinander um die Vorherr-

ASPEKTE

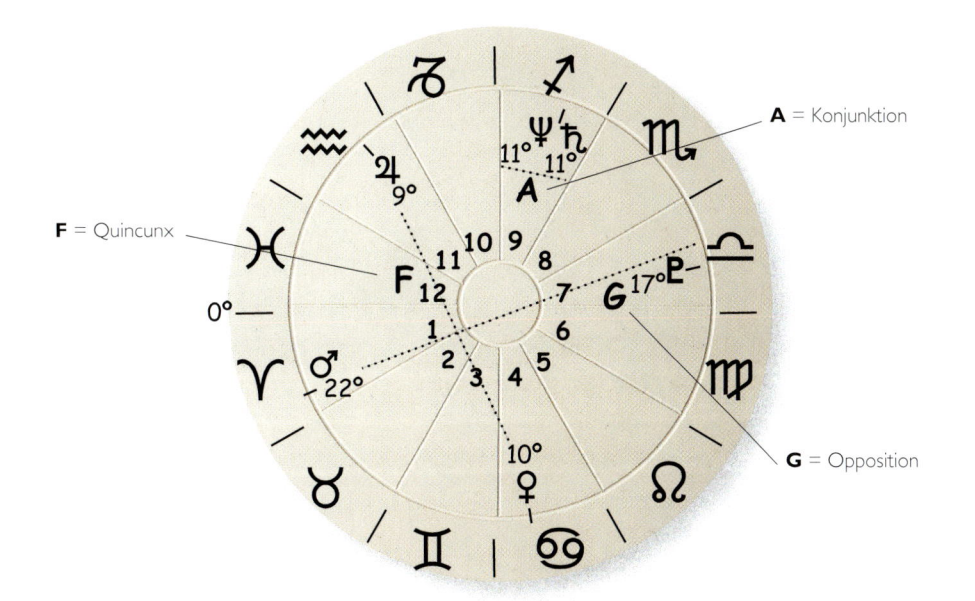

LEFT Drei der sieben Hauptaspekte.

A = Konjunktion
F = Quincunx
G = Opposition

schaft, was zu Spannungen führt. Damit dieser Aspekt ein günstiges Potential entwickeln kann, müssen die Betreffenden lernen, die Energien ihrer Planeten zu mischen.

TRIGON Ein Trigon gilt als besonders günstig, denn es besteht aus zwei oder mehr Planeten, die 112 bis 128 Grad auseinander stehen und zu kompatiblen Zeichen und Elementen gehören. Beispielsweise bildet ein Planet bei 9 Grad im Löwen ein Trigon zu Planeten bei 12 Grad im Schützen und 4 Grad im Widder. Das Trigon kündigt angeborenes Talent, Glück und Wohlstand an, wird aber häufig übersehen.

QUINCUNX Dieser Aspekt hat eine ähnliche Wirkung wie das Halbsextil, doch gilt er als recht anstrengend. Die Planeten stehen 148 bis 152 Grad auseinander, und zwar in Zeichen, die keine Gemeinsamkeiten aufweisen und daher einer Energieanpassung bedürfen, um vereinbar zu werden. Beispielsweise steht der Merkur bei 15 Grad in den Zwillingen in Quincunx zu Planeten bei 15 Grad im Steinbock und 14 Grad im Skorpion. Werden die nötigen Anpassungen vorgenommen, kann der Quincunx vielfältige und ungewöhnliche Talente verleihen.

OPPOSITION Zu diesem Aspekt gehören Planeten, die sich mit 180 Grad direkt gegenüberstehen und zwar in unvereinbaren Zeichen der gleichen Vierecksgruppierung. Die Energie jedes Planeten arbeitet separat und bedarf einer sehr sorgfältigen Handhabung, um das Gleichgewicht zwischen den Planeten zu halten. Oppositionen können sich in Form von Stimmungsumschwüngen manifestieren. Die Betreffenden finden es schwer, mit nur einer Seite auszukommen, und suchen einen Weg zur anderen Seite. Eine Opposition in Stier und Skorpion im vierten und zehnten Haus könnte beispielsweise bedeuten, dass die Betreffenden stets zwischen Heim (viertes) und Karriere (zehntes) schwanken.

NEBENASPEKTE

HALBQUADRAT ∟
45 Grad (1 Grad Umkreis).
Halbes Quadrat. Anstrengend.

EINEINHALBQUADRAT
135 Grad (kein Umkreis). Quadrat plus Halbquadrat. Leichte Probleme

QUINTIL Q
72 Grad (kein Umkreis). Fünfer-Teilung des Kreises. Gilt als Zeichen für einen aktiven Geist.

BIQUINTIL BQ
144 Grad (kein Umkreis).
Möglicherweise günstig.

ASPEKTE

PLANETENKONSTELLATIONEN

VIER PLANETENKONSTELLATIONEN – *das Halbkreuz, das Große Trigon, das Große Kreuz* und *der Schicksalsfinger* – sind Kombinationen der Hauptaspekte (außer dem Halbsextil). Sie sind eine kraftvolle Energiequelle, die sich je nach den beteiligten Aspekten vorteilhaft oder nachteilig auswirken kann.

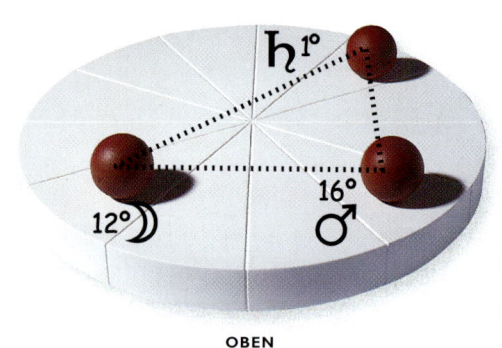

OBEN
Das Große Trigon

UNTEN Menschen mit einem Halbkreuz können unter Stress leiden, der oft mit einem tief verwurzelten Mangel an Vertrauen zusammenhängt.

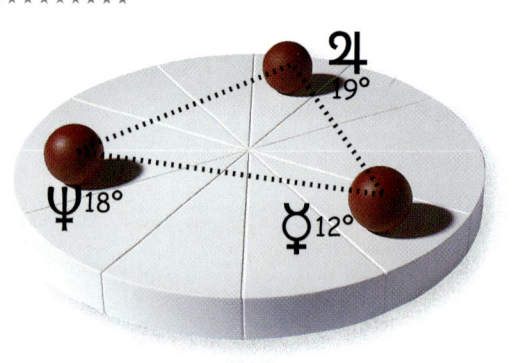

OBEN
Das Halbkreuz

DAS HALBKREUZ

Die häufigste der vier Konstellationen besteht aus einer Kombination von zwei Quadraten und einer Opposition. Die beiden Planeten der Opposition stehen im Quadrat zum dritten Planeten und bilden so eine Halbkreuzform. Da beide Aspekte schwierig sind, kann das Halbkreuz für die Zeichen und Häuser, die es belegt, Probleme bedeuten: Spannungen, mangelndes Selbstvertrauen, Aggression und generelle Disharmonie. Um diese Konstellation produktiv wirken zu lassen, muss der Betreffende sich sehr anstrengen, möglich ist es aber.

DAS GROSSE TRIGON

Seltener als das Halbkreuz, aber viel günstiger in seiner Auswirkung ist diese Konstellation aus drei Trigonen, die für gewöhnlich im selben Element stehen. Sie kann Kreativität und Glück als Belohnung für sinnvoll eingesetzte Begabungen aus früheren Leben bringen. Da sie allerdings keinerlei Herausforderung stellt, kann passives Hinnehmen die Folge sein und die günstige Wirkungsweise schwächen.

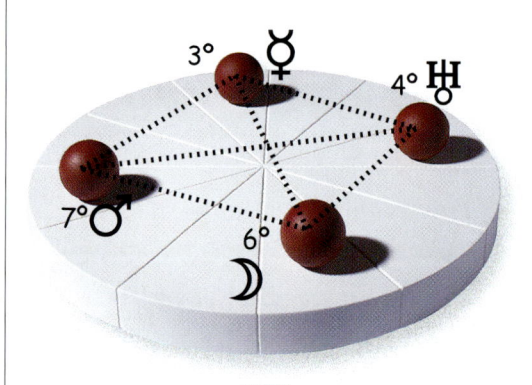

OBEN
Das Große Kreuz

DAS GROSSE KREUZ

Eine seltene, doch extrem einflussreiche Konstellation aus vier Planeten in einer Kombination von vier Quadraten und zwei Oppositionen – die Probleme des Halbkreuzes verdoppeln sich! Die Konstellation erscheint in Kreuzform, und ganz richtig haben Menschen, in deren Geburtshoroskop ein Großes Kreuz erscheint, im Leben tatsächlich ein Kreuz zu tragen. Sechs ungünstige Aspekte vereint zu einem großen Hauptaspekt können eine fast unüberwindbare Herausforderung darstellen. Die Betroffenen strengen sich sehr an, ihr Leben positiv zu strukturieren, neigen aber dazu, dieselben Fehler regelmäßig zu wiederholen. Aggressionen und Depressionen drohen, auch Überanstrengung ist häufig die Folge. Dennoch: Wer lernt, die Macht dieser Konstellation zu überwinden, kann fast alles erreichen.

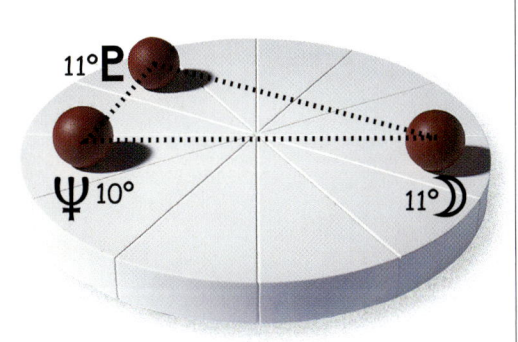

OBEN
Der Schicksalsfinger

DER SCHICKSALSFINGER

▷ Es handelt sich um eine ungewöhnliche Konstellation (auch als „Gottesfinger" bekannt), zu der zwei Quincunxen und ein Sextil gehören, die einen Finger in Zeigeposition darzustellen scheinen. Die günstigen Einflüsse des Sextils verschmelzen mit den Energien der beiden Quincunxen. Der Planet, der an der „Finger"-Spitze steht ist besonders wichtig, da er die Kulmination von Begabungen andeutet, die das richtige Kanalisieren der gegensätzlichen Quincunxen mit sich bringen kann. Die Konstellation bereitet in der Kindheit für gewöhnlich Probleme, kann sich aber in späteren Jahren zu einer außerordentlich starken Kraftquelle entwickeln.

OBEN Der Schicksalsfinger, den man auch als „Gottesfinger" bezeichnet, findet sich oft im Horoskop hoch spiritueller Menschen.

DISASSOZIIERTE ASPEKTE

Wenn Planeten ganz zu Beginn oder ganz am Ende eines Tierkreiszeichens platziert sind, bilden sie manchmal Aspekte, die sich der Formel von Kompatibilität und Inkompatibilität entziehen. Die Venus bei 29 Grad im Löwen steht beispielsweise bei 3 Grad im Steinbock im Trigon zu Mars, wenn sie auch nicht im selben Element stehen, da sie 124 Grad auseinander stehen. Ein anderes Beispiel wäre der Jupiter bei 26 Grad im Skorpion, der bei 2 Grad in den Fischen im Quadrat zum Mond steht – wenn sie auch keine inkompatiblen Zeichen sind, da sie 96 Grad auseinander stehen.

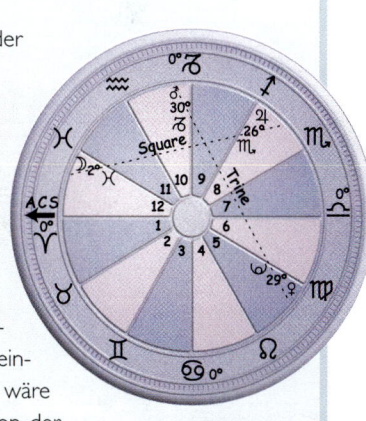

OBEN Planeten an den äußersten Randbereichen der Zeichen können disassoziierte Aspekte bilden.

ASPEKTE

ASPEKTE ZUR SONNE

DIE SONNE IST häufig der wichtigste Planet im ganzen Geburtshoroskop, und auch im Hinblick auf die Aspekte sollte man ihr stets besondere Aufmerksamkeit widmen. Alle Aspekte zur Sonne beeinflussen unsere Psyche stark. Die Sonnenenergie ist von Natur aus warm, feurig und egozentriert. Günstige Aspekte verstärken diese Eigenschaften auf freundliche und großzügige Weise, ungünstige können jedoch große Ich-Bezogenheit, Stolz und Arroganz mit sich bringen. Sind hingegen Planeten wie der Saturn mit einbezogen, kann gerade ein Mangel an Selbstvertrauen auftreten. Viele ungünstige Aspekte zur Sonne bringen Spannungen mit sich und können zu Depressionen führen.

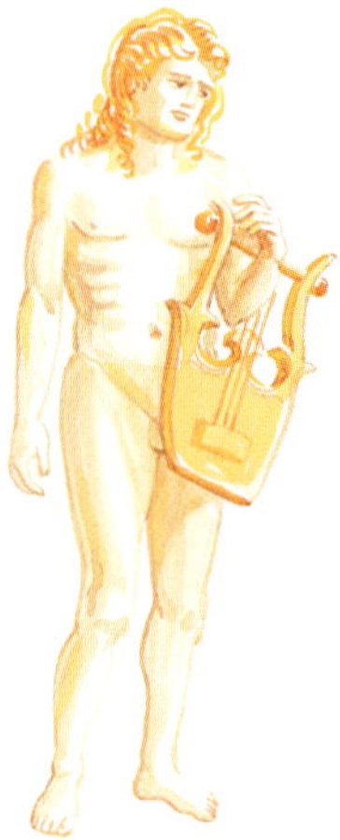

OBEN Die Sonne wird in der Astrologie vom griechischen Sonnengott Apollo symbolisiert – dem Schutzpatron der Dichtung, Musik, Medizin und Architektur.

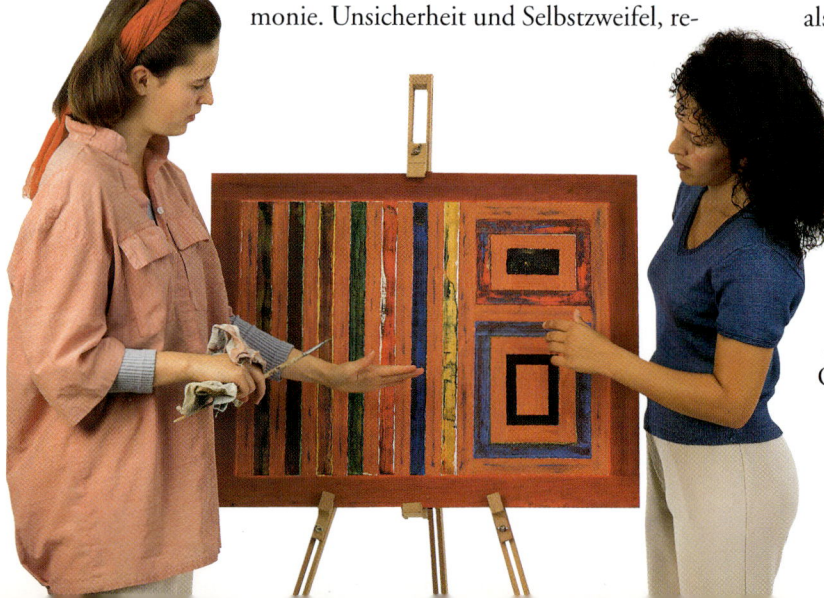

UNTEN Die Sonne in Konjunktion mit der Venus deutet auf großes künstlerisches Talent hin.

OBEN Zahlreiche ungünstige Aspekte zur Sonne können zu Depressionen führen.

MOND

GÜNSTIG ☌ ⚻ ✶ △ Das innere Ich (Sonne) kommt mit dem emotionalen Ausdruck (Mond) gut aus. Gute Beziehung der Eltern und harmonische Kindheit.

UNGÜNSTIG □ ☍ ⚼ Den emotionalen Ausdruck stören Spannungen und Disharmonie. Unsicherheit und Selbstzweifel, resultierend aus der Kindheit. Kündet möglicherweise von Streit zwischen Eltern.

MERKUR

Da die Sonne und der Merkur nie weiter als 28 Grad entfernt stehen, kann zwischen ihnen nur eine Konjunktion auftreten. Die Konjunktion ist sehr verbreitet – sie tritt in einem von drei Geburtshoroskopen auf. Was traditionell als ungünstiger Aspekt gilt, der eine Unfähigkeit einbringt, den kommunikativen Ausdruck (Merkur) vom Ego (Sonne) zu trennen, bedeutet nach heutiger Erkenntnis auch, dass die geistigen Fähigkeiten der Betreffenden weit über dem Durchschnitt liegen.

VENUS

Da die Sonne und die Venus nie weiter als 48 Grad auseinander stehen, können nur Konjunktion, Halbsextil und Halbquadrat auftreten. Die Konjunktion ist bei weitem die wichtigste Konstellation. Die Merkur-Sonnen-Konjunktion tritt in etwa einem Achtel aller Geburtshoroskope auf und gilt als äußerst Glück bringend. Sie schützt in Horoskopen, die sonst viele schwierige Aspekte aufweisen, vor Spannungen und Überlastung. Davon betroffene Menschen sind oft charmant und besitzen immer liebenswerte Eigenschaften. Im Allgemeinen bedeutet die Konjunktion Harmonie, künstlerisches Geschick und Glück.

ASPEKTE ZUR SONNE

MARS

GÜNSTIG ☌ ⚺ ✶ △ Sonne und Mars sind hoch energetische, durchsetzungsstarke Planeten und verbinden sich in einem günstigen Aspekt zu großem Enthusiasmus, Führungsqualitäten und körperlicher Kraft.
UNGÜNSTIG □ ⚻ ☍ Die Eigenschaften des günstigen Aspekts treffen zwar noch zu, doch kann ein aggressives oder dominantes Verhalten hinzukommen. Die physische Kraft kann in negative Bahnen gelenkt werden.

JUPITER

GÜNSTIG ☌ ⚺ ✶ △ Eine starke Kombination, die Glück, Erfolg und Beliebtheit fördert und offenbar keinerlei Anstrengungen des Betreffenden notwendig macht. Optimistisch und abenteuerlustig.
UNGÜNSTIG □ ⚻ ☍ Die Kraft und Vitalität dieser Kombination können missbraucht werden, was zu einem rücksichtslos dominanten Verhalten führen kann. Wird die Neigung zu Übertreibung gemeistert, steht Erfolg in Aussicht.

SATURN

GÜNSTIG ⚺ ✶ △ Wenn die Persönlichkeit auch ruhig und zurückhaltend ist, heißt die Sonne in günstigem Aspekt mit dem Saturn doch, dass der Betreffende verlässlich ist und harte Arbeit hoch wertschätzt.
UNGÜNSTIG ☌ □ ⚻ ☍ Der Saturn unterdrückt die Individualität und den Selbstausdruck der Sonne, was zu Schüchternheit, Unsicherheit, Gestelztheit und einem scheinbaren Mangel an Wärme oder Mitgefühl führen kann.

URANUS

GÜNSTIG ☌ ⚺ ✶ △ Eine dynamische, charismatische Kombination, die Genialität oder große Begabungen hervorbringen kann. Die Betreffenden sind freundlich und häufig exzentrisch, sie erzielen durch Hartnäckigkeit gute Resultate.
UNGÜNSTIG □ ⚻ ☍ Dynamik, Exzentrizität und Charisma sind zwar vorhanden, verbinden sich aber mit Selbstsucht und Sturheit. Neigung zu diktatorischem Verhalten und Gleichgültigkeit gegenüber anderen.

NEPTUN

GÜNSTIG ⚺ ✶ △ Die träumerischen, passiven Eigenschaften des Neptun schwächen die Sonne und bringen eine idealistische, freundliche Persönlichkeit mit geistigen Gaben hervor.
UNGÜNSTIG ☌ □ ⚻ ☍ Die passiven, idealistischen Eigenschaften manifestieren sich in Verwirrung, Eskapismus und unrealistischen Einschätzungen. Die Betreffenden leben oft in einer Traumwelt.

PLUTO

GÜNSTIG ⚺ ✶ △ Die Sonne in günstigem Aspekt mit Pluto bedeutet eine kraftvolle Kombination, die große Hartnäckigkeit, Stärke und Führungsqualitäten verleiht. Mehrmals im Leben stehen bedeutsame Veränderungen an.
UNGÜNSTIG ☌ □ ⚻ ☍ Das Streben nach Macht kann jeden anderen Impuls unterdrücken und zu Engstirnigkeit, Zwanghaftigkeit oder Gewalttätigkeit führen. Den Betreffenden drohen traumatische Verluste.

LINKS Menschen mit einer Sonne-Jupiter-Konjunktion „sausen" oft regelrecht durchs Leben; ihnen fällt der Erfolg mühelos zu.

OBEN Die Sonne mit dem Pluto in Konjunktion begünstigt körperliche Stärke.

ASPEKTE ZUM MOND

OBEN Mondgöttin Diana steht für die Keuschheit und die Jagd.

UNTEN Die Position des Mondes enthüllt, wie eine Person zu ihrer Mutter steht.

DER MOND IST der reaktivste, empfindsamste und weichste aller „Planeten" im Geburtshoroskop, und alle Aspekte zu ihm beeinflussen die Art und Weise, in der wir unsere Gefühle ausdrücken. Ob wir sie der ganzen Welt offen zur Schau stellen oder uns nur ganz im Innern damit befassen, hängt von der Haus- und Zeichenstellung des Mondes ab. Mondreaktionen können kindisch, tränenreich, trotzig und unlogisch sein. Harmonische Aspekte fördern jedoch die nährenden, schützenden und liebevollen Eigenschaften des Planeten. Der Mond stellt eine der wichtigsten Repräsentationen der Mutter im Geburtshoroskop dar. All seine Aspekte haben daher besondere Bedeutung für die Mutter-Kind-Beziehung. Ungünstige Aspekte rufen oft Distanziertheit, Gefühlskälte, Ablehnung oder Zorn hervor (auf die Mutter gerichtet oder von ihr ausgehend). Günstige Aspekte hingegen fördern liebevolle, warmherzige, mütterliche Gefühle. Im Horoskop eines Kindes zeigen die Aspekte zum Mond zwar die Gefühle, die das Kind hegt, doch ungünstige Aspekte bedeuten nicht zwingend, dass die Mutter verantwortlich für familiäre Spannungen sein muss – Karma, Umgebungseinflüsse und viele andere Faktoren kommen mit ins Spiel. Kinder aus einer Familie können ihre Mutter völlig verschieden wahrnehmen – der Mond im Quadrat zum Saturn sieht im Geburtshoroskop des einen Kindes die Mutter kalt und gefühllos, während der Mond in Konjunktion mit Venus im geschwisterlichen Horoskop die Mutter als warmherzig und liebevoll darstellt.

MERKUR

GÜNSTIG ⚹ ✶ △ Stehen Mond und Merkur in günstigem Aspekt, befinden sich Gefühl und Verstand im Einklang. Die Betreffenden können sich mit Einfühlsamkeit austauschen, gut mit Frauen auskommen und haben ein ausgezeichnetes Mutterverhältnis.

UNGÜNSTIG ☌ □ ⚻ ☍ Emotionen und Intellekt können nur mit verbalen Ausbrüchen und Überempfindlichkeit, ausgedrückt werden. Gestörte Mutterbeziehung.

OBEN Menschen mit dem Mond in einem günstigen Aspekt zur Venus verbindet oft eine dauerhafte echte Zuneigung zur Mutter.

VENUS

GÜNSTIG ☌ ⚹ ✶ △ Gefühle werden auf charmante und angenehme Art und Weise ausgedrückt. Ein freundlicher, kommunikativer, beliebter Mensch. Gute Beziehungen zu Frauen und zur Mutter.

ASPEKTE ZUM MOND

UNGÜNSTIG □ ⊼ ☍ Der angeborene Charme wird durch Gehemmtheit und eine gewisse Spannung beim Ausdruck von Gefühlen eingeschränkt. Die Betreffenden möchten liebevoll mit anderen umgehen, haben aber Schwierigkeiten damit, möglicherweise wegen einer zu dominanten Mutter.

MARS

GÜNSTIG ⊻ ✳ △ Starke Emotionen, die begeistert und offen ausgelebt werden, sind die Folge eines günstigen Mond-Mars-Aspekts. Die Betreffenden lieben Berührungen, beschützen Familie und Freunde und haben eine starke, liebevolle Mutter.

UNGÜNSTIG ☌ □ ⊼ ☍ Emotionen sind nur schwer auszudrücken und manifestieren sich leicht in Zorn, Reizbarkeit oder Ungeduld. Magenprobleme drohen.

JUPITER

GÜNSTIG ⊻ ✳ △ Der Jupiter ist in günstigem Aspekt mit dem Mond in der Lage, die Gefühle positiv zu verstärken, sodass Gastfreundschaft und Freundlichkeit gegenüber anderen zur Selbstverständlichkeit werden.

UNGÜNSTIG ☌ □ ⊼ ☍ Emotionen können außer Kontrolle geraten, die Betreffenden erdrücken andere dann mit ihrer Freundlichkeit. Überfürsorgliche Mutter.

SATURN

GÜNSTIG ⊻ ✳ △ Gefühle werden bei dieser Kombination stabilisiert und im Zaum gehalten, man schätzt diese Personen wegen ihres klaren Verstandes und Pflichtgefühls.

UNGÜNSTIG ☌ □ ⊼ ☍ Gefühle werden zurückgehalten und unterdrückt. Die Betreffenden fühlen sich ungeliebt, besonders von der Mutter, die kühl oder streng sein kann.

URANUS

GÜNSTIG ⊻ ✳ △ Diese Menschen sind lebhaft und emotional ausdrucksstark, sie können ihre Gefühle gut in Worte kleiden. Sie sind sehr talentiert und können die ungewöhnlichsten Elemente in ein zufriedenes Alltagsleben integrieren.

UNGÜNSTIG ☌ □ ⊼ ☍ Dynamische und hoch individuelle Persönlichkeit, kann aber zu emotionaler Unsicherheit, Selbstsucht und hysterischen Ausbrüchen neigen. Kühle oder distanzierte Mutter.

NEPTUN

GÜNSTIG ☌ ⊻ ✳ △ Spirituelle, vielseitig talentierte, künstlerische und charismatische Menschen – der Mond in günstigem Aspekt zum Neptun kann Erstaunliches erreichen. Liebe zur See, ermutigende Kindheit.

UNGÜNSTIG □ ⊼ ☍ Unproblematisch, aber die Betreffenden könnten sich tief im Innern verwirrt fühlen und unter Orientierungslosigkeit leiden. Neigung zu Suchtverhalten und Eskapismus.

PLUTO

GÜNSTIG ☌ ⊻ ✳ △ Die Betreffenden drücken ihre Gefühle mit großer Intensität und Sensibilität aus, wenn der Mond in günstigem Aspekt zum Pluto steht. Fähig zu tiefem Mitgefühl und Selbstaufopferung.

UNGÜNSTIG □ ⊼ ☍ Emotionen können schwer Ausdruck finden und manifestieren sich in Zorn, Gewalttätigkeit oder Zwanghaftigkeit. Überstarke Mutterbindung.

UNTEN Menschen mit dem Mond in einem Aspekt zu Neptun lieben das Meer.

ASPEKTE

ASPEKTE ZUM MERKUR

OBEN Der Götterbote Merkur steht in Verbindung zu Handel, Diebstahl und Eloquenz.

MERKUR IST IN der griechischen Götterwelt der Bote des Zeus, und die Aspekte zu diesem Planeten betreffen die Art und Weise, in der wir kommunizieren – wie wir sprechen, worüber wir uns unterhalten, wie wir auf andere einwirken, wie wir schreiben und auch wie wir mit Reisen und Alltagsaktivitäten umgehen. Merkur-Saturn-Aspekte verlangsamen und stabilisieren beispielsweise alle Formen von Kommunikation, doch Merkur-Mars-Kontakte beschleunigen und bestärken sie. Der Merkur an sich ist von anpassungsfähigem, androgynem und liebenswertem Wesen, doch nimmt er die Energien der anderen Planeten, zu denen er in Kontakt steht, sehr direkt auf. Günstige Aspekte können bemerkenswerte Begabungen im Bereich der Sprache, Schriftstellerei und Kommunikation bewirken, doch häufig inspirieren die ungünstigen Aspekte den Merkur viel stärker, besonders wenn zu den Verbindungen maskuline Planeten wie die Sonne, der Mars, der Jupiter oder der Uranus gehören. Die Talente des Merkur in ungünstigen Aspekten erhalten selten die Anerkennung, die sie verdienen.

Ungünstige Aspekte bekämpfen oft das eigene Potential und führen allzu oft zu Aggressionen, Streit und mündlichen oder schriftlichen Beleidigungen. Diese Menschen können sich nicht zurückhalten, wenn sie sich herausgefordert sehen. Menschen mit rein günstigen Aspekten zum Merkur hingegen finden immer die richtigen Worte. Ungünstige Aspekte zum Merkur bedürfen der Kontrolle, damit sie zum Besten der Betreffenden eingesetzt werden können (siehe S. 114–116).

OBEN Günstige Merkur-Aspekte verstärken die körperliche Anziehungskraft.

UNTEN Ungünstige Merkur-Aspekte können zu verbalen Beleidigungen antreiben. Solche Menschen geben nicht zu, wenn sie im Unrecht sind.

VENUS

GÜNSTIG ☌ ⚻ ✶ △ Die Betreffenden können ihre Liebe und Zuneigung auf sehr angenehme Weise zum Ausdruck bringen, wenn der Merkur in einem günstigen Aspekt zur Venus steht. Sinn für Humor.

UNGÜNSTIG □ ⊼ ☍ Die Betreffenden bemühen sich auf freundliche Weise zu kommunizieren, rufen aber unbeabsichtigt oft Ärger und Spannungen hervor.

MARS

GÜNSTIG ⚻ ✶ △ Günstige Aspekte zwischen diesen Planeten bewirken ein Rednertalent, das sich mit einer entschlossenen, aber freundlichen Natur aufs angenehmste verbindet. Gut bei Sportarten oder Spielen, die einen scharfen Verstand erfordern.

UNGÜNSTIG ☌ □ ⊼ ☍ Der Ton und die Art und Weise der Kommunikation können aggressiv oder nervtötend wirken. Die Betreffenden sagen rücksichtslos ihre Meinung. Geistige und körperliche Ausdauer.

JUPITER

GÜNSTIG ⚻ ✶ △ Die Betreffenden verbreiten mit lauter, klarer Stimme Optimismus und Freude. Rednerisches und schrift-

ASPEKTE ZUM MERKUR

LINKS Menschen mit ungünstigen Aspekten zwischen Merkur und Saturn haben oft Formulierungsprobleme.

stellerisches Talent sowie ein offener und lebhafter Sinn für Humor.

UNGÜNSTIG ☌ □ ⊼ ☍ Laute, unangenehm ausdrucksstarke Stimme. Rednerische und schriftstellerische Begabung ist vorhanden, wird aber möglicherweise gehemmt und kommt nur schwer zum Ausdruck. Arroganz gegenüber anderen gefährdet Beziehungen.

SATURN

GÜNSTIG ⊻ ✶ △ Günstige Aspekte zwischen Saturn und Merkur bringen Stabilität, Kraft und Verantwortungsbewusstsein, verbunden mit einer langsamen, bewussten Art des kommunikativen Austauschs. Ernste Menschen mit Rednertalent.

UNGÜNSTIG ☌ □ ⊼ ☍ Sprach- und Kommunikationshemmungen, extreme Schüchternheit und Ernsthaftigkeit gehen mit ungünstigen Aspekten einher und lassen die Betreffenden oft geistig schwerfällig erscheinen, obwohl das Gegenteil zutrifft.

URANUS

GÜNSTIG ☌ ⊻ ✶ △ Diese Planeten verbinden sich bei günstigen Aspekten zu brillantem Verstand und lebhafter Anziehungskraft, der den Betreffenden in den Bereichen, wo die Planeten stehen, zu Erfolg und Popularität verhilft.

UNGÜNSTIG □ ⊼ ☍ Derselbe brillante Verstand kann jedoch zu weit gehen, sobald ungünstige Aspekte auftreten. Dann sind die Betreffenden häufig reizbar und nervös.

NEPTUN

GÜNSTIG ⊻ ✶ △ Der Merkur führt in günstigem Aspekt mit dem Neptun zu einer lebhaften Vorstellungskraft und Spiritualität, die eine visionäre Persönlichkeit hervorbringt, die die Bedürfnisse anderer stets an erste Stelle setzt. Die Betreffenden tendieren zu künstlerischen Betätigungen, Dichtung, Theater oder Tanz, und bringen es dabei zu beeindruckenden Leistungen.

UNGÜNSTIG ☌ □ ⊼ ☍ Die Phantasie kann überaktiv werden und sich ganz nach innen richten, wo sie regelrecht zerstörerisch wirken kann. Viele Begabungen können durch Schüchternheit, Eskapismus und Verfolgungsängste nie zum Ausdruck kommen.

PLUTO

GÜNSTIG ⊻ ✶ △ Sprache und Kommunikation verlaufen langsam, intensiv und sehr überzeugend. Verbal treffen diese Menschen stets den Nagel auf den Kopf und bleiben auch bei ihren Überzeugungen, was sie als loyale und entschlossene Persönlichkeiten erscheinen lässt.

UNGÜNSTIG ☌ □ ⊼ ☍ Kommunikation kann dogmatisch oder rücksichtslos verlaufen. Immer noch viel Charisma, doch auch eine deutliche Neigung, es für negative Zwecke einzusetzen.

UNTEN Personen mit Aspekten zwischen Merkur und Neptun zeigen eine starke Neigung zu künstlerischer Betätigung, wie etwa dem Ballett.

ASPEKTE ZUR VENUS

Die Aspekte zur Venus, die traditionell mit Liebe und Schönheit assoziiert wird, bereichern so gut wie jedes Geburtshoroskop um Glück bringende Elemente. Die Venus macht alles weicher und schöner, bezaubert und erhebt selbst noch in ungünstiger Aspektlage, nur werden die günstigen Aspekte leichter integriert. Alle Aspekte zur Venus repräsentieren die Liebe in ihren zahlreichen Erscheinungsformen. Doch erfordert die Venus im Horoskop stets sorgfältige Studien, weil sich oft beide Seiten dieses Planeten zugleich manifestieren; ein Mensch mit günstigem Venus-Jupiter-Kontakt zeigt seine Zuneigung vermutlich offen und häufig, auch nach außen hin und zieht die Aufmerksamkeit anderer mühelos auf sich, hat aber gleichzeitig Freude am Geldausgeben und Luxus. Ungünstige Venusaspekte sind natürlich schwerer in positive Wirkungen zu kanalisieren – Charme und Glück werden zwar angeboten, fallen den Betreffenden jedoch nicht von selbst zu, sondern müssen mühselig erarbeitet werden. Bei den ungünstigen Aspekten kann der Liebreiz der Venus verfälscht oder unzugänglich gemacht werden, und auch der materielle Reichtum kommt nicht von selbst. Die Venus genießt die Harmonie günstiger Aspekte, doch sie muss um Ausgleich kämpfen, wenn sie in Kontakt zu männlichen Machtplaneten wie Mars, Jupiter oder Uranus kommt (siehe S. 114–118 zu Venusaspekten mit Sonne, Mond und Merkur).

OBEN Die griechische Liebesgöttin Venus bestach durch Anmut und Schönheit.

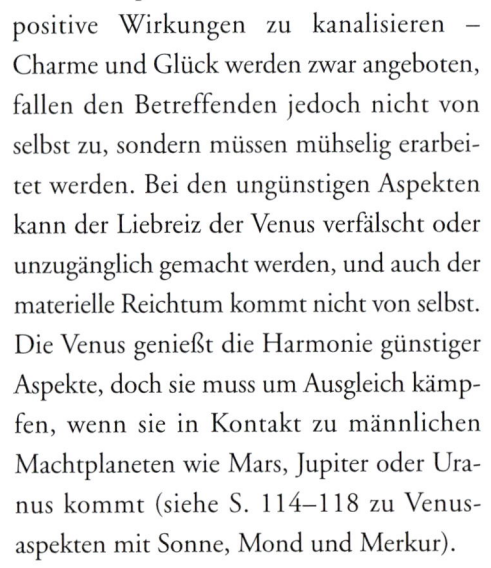

OBEN Menschen mit positivem Venus-Jupiter-Kontakt haben Freude am Anhäufen von Reichtum.

RECHTS Der Jupiter in günstigem Aspekt zur Venus bestärkt Erlebnisse von Liebe und Glück.

MARS

GÜNSTIG ⚹ ✳ △ Die harmonische Kombination der männlichen und weiblichen Prinzipien von Venus und Mars ergibt fast unerschöpflichen Charme, Selbstvertrauen und Sex-Appeal. Die Betreffenden kommen mit beiden Geschlechtern gut aus und sind stets sehr gefragt.

UNGÜNSTIG ☌ □ ⚻ ☍ Sex-Appeal und Charme sind vorhanden, doch mit Spannungen und einem Unvermögen verbunden, beiden Geschlechtern in sich gleichermaßen Ausdruck zu verleihen. Eventuell werden die Energien des einen Planeten komplett verleugnet und nur rein aggressive Tatkraft (Mars) oder rein passive Sanftheit (Venus) zugelassen.

JUPITER

GÜNSTIG ☌ ⚹ ✳ △ Die liebevollen, toleranten Tendenzen der Venus werden in günstigen Aspekten zum Jupiter noch verstärkt, was zu selbstsicheren, attraktiven und be-

sonders beliebten Charakteren führt. Sie sind zu selbstloser Liebe fähig.
UNGÜNSTIG □ ⊼ ☍ Auch mit ungünstigen Aspekten sind diese Menschen noch liebevoll und beliebt, doch verlangen sie Gegenleistungen. Exzessiver Optimismus und Eitelkeit können Probleme bereiten.

OBEN Menschen mit der Venus in ungünstigen Aspekten zum Jupiter können zur Eitelkeit neigen.

SATURN
GÜNSTIG ⚹ ✶ △ Venus und Saturn schaffen in günstigen Aspekten ausgeglichene, loyale und verlässliche Persönlichkeiten, die sich durch eine ruhige und bescheidene Liebe zu ihren Partnern auszeichnen. Ihre Bindungen sind oft stark und dauerhaft.
UNGÜNSTIG ☌ □ ⊼ ☍ Die Betreffenden möchten gern alle positiven Eigenschaften der günstigen Aspekte in ihre Bindungen einbringen, doch Ängste und mangelndes Selbstvertrauen halten sie davon ab.

URANUS
GÜNSTIG ⚹ ✶ △ Die günstigen Aspekte von Uranus und Venus verleihen viel Charisma und Sex-Appeal, das auf angenehme Art und Weise zum Einsatz kommt. Man hält die Betreffenden für „einzigartig", sie haben zahlreiche begeisterte Anhänger und sind künstlerisch hoch begabt.
UNGÜNSTIG ☌ □ ⊼ ☍ Zwar noch anziehend erscheinen die Betreffenden doch distanziert oder gleichgültig gegenüber den Gefühlen anderer. Die Spannung, die durch ungünstige Aspekte entsteht, verursacht eine Rebellion des Uranus und kann zu unruhigem, häufigen Partnerwechsel führen.

NEPTUN
GÜNSTIG ☌ ⚹ ✶ △ Die günstigen Neptun-Venus-Aspekte sind sanft und harmonisch und bringen eine Persönlichkeit hervor, die sich in der Beziehung freundlich und passiv verhält, aber sehr leichtgläubig und empfindsam ist. Es manifestieren sich künstlerische Gaben, werden aber nicht immer positiv eingesetzt.
UNGÜNSTIG □ ⊼ ☍ Die Betreffenden sind Perfektionisten, die tiefe Liebe empfinden und sich nach dem wahren Seelengefährten sehnen. Enttäuschungen sind vorprogrammiert, die sich in Depressionen, selbstzerstörerischen Trieben oder Eskapismus zeigen. Können Großes leisten.

PLUTO
GÜNSTIG ⚹ ✶ △ Günstige Verbindungen zwischen Venus und Pluto bedeuten, dass die Betreffenden tiefe Liebe empfinden und meist auch Respekt, Treue und Hingabe von den Objekten ihrer Zuneigung erfahren. Sehr leidenschaftliche Menschen.
UNGÜNSTIG ☌ □ ⊼ ☍ Die Liebe dieser Menschen geht oft derartig tief, dass sie sich nicht wieder trennen können, selbst wenn eine Scheidung ansteht oder der Partner stirbt. Ruhelosigkeit und zwanghaftes Verhalten in Beziehungsdingen sind häufig, Zurückweisungen werden selten akzeptiert.

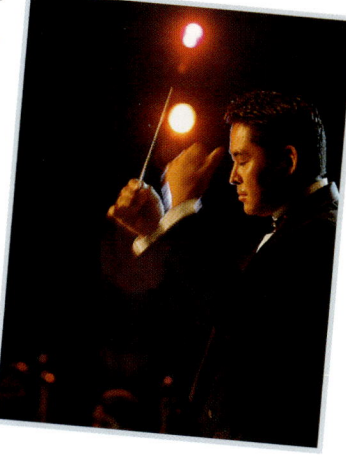

OBEN Persönlichkeiten mit günstigen Venus-Uranus-Aspekten sind charismatisch und künstlerisch begabt.

ASPEKTE

ASPEKTE ZU MARS UND JUPITER

✶✶✶✶✶✶✶✶✶✶✶✶✶

MARS WAR DER Kriegsgott des antiken Griechenland. Für Astrologen aber bedeutet er rein körperliche Energie, die durch Kontakte mit anderen Planeten konstruktiv geleitet werden muss. Leider ist die Mars-Energie roh, unkontrolliert und störrisch; günstige Aspekte wirken verfeinernd, ungünstige aber spornen Mars geradezu an, sich Hals über Kopf in Katastrophen und Kämpfe zu stürzen. Ungünstige Winkelkombinationen zu Sonne, Jupiter, Uranus und Pluto sorgen für immense körperliche Kraft, die als Hitzköpfigkeit, Aggression oder Gewalt durchbrechen kann und sich im Menschen entweder nach außen manifestiert oder durch das förmliche Anziehen von Gewalt assimiliert wird. Im Sport kann man überschüssige Mars-Energien nutzbringend einsetzen; günstige Aspekte mit Mars verleihen meist große Kraft, Erfolgsstreben und große körperliche Leistungsfähigkeit (siehe S. 115–120).

OBEN Mars war im alten Griechenland der Kriegsgott. Er steht für große körperliche Kraft.

OBEN Ungünstige Aspekte zwischen Mars und Saturn können zu Problemen in der Sexualität führen.

JUPITER

GÜNSTIG ♂ ⚼ ✶ △ Förderliche Aspekte zwischen Mars und Jupiter geben viel Energie, körperliche Kondition und sexuelle Attraktivität, die produktiv eingesetzt werden können. Diese Menschen führen und dominieren gern, aber auf freundliche Weise.

UNGÜNSTIG □ ⚻ ☍ Überschüssige Energie wird in Konkurrenzkampf, Aggression oder Sexualität umgesetzt. Die Betreffenden wirken großspurig und finden deshalb nur schwer Anerkennung.

SATURN

GÜNSTIG ⚼ ✶ △ Bei günstigen Aspekten mäßigt die ernste, verantwortungsbewusste Haltung des Saturn die rohe Kraft des Mars. Die Betreffenden können ihre Energien kontrollieren und in Ergebnisse umsetzen.

UNGÜNSTIG ♂ □ ⚻ ☍ Frustration und Wut entstehen. Die Betreffenden fühlen sich hilflos, Energie fehlt ihnen, körperliche oder sexuelle Unausgeglichenheit droht.

URANUS

GÜNSTIG ♂ ⚼ ✶ △ Dynamische Energie, Anziehungskraft und einzigartige Begabungen, Begeisterungsfähigkeit sowie der Wille zu entschlossenem Handeln.

UNGÜNSTIG □ ⚻ ☍ Die Betreffenden können selbstständig und begabt, aber auch gedankenlos und dreist sein. So kommt es zu Fehlern und Ärgernissen, die der Unfähigkeit anderer zugeschrieben werden.

UNTEN Aspekte zwischen Mars und Jupiter schaffen meist körperliche Energie, die oft im Sport umgesetzt wird.

NEPTUN

GÜNSTIG ⊻ ✷ △ Die nebulöse Energie des Neptun kann in dieser höchst künstlerischen Kombination mit Mars in ein solideres Fundament gebracht werden. Solche Menschen besitzen oft starke übersinnliche Kräfte.

UNGÜNSTIG ☌ □ ⊼ ☍ Kreative und körperliche Energie sind erschöpft. Begabungen sind vorhanden, können aber nicht erfolgreich umgesetzt werden. Fluchttendenzen in eine Traumwelt voller starker Helden.

PLUTO

GÜNSTIG ⊻ ✷ △ Es entsteht eine intensive, enorme Kraft, die konstruktiv eingesetzt werden kann. Diese Menschen fühlen sich zu allem Militärischen oder rigiden, disziplinierten, uniformen Berufen hingezogen.

UNGÜNSTIG ☌ □ ⊼ ☍ Die Betroffenen verfügen über riesige Energiereserven, die nur durch Sport oder harte körperliche Arbeit zu bändigen sind. Faszination für Aggressivität, Krieg und Gewalt.

DER JUPITER IST der Planet der Expansion und des Optimismus, dessen günstige Aspekte viel Glück bringen. Seine ungünstigen Aspekte allerdings können zu übertriebenem Optimismus und Großspurigkeit führen. So kann Jupiter-Merkur nie den Mund halten, Jupiter-Mars findet kein Ende und Jupiter-Saturn kennt keine Grenzen. Im Allgemeinen hat der Jupiter aber einen liebenswürdigen Einfluss (siehe S. 115–120).

SATURN

GÜNSTIG ⊻ ✷ △ Bei günstigem Aspekt verbinden sich die expansiven Eigenschaften des Jupiter gut mit den restriktiven des Saturn. Diese Menschen brauchen nicht zu Extremen zu greifen.

UNGÜNSTIG ☌ □ ⊼ ☍ Das Prinzip von Expansion und Restriktion wird nur ungern angenommen. Die Betreffenden sind wütend, wenn sie gebremst werden, doch wenn ihnen alle Möglichkeiten offenstehen, hemmt sie fehlendes Selbstvertrauen.

URANUS

GÜNSTIG ☌ ⊻ ✷ △ Jupiter und Uranus sind bei günstigem Aspekt eine starke, selbstsichere Verbindung. Zu großer Begabung kommt Tatkraft. Führungspersönlichkeit.

UNGÜNSTIG □ ⊼ ☍ Die Betreffenden können eingebildet, arrogant oder exzentrisch sein.

NEPTUN

GÜNSTIG ⊻ ✷ △ Günstige Kombinationen zwischen Jupiter und Neptun wirken ausgezeichnet in allem Übersinnlichen, Spirituellen oder Religiösen. Affinität zu Musik, Kunst oder Theater.

UNGÜNSTIG ☌ □ ⊼ ☍ Die Betreffenden neigen zum Dramatisieren und zur Selbstüberschätzung. Könnten religiöser Bigotterie oder Selbstüberhöhung verfallen.

PLUTO

GÜNSTIG ⊻ ✷ △ Günstige Aspekte verstärken körperliche Energie und Konzentrationsfähigkeit.

UNGÜNSTIG ☌ □ ⊼ ☍ Verkrampfte Energie und überstarke Konzentration können zu Besessenheit und religiösem oder weltanschaulichem Fanatismus führen.

OBEN Jupiter ist das römische Gegenstück des griechischen Göttervaters Zeus.

ASPEKTE

ASPEKTE ZWISCHEN SATURN, URANUS, NEPTUN UND PLUTO

✴ ✴ ✴ ✴ ✴ ✴ ✴ ✴ ✴ ✴ ✴ ✴ ✴

ALLE ASPEKTE ZWISCHEN diesen Planeten wirken lange, je nach Grad des verwendeten Orbis wirken Hauptaspekte sogar über Generationen hinweg. Die Nebenaspekte – Halbsextil, Sextil und Quincunx – erzielen selten deutliche, Quadrat, Opposition, und Trigon nur schwache Effekte. Die Konjunktion aber kann überwältigende Wirkung haben und das ganze Horoskop dominieren. Neptun- und Plutoaspekte entstehen sehr selten, dann aber künden sie meist ein wichtiges Ereignis, einen Meilenstein oder eine Katastrophe in der Weltgeschichte an.

OBEN Neptun-Pluto-Aspekte werden mit Katastrophen wie Vulkanausbrüchen in Verbindung gebracht.

SATURN

Alle Planeten, die mit Saturn aspektiert sind, werden verlangsamt, ihre Wirkung gedämpft, aber nicht unbedingt geschwächt. Er bremst den überschwänglichen Mars, beschwichtigt den empfindlichen Mond oder stabilisiert den chaotischen Neptun. Günstige Aspekte werden ins tägliche Leben integriert, ungünstige Aspekte aber führen oft zu Wut und Groll auf den disziplinierenden Einfluss des Saturn (siehe S. 115–123).

SATURN–URANUS Verantwortungsbewusstsein und Einschränkung treffen auf Freiheitsdrang und Begeisterungsfähigkeit. Die Konjunktion dieser beiden Planeten kann frustrieren. Der Freiheitsdrang wird eingeschränkt, das führt zu innerer Rebellion und dem trotzigen Gefühl, dass das Leben eigentlich aufregend, zumindest aber anders sein müsste. Diese Menschen versuchen, aus selbst geschaffenen Zwängen auszubrechen.

SATURN–NEPTUN Verantwortungsbewusstsein und Einschränkung treffen auf Unbestimmtheit und eine Neigung zur Realitätsflucht. Menschen mit diesem Aspekt sagen oft „ja", wenn sie „nein" meinen und umgekehrt. Seriosität und aufrechte Prinzipien dominieren, aber die Betroffenen ziehen sich oft im schönsten Augenblick zurück und laufen Gefahr, zum Einsiedler zu werden.

OBEN Saturn war der römische Gott der Saat und der Fruchtbarkeit, schon früh wurde er Kronos, dem höchsten griechischen Gott, gleichgesetzt.

RECHTS Menschen mit Saturn-Neptun-Aspekt haben oft eine blasse Ausstrahlung und sagen selten, was sie denken.

SATURN–PLUTO Verantwortungsbewusstsein und Einschränkung treffen auf Hingabe, Intensität und Leidenschaft. So entsteht ein starker Charakter, der sehr anziehend wirkt, aber auch regelrecht dogmatisch und obsessiv werden kann.

URANUS

Uranus stärkt und individualisiert jeden Planeten, mit dem er in Verbindung tritt. Sein überwältigender Einfluss schlägt die persönlichen Planeten leicht in seinen Bann, schädliche Aspekte können geradezu vernichtend wirken. Beim Kontakt mit anderen äußeren Planeten kommt es zum heftigen Kampf, und auf der Suche nach Selbstbestätigung hält ihn nichts auf (siehe S. 115–124).

OBEN Der griechische Gott Uranos war der Vater des Kronos (Saturn).

URANUS–NEPTUN Diese dynamische Kombination kann auf der ganzen Welt Verwüstungen anrichten und hat im Geburtshoroskop oft dieselbe Wirkung. Sie trat zum letzten Mal in der ersten Hälfte der 90er-Jahre auf. Wo sie im Geburtshoroskop steht, kämpft der Betroffene um das innere Gleichgewicht. Häufig ereignen sich persönliche Katastrophen. Diese Menschen können das Gefühl entwickeln, ihr Leben gleite ihnen in bestimmter Hinsicht aus der Hand. Wird dieser Einfluss jedoch kreativ oder spirituell umgesetzt, ermöglicht er Brillanz und Genialität.

URANUS–PLUTO Diese Kombination ist noch zerstörerischer und stärker als Uranus-Neptun. Sie zeigte sich zum letzten Mal in den 1960er-Jahren und schuf eine Welt der Freiheit (Uranus) und der Sexualität (Pluto). In den 60er-Jahren geborene Menschen mit diesem Aspekt im Horoskop erleben immer wieder, dass die vitale Energie dieser Kombination in ihrem Leben für Unruhe sorgt. Sie kann sich in plötzlichen (Uranus), gewaltigen (Pluto) Ausbrüchen manifestieren und zu extremem psychischem (Uranus) oder körperlichem (Pluto) Stress führen.

NEPTUN

Ungünstige Aspekte mit Neptun schwächen, verwirren und desorientieren die Planeten, mit denen er in Kontakt tritt, günstige Aspekte wirkend mildernd, fördern Spiritualität und Inspiration (siehe S. 115–125).

NEPTUN–PLUTO Diese Konstellation kommt sehr selten vor (zuletzt Anfang der 1890er-Jahre im Sternzeichen Zwillinge). Nicht auf grausame Weise zerstörerisch wie Uranus-Pluto, bewirkt sie aber die allmähliche Auflösung überkommener Verhaltensmuster auf gesellschaftlicher wie persönlicher Ebene zu Gunsten von Transformation und Erneuerung. Beide Planeten sind feminin und regieren Wasserzeichen (Fische und Skorpion). Sie passen daher recht gut zusammen.

PLUTO

Der Einfluss des Pluto auf andere Planeten ist oft kaum spürbar, bis er mit solch vulkanischer Gewalt einschlägt, dass sich die ganze Welt des Betroffenen für immer verändert. Diese Kraft sollte nie unterschätzt oder gar übersehen werden. Viele berühmte, unvergessliche Menschen haben einen vielfach aspektierten oder stark positionierten Pluto im Horoskop (siehe S. 115–125).

OBEN Neptun war der römische Meeresgott. Er entspricht dem griechischen Wassergott Poseidon. Dieser Planet regiert die Fische.

OBEN Pluto war der griechische Gott der Unterwelt. Die Kraft dieses Planeten ist nicht zu unterschätzen.

ASPEKTE

PLANETEN OHNE ASPEKT

★★★★★★★★★★★★★★

EIN PLANET, der nicht mit einem anderen gemeinsam einen der sieben Hauptaspekte bildet, gilt als „unaspektiert". Seine Energie wirkt völlig ungefiltert. Bildet ein Planet mit einem anderen einen Aspekt, verbinden sich ihre beiden Energien, wenn es ein günstiger ist, oder bekämpfen sich, wenn er ungünstig ist. Dann entsteht eine neue Kompositenergie. Planeten ohne Aspekt bilden keine neuen kombinierten Energien und können sich daher frei manifestieren. Ihre Energie ist die eines wilden Tieres, das frei umherstreift und keinen Kontakt zum Menschen hat. Der Überfluss an natürlicher Energie eines bestimmten nicht aspektierten Planeten dominiert oft ein Geburtshoroskop.

Aspekt hat, etwa einen Quincunx oder Halbsextil. Er ist dann „fast unaspektiert". Planeten ohne Aspekt zeigen sich im Charakter eines Menschen meist ganz offen und dominieren ein Geburtshoroskop häufig. Mein Vater hatte eine recht seltene unaspektierte Venus in der Jungfrau: Er lächelte immer, war sehr beliebt, charmant, großzügig und äußerst gelassen, trotz einer schwierigen Mars-Saturn-Konjunktion und einer ungünstig aspektierten Sonne im Skorpion. Unter den persönlichen Planeten ist die unaspektierte Sonne am häufigsten (Elisabeth II. und Ludwig XIV. sind gute Beispiele), eine unaspektierte Venus ist jedoch sechs Mal seltener. Unaspektierte Planeten in einem Ge-

OBEN Die überreiche Energie eines unaspektierten Planeten ist der natürlichen Kraft eines wilden Tieres vergleichbar.

Planeten ohne Aspekt sind selten, und bezieht man die verschiedenen Nebenaspekte, den Aszendenten, die Himmelsmitte und alle Energiepunkte des Geburtshoroskops mit ein, über die die Planeten in Kontakt miteinander treten, so gibt es sie wohl gar nicht. Meiner Erfahrung nach aber wirkt ein Planet unaspektiert, wenn er bei Anwendung der sieben Hauptaspekte innerhalb ihres vorgesehenen Orbis keinen Kontakt zu einem anderen hat. Recht häufig kommt auch vor, dass ein Planet nur einen einzigen schwachen

burtshoroskop sollten immer notiert und genau beobachtet werden, da sie die erkennbare Struktur der menschlichen Psyche verändern können.

SONNE OHNE ASPEKT

Die Wirkung einer unaspektierten Sonne kann sich in blendender Brillanz oder selbstsüchtiger Egozentrik äußern, aber mehr als die Hälfte aller Menschen mit dieser Konfiguration werden erfolgreich oder berühmt. Kinder mit dieser Stellung sind meist wil-

PLANETEN OHNE ASPEKT

müssen sich aber zuweilen in eine andere, dunklere Welt zurückziehen, um wieder Kraft zu sammeln. So spiegeln sie die helle wie die dunkle Seite des Mondes. Die großen, frei fließenden Emotionen des Mondes sind schwer zu kontrollieren, aber diesen Menschen gelingt das meist bemerkenswert gut. In aller Regel entwickeln sie einen freundlichen und fürsorglichen Charakter.

LINKS König Ludwig XIV. von Frankreich hatte eine Sonne ohne Aspekt.

lensstark, hitzköpfig und fordernd. Wenn sie erwachsen werden, lernen Sie jedoch, wie man sich Respekt verschafft und die reine Energie der Sonne zum eigenen Ruhm einsetzt. Ludwig XIV. erhielt den Beinamen „Der Sonnenkönig" (seine Sonne stand in der Jungfrau) und besaß eine unaspektierte Sonne, so auch Vincent van Gogh (Sonne im Widder), der die Sonne etwa in seinen „Sonnenblumen" darstellte.

MERKUR OHNE ASPEKT

Ruhelos, impulsiv und androgyn fällt es dem unaspektierten Merkur schwer, Stabilität zu wahren. Menschen mit dieser Stellung sind meist liebenswürdig, intelligent und anpassungsfähig, bleiben aber nie lange bei einer Sache, da sie immer neue Betätigungsfelder für die vielen Begabungen ihres Merkur suchen. Die schwache Energie des Merkur nimmt gewöhnlich die Gestalt seiner Aspekte an, wirkt aber frei fließend und auf sich gestellt orientierungslos. Zum Ausgleich geben sich diese Menschen oft den Anschein von Selbstvertrauen, Humor und Geselligkeit und sind deshalb sehr beliebt.

OBEN Horoskop von Mahatma Gandhi, geboren am 2. Oktober 1869 mit unaspektiertem Merkur im Skorpion im ersten Haus.

MOND OHNE ASPEKT

Passivität und Sensibilität des Mondes werden ohne Aspekt deutlich betont. Besonders Männer mit dieser Stellung haben meist viele weibliche Eigenschaften und verstehen sich gut mit Frauen. Sie sind sehr aufgeschlossen und freundlich,

OBEN Das Horoskop von Louis Pasteur, geboren am 27. Dezember 1822 in Frankreich zeigt einen unaspektierten Zwillinge-Mond im achten Haus.

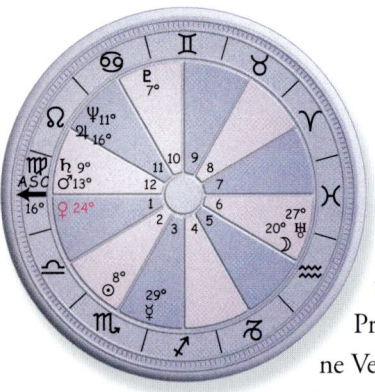

ASPEKTE

OBEN Horoskop des Vaters der Autorin, geboren am 2. November 1919, mit unaspektierter Venus in der Jungfrau im ersten Haus.

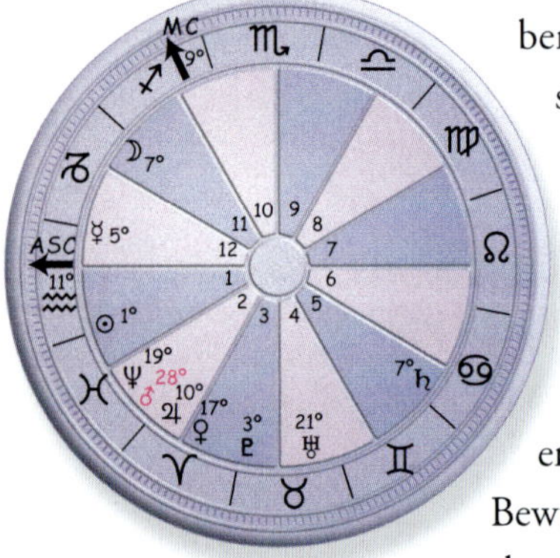

OBEN Horoskop von Lord Baden Powell, dem Gründer der Pfadfinderbewegung, geboren am 20. Februar 1857 mit unaspektiertem Mars in den Fischen im zweiten Haus.

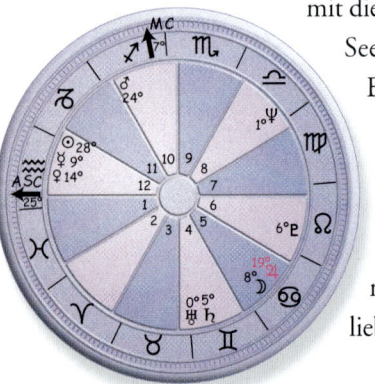

OBEN Horoskop von Janis Joplin, geboren am 19. Januar 1943 mit unaspektiertem Jupiter im Krebs im fünften Haus.

VENUS OHNE ASPEKT

Unverfälschte Venus-Energie ist ungewöhnlich – nur etwa 1,5 Prozent aller Menschen haben eine Venus ohne Aspekt, und nur ganz wenige werden berühmt oder erfolgreich, was nicht verwunderlich ist, denn die Energie der Venus ist grundsätzlich passiv, bequem und friedliebend. Diese Menschen sind liebevoll und hilfsbereit und werden oft in der Kindheit sehr geliebt und verwöhnt; im Erwachsenenalter jedoch erhalten sie nur selten die Bewunderung, die sie verdienen. Sie gelten als schwach, und ihre offene Großzügigkeit wird eher verlacht als bewundert, auch wenn sie wegen ihres attraktiven Äußeren und ihres höflichen Charmes beliebt sind. Menschen mit dieser Stellung besitzen meist „alte Seelen", die noch einmal auf die Erde gekommen sind, um uns zu helfen und dabei wenig Gegenliebe erwarten dürfen. Sie sollten jedoch darauf achten, dass die materialistische Seite der Venus nicht die Oberhand über ihr liebevolles Element gewinnt.

MARS OHNE ASPEKT

Die vitale, rohe Energie des unaspektierten Mars kann Großes schaffen, aber ebenso zerstören. Zum Glück wirken die meisten

OBEN Menschen mit der seltenen unaspektierten Venus sind passiv und friedlich.

nicht aspektierten Planeten eher positiv, und auch der Mars macht da keine Ausnahme. Lord Baden-Powell, der Gründer der Pfadfinderbewegung, war ein starker Charakter mit unaspektiertem Mars, den er zum Guten einsetzte. Der Überschuss an Energie, den ein Mars ohne Aspekt bringt, kann zu großen sportlichen Leistungen oder Taten inspirieren.

JUPITER OHNE ASPEKT

Die wenigen Glücklichen mit unaspektiertem Jupiter verfügen über einen ausgeprägten Optimismus und haben sehr viel Glück. Die expansiven, günstigen Eigenschaften des Planeten bilden in ihrer unverfälschten Form einen effizienten Puffer gegen alle Schwierigkeiten im Geburtshoroskop. Der unaspektierte Jupiter überstrahlt alles, ganz gleich wie das übrige Horoskop aussieht und schenkt dem Menschen einen ausgeprägten Sinn für Humor und ein gesundes Selbstbewusstsein. Die Betreffenden sind höchst liebenswürdig, und was für andere ein Unglück ist, wird für sie schon bald zum „Glück der Götter".

SATURN OHNE ASPEKT

Die Einschränkungen, Ängste und Hemmungen, die regelmäßig beim aspektierten Saturn auftreten, zeigen sich offensichtlich nicht, wenn der Saturn keinen Aspekt hat. Statt dessen machen Seriosität, Konformität, Pragmatismus und Verantwortungsbewusstsein die Betreffenden zu Stützpfeilern der Gesellschaft. Sie sind zwar meist nicht eben charmant oder beliebt, aber man schenkt ihnen Vertrauen und achtet sie.

URANUS OHNE ASPEKT

Wie alle äußeren Planeten mit ihren langen Zyklen tritt auch der Uranus kaum ohne Aspekt auf. Es gibt aber Hinweise darauf, dass schwache Generationenaspekte zwischen den äußeren Planeten (Halbsextil, Quincunx und Sextil) nicht auf der persönlichen Ebene wirken und daher bei der Suche nach unaspektierten Planeten außer Acht gelassen werden können. Ohne diese Aspekte hätten viele Menschen unaspektierte äußere Planeten. Ohne (oder fast ohne) Aspekt scheint Uranus nicht dieselben dynamischen, rebellischen oder exzentrischen Eigenschaften zu entwickeln, die sich beim aspektierten Planeten häufig zeigen. Der unaspektierte Uranus ist von gelassener Einzigartigkeit, höchster Begabung und subtiler Unabhängigkeit. Er ist weniger erregbar und stabiler als der aspektierte Uranus.

NEPTUN OHNE ASPEKT

Das Unwägbare und Nebulöse des aspektierten Neptun ist beim unaspektierten deutlich schwächer ausgeprägt. Daher können diese Menschen im Gegensatz zu anderen mit starkem Neptun – im Eckhaus oder stark aspektiert – ihre Talente und intuitiven Begabungen festigen und zugleich ein konstruktives Leben führen. Der Neptun kann sich auf vielen Ebenen manifestieren – von höchster Spiritualität bis hin zu niederster Lasterhaftigkeit – unaspektiert aber muss er sich nicht schwierigen Aspekten stellen und kann seine Phantasie freier einsetzen.

PLUTO OHNE ASPEKT

Ein völlig unaspektierter Pluto ist sehr ungewöhnlich. Wer diese seltene Stellung hat, ist aber meist ein ernster, ausgeglichener Mensch ohne das übliche plutonische Bedürfnis, Macht über andere auszuüben. Diese Menschen wirken sehr anziehend und energisch, aber nicht herrisch. Ein fast unaspektierter Pluto (ein Nebenaspekt zwischen Pluto und einem äußeren Planeten) zeigt bemerkenswert andere Wirkung. Die Energie ist wesentlich schwieriger beherrschbar und scheint für die Betroffenen in extremen Fällen Gewalt und Zerstörung geradezu anzuziehen – wie bei Präsident John F. Kennedy, dessen fast unaspektierter Pluto ihm zu Macht und Einfluss über die Vereinigten Staaten verhalf, aber auch die Gewalt brachte, die zu seinem Tod führte. Mächtige Menschen haben oft einen dominanten Pluto – Elisabeth II. (Eckhaus), Popstar Madonna (Konjunktion Aszendent) und Ludwig van Beethoven (Konjunktion Himmelsmitte), um nur einige zu nennen. Diese Menschen haben solch prägenden Einfluss, dass sie auch nach ihrem Tod noch Jahre oder gar Jahrhunderte im Gedächtnis bleiben. Auch der reine, unaspektierte Pluto besitzt diese bemerkenswerte Fähigkeit zu echtem oder zwielichtigem Ruhm, ist aber schwächer und daher leichter beherrschbar.

OBEN Horoskop einer am 6. Dezember 1969 geborenen Frau mit unaspektiertem Uranus in der Waage an der Spitze des elften Hauses.

OBEN Karte einer am 26. April 1964 in Glasgow geborenen Person mit einem sehr seltenen unaspektierten Neptun im Skorpion im vierten Haus.

OBEN Horoskop eines Mannes, geboren am 19. Dezember 1929 mit unaspektiertem Pluto im Sternzeichen Krebs im neunten Haus.

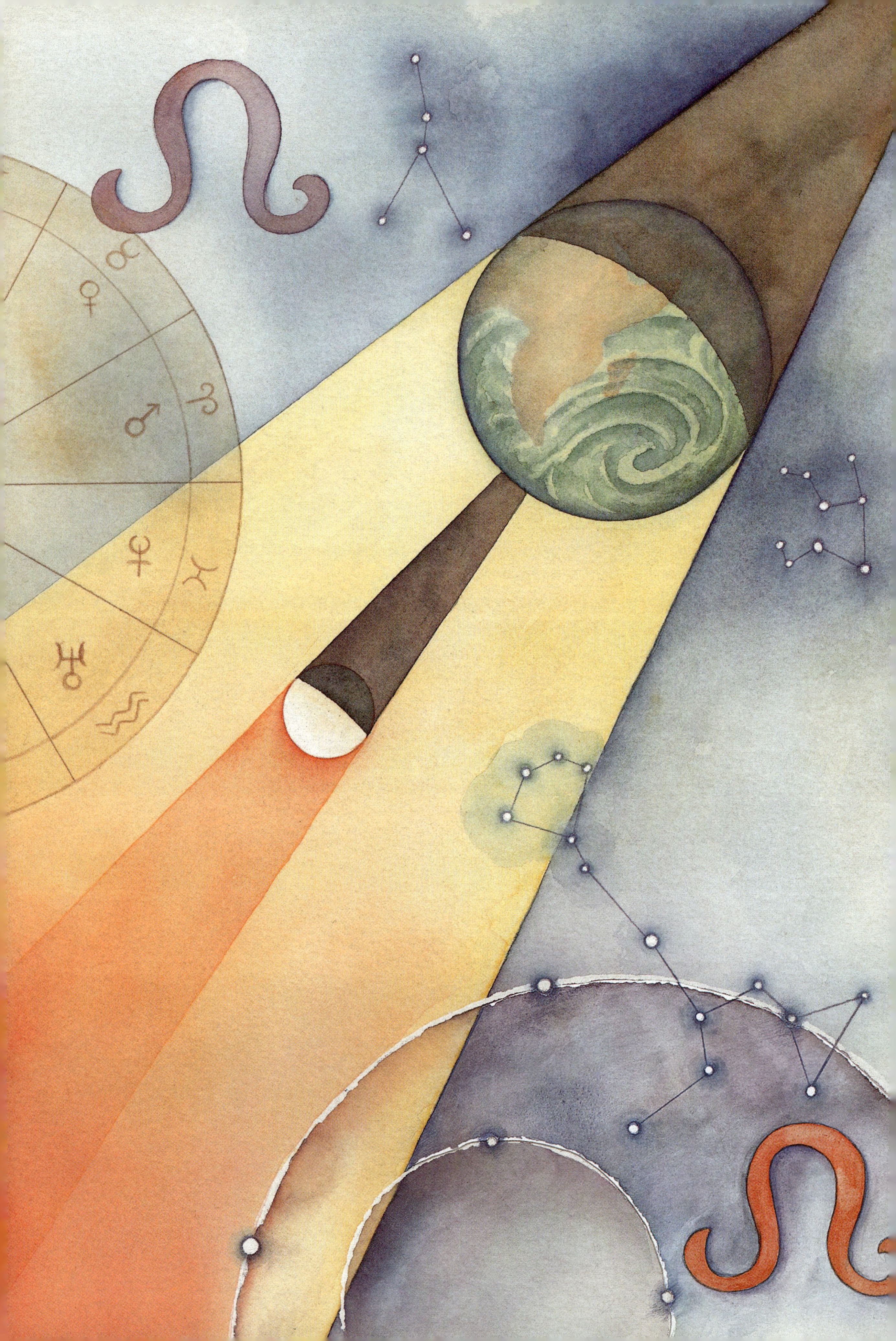

TEIL SECHS
ANDERE FAKTOREN
★★★★★

Zwar sind die Zeichen des Tierkreises und die Planetenenergien in ihrem Verhältnis zu den Häusern des Horoskop-Diagramms die wichtigsten Faktoren der modernen Astrologie, aber es gibt auch andere, kleinere Punkte und Einteilungssysteme, die eigene Energien entfalten und beachtet werden müssen. Hypothetische Punkte wie die Mondknoten und die Arabischen Punkte dienen schon seit Jahrtausenden als Quellen zusätzlicher Informationen. Manche Astrologen halten die Mondknoten für extrem wichtig, besonders in Gesundheitsfragen. Die Arabischen Punkte werden besonders von der Stundenastrologie, einem Zweig der Individual-Astrologie, verwendet. Man sollte diese kleineren Faktoren nicht ignorieren oder gering schätzen, denn sie machen oft deutlich, warum ein Mensch sich ungewöhnlich verhält oder auf bestimmte Weise reagiert. Meiner persönlichen Erfahrung nach sind die regierenden Planeten und die Dekanate besonders aufschlussreich.

RECHTS Zu einer wahrheitsgemäßen und vollständigen Deutung des Geburtshoroskops gehört auch die Auswertung der Nebenfaktoren.

ANDERE FAKTOREN

UNTERPUNKTE UND EINTEILUNGEN

OBEN Verschiedene Unterpunkte im Geburtshoroskop, die bei einer astrologischen Auswertung mit einbezogen werden müssen.

DIE HIMMELSMITTE (MEDIUM COELI, MC) Dieser wichtige Punkt ist der eigentliche „Zenit" (höchster Punkt) des Geburtshoroskops. Das Medium Coeli muss zwischen dem achten und dem elften Haus liegen, meist befindet es sich im neunten oder zehnten Haus. Nach Placidus und anderen Methoden bildet das MC immer die Spitze des zehnten Hauses. Es gilt als der Höhepunkt des Horoskops, gleich wo es liegt – ein Gebiet, auf dem große Erfolge, Zufriedenheit oder Erfüllung erkennbar sind. Alle Planeten in Konjunktion mit dem MC haben größte Bedeutung und sollten als „im Eckhaus gelegen" gelten.

RECHTS Für den Erfolg eines neuen Romans zum Beispiel spricht ein Glückspunkt in den Zwillingen oder der Jungfrau im zehnten Haus.

IMUM COELI (IC) Die Himmelstiefe liegt immer in exakter Opposition (180 Grad) zum MC. Liegt zum Beispiel das MC bei 15 Grad im Krebs, so befindet sich das IC bei 5 Grad im Steinbock. Es gilt daher als der Nadir (niedrigste Punkt) des Geburtshoroskops und liegt im Häusersystem zwischen dem zweiten und dem fünften Haus. Es ist meist der ruhigste, persönlichste Punkt des Geburtshoroskops. Planeten in Konjunktion mit dem IC sind wichtig, gelten aber nicht als „im Eckhaus gelegen", es sei denn, sie stünden in einem Orbis von 8 Grad um die Spitze des vierten Hauses.

DER DESZENDENT Dieser Punkt bezeichnet bei allen Häusersystemen die Spitze des siebenten Hauses. Er liegt dem Aszendenten exakt gegenüber und bezieht sich eher auf andere als auf das Ich. Alle Planeten in Konjunktion mit dem Deszendenten zeigen ein Bedürfnis nach Freundschaft in Beziehungen.

REGIERENDE PLANETEN Regierende Planeten beherrschen jeweils die Zeichen an den Häuserspitzen. Am wichtigsten ist der regierende Planet des aufgehenden Zeichens (des Aszendenten), denn er gilt als der regierende Planet des ganzen Horoskops. Das Haus und das Zeichen, in denen der Herrscher liegt, sind wichtige Punkte. Jemand kann stärker von dem Zeichen beeinflusst wirken, in dem der regierende Planet des Aszendenten steht, als vom aufgehenden Zeichen selbst – war Krebs z. B. das aufsteigende Zeichen, stand der Mond aber im Schützen, wirkt und verhält sich der Betreffende eher wie ein typischer Schütze.

DIE ARABISCHEN PUNKTE Es gibt viele dieser hypothetischen, mathematisch errechneten Punkte, die sich auf verschie-

TABELLE DER TIERKREISGRADE

0° Widder	= 0°	0° Waage	= 180°
0° Stier	= 30°	0° Skorpion	= 210°
0° Zwillinge	= 60°	0° Schütze	= 240°
0° Krebs	= 90°	0° Steinbock	= 270°
0° Löwe	= 120°	0°Wassermann	= 300°
0° Jungfrau	= 150°	0° Fische	= 330°

dene Themen beziehen, zum Beispiel den Todespunkt oder den Ehepunkt. Heute verwendet man aber meist nur noch einen, nämlich den Glückspunkt. Er gilt als der günstige Punkt, an dem das Zeichen und das Haus, in dem er liegt, ihre Eigenschaften glückbringend verwirklichen. So steht der Glückspunkt im Löwen im zehnten Haus zum Beispiel für Ruhm und Ehre in der beruflichen Laufbahn des Betroffenen. Den *Glückspunkt* errechnet man über die Formel *Aszendent plus Mond minus Sonne*. Das Beispiel zeigt die Berechnung für einen Menschen mit dem Aszendenten bei 12 Grad Steinbock, dem Mond bei 23 Grad Fische und der Sonne bei 2 Grad Löwe unter Verwendung der Tabelle der Tierkreisgrade.

GLÜCKSPUNKTBERECHNUNG

Aszendent 12 Grad Steinbock
(270 + 12) = 282 Grad

plus Mond 23 Grad Fische
(330 + 23) = 353 Grad

Summe = 635 Grad

minus Sonne 2 Grad im Löwen
(120 + 2) = 122 Grad Löwe

Summe 513 Grad

**Übersteigt die Summe 360 Grad,
zieht man 360 Grad ab = 153 Grad**

*153 Grad entspricht nach der Tabelle 3 Grad Jungfrau,
der Glückspunkt liegt im Horoskop also an dieser Stelle.*

DIE KNOTEN Knoten sind die astronomischen Punkte, in denen der Planetenorbit die Ekliptik von Süden nach Norden (aufsteigend) und von Norden nach Süden (absteigend) kreuzt. Alle Planeten bilden Knoten, aber nur die Mondknoten sind von Bedeutung für das Geburtshoroskop. Die Mondknoten sind in spirituellen Dingen, Beziehungen und für das entstehende Karma besonders relevant.

MONDKNOTEN Der aufsteigende Knoten: wird als „Drachenkopf" bezeichnet. Haus und Zeichen, in denen er liegt, entsprechen dem Lebensfeld, in dem wir in diesem Leben viel lernen, reiches Wissen und Erfolg erwerben können. Im aufsteigenden Mondknoten finden wir Hinweise auf die Lösung von Problemen und die Erarbeitung günstigen Karmas. Der absteigende Mondknoten wird traditionell als „Drachenschwanz" bezeichnet. Sein Haus und Zeichen entsprechen dem Bereich unseres Lebens, in dem wir Begabungen und Fertigkeiten aus früheren Leben einsetzen können, oft aber missbrauchen. Hier fühlen wir uns zu Hause.

UNTEN Die Mondknoten werden auch als Drachenkopf und Drachenschwanz bezeichnet.

DEKANATE

✶✶✶✶✶✶✶✶✶✶✶✶✶✶✶✶✶

JEDES ZEICHEN DES Tierkreises (oder Haus im Häusersystem) umfasst 30 Grad, die sich in drei Gruppen zu je 10 Grad unterteilen lassen. 0 bis 9, 10 bis 19 und 20 bis 29. Diese Einteilungen nennt man Dekanate. Die ersten 10 Grad (0 bis 9) jedes Zeichens sind das Erste Dekanat, die zweiten 10 Grad (10 bis 19) das Zweite Dekanat und die dritten 10 Grad (20 bis 29) das Dritte Dekanat. Bei 29 Grad 59 Minuten schließt sich der Kreis, der nächste Schritt sind 0 Grad. In Wirklichkeit sind 30 Grad und 0 Grad identisch. Hier vereinen sich Ende (30) und Anfang (0). Menschen mit der Sonne oder anderen Planeten um diesen Grad sind höchst komplexe Charaktere.

Dekanate werden hauptsächlich zur Interpretation des Sonnenzeichens herangezogen, können aber gut auch auf alle anderen Planetenpositionen in den Zeichen und Häusern des Geburtshoroskops angewandt werden. Auf dieser Ebene sind sie eine ergiebige und sehr lohnende Methode der Charakterzeichnung.

RECHTS Jedes Zeichen wird in drei Dekanate unterteilt, die jeweils unterschiedliche Eigenschaften haben.

RECHTS Menschen mit Planeten bei 29 oder Null Grad können komplexe Charaktere sein.

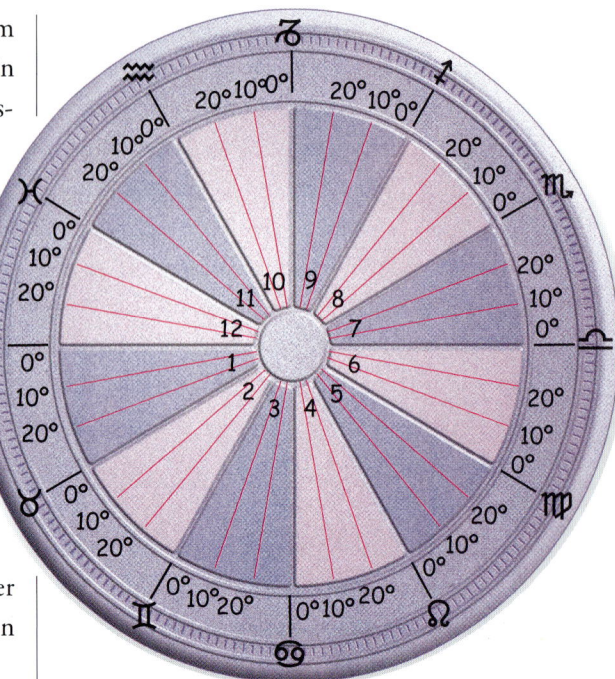

Das erste Dekanat jedes Zeichens entspricht immer dem fraglichen Zeichen, das erste Dekanat des Widder ist also dem Widder verbunden. Das zweite Dekanat jedes Zeichens nimmt die Eigenschaften des nächsten Zeichens innerhalb desselben Elements an; das zweite Dekanat des Widders also die des Löwen. Das dritte Dekanat jedes Zeichens steht für das letzte Zeichen desselben Elements, das dritte Dekanat des Widder ist also dem Schützen verbunden. Wäre Schütze das zu betrachtende Zeichen, wäre das erste Dekanat Schütze, das zweite Widder und das dritte Löwe. Ein Geburtstag bei einem Sonnenstand von 12 Grad in den Fischen (um den 2. März), läge im zweiten Dekanat des Zeichens, dem Krebsdekanat. Jedes Dekanat innerhalb eines Zeichens nimmt teilweise die Eigenschaften des regierenden Zeichens an. Das erste Dekanat ist meist das stärkste, weil es die Energie des Zeichens gleich doppelt vertritt, ein Mensch, der im zweiten oder dritten Dekanat geboren ist, ist ein weniger typischer Vertreter seines Zeichens. Alle, die am 18. Juni Geburtstag haben, sind demnach Zwilling der letzten 10 Grad dieses Zeichens, des dritten Dekanats also, das dem Wassermann verbunden ist. Sie zeigen wahrscheinlich eher einige feste Eigenschaften des Wassermanns und sind weniger ruhelos als ein typischer Zwilling.

TABELLE DER DEKANATE

	ERSTES DEKANAT	ZWEITES DEKANAT	DRITTES DEKANAT
WIDDER	Widder	Löwe	Schütze
STIER	Stier	Jungfrau	Steinbock
ZWILLINIGE	Zwillinge	Waage	Wassermann
KREBS	Krebs	Skorpion	Fische
LÖWE	Löwe	Schütze	Widder
JUNGFRAU	Jungfrau	Steinbock	Stier
WAAGE	Waage	Wassermann	Zwillinge
SKORPION	Skorpion	Fische	Krebs
SCHÜTZE	Schütze	Widder	Löwe
STEINBOCK	Steinbock	Stier	Jungfrau
WASSERMANN	Wassermann	Zwillinge	Waage
FISCHE	Fische	Krebs	Skorpion

VERSTAND, KÖRPER UND GEIST

Die Dekanate können auch aus esoterischer Sicht als Verstand, Körper und Geist interpretiert werden.
Grad 0 bis 9 sind physisch und beziehen sich auf den Körper. Menschen mit vielen Planeten auf physischen Graden im Horoskop sind im Allgemeinen praktisch, materialistisch und intelligent. Sie haben ein starkes Gefühl für sich selbst und ihre leiblichen Bedürfnisse. Die Grade „0" und „9" sind dabei die stärksten. „0" steht für einen Neuanfang, „9" für das Ende und starkes körperliches Empfinden.
Grad 10 bis 19 sind mental und beziehen sich auf den Verstand. Befinden sich die meisten Planeten auf mentalen Graden, sind diese Menschen meist hochintelligent mit starkem Kommunikationsbedürfnis und der Fähigkeit zur Konzentration auf eine geistige Tätigkeit. Diese Menschen sind Logiker und stets bestens über alle neuen wissenschaftlichen und technischen Entdeckungen informiert. Am stärksten wirken die Grade „10" und „19", wobei „10" für neue Ziele und „19" für den Gipfel geistiger Aktivität steht.
Grad 20 bis 29 sind spirituell und beziehen sich auf den Geist. Menschen mit vielen Planeten auf diesen Graden sind spirituell und können große karmische Fortschritte erzielen. Der Umgang mit diesen Graden ist jedoch nicht ganz einfach, sie können zu Sucht, Eskapismus und Selbstzerstörung führen. Die Grade „20" und „29" sind am stärksten, wobei „29" für die Spitze spiritueller Ausrichtung steht. Viele Menschen, bei denen dieser Grad im Geburtshoroskop betont ist, besitzen übersinnliche Fähigkeiten.

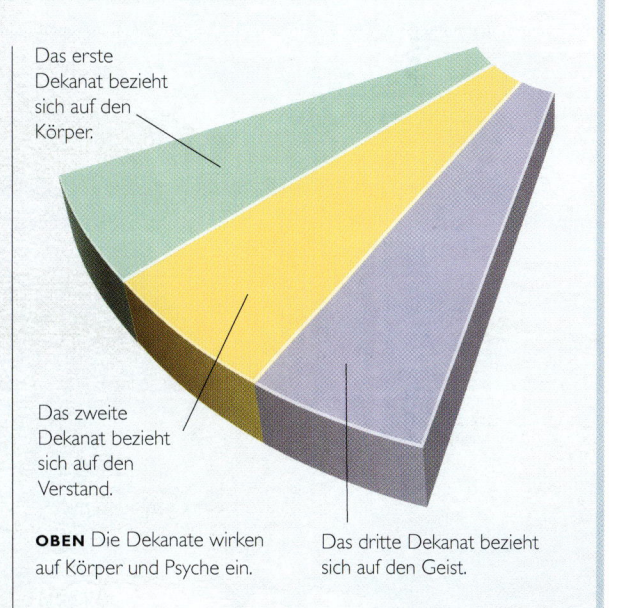

Das erste Dekanat bezieht sich auf den Körper.

Das zweite Dekanat bezieht sich auf den Verstand.

OBEN Die Dekanate wirken auf Körper und Psyche ein.

Das dritte Dekanat bezieht sich auf den Geist.

Die Grade „0" und „29" gelten als „kritisch". Die extreme spirituelle Sensibilität der „29" kann es dem betroffenen Menschen schwer machen, sich dem irdischen Lebensumfeld anzupassen, wohingegen die „0" diesen Anpassungsprozess eben erst begonnen hat. Menschen mit Planeten bei 29 Grad führen selten ein weltliches Leben. Oft sind sie traumatisiert, neigen zu vielfältigem Eskapismus, zu Unfällen und zum Suizid. Wer diese Begabungen aber positiv umsetzen kann, erreicht auf seinem Gebiet oft geradezu ikonenhaften Status.

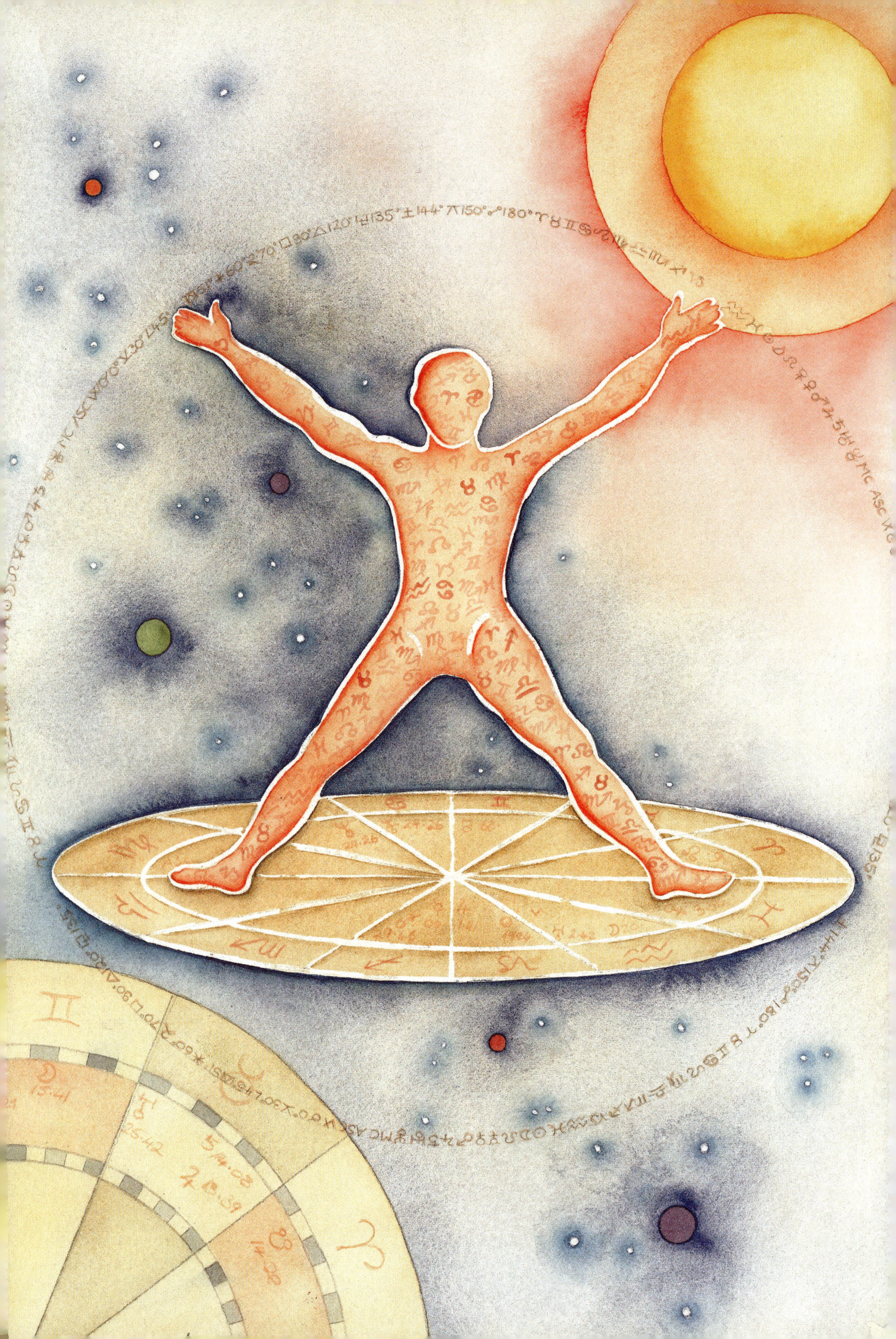

TEIL SIEBEN
DIVINATIONSASTROLOGIE
★★★★★

In der Astrologie gibt es viele Arten der Divination (Weissagung) – einige sind ganz einfach, andere recht komplex. Manche Methoden verwenden die täglichen Planetenbewegungen und ihren Einfluss auf das Geburtshoroskop, bestimmte Ereignisse oder die unterschiedlichsten Themen. Bei anderen Methoden müssen erst Fragen gestellt werden, bevor die Planetenbewegung betrachtet wird, wieder andere bedienen sich weiterer mathematischer Berechnungen. Man benötigt zur Divination Datum, Ort und Zeitpunkt der Geburt, des Ereignisses oder der Frage sowie die relevanten astronomischen Daten (siehe S. 82 f.).

Bei unbekanntem Geburtszeitpunkt oder für Zeitungshoroskope wird ein Sonnenhoroskop erstellt. Das Sonnenzeichen steht auf der linken Seite des Geburtshoroskops an der Stelle, die sonst der Aszendent einnimmt, der übrige Tierkreis folgt in der üblichen Reihenfolge entgegen dem Uhrzeigersinn. Weiter wird das Horoskop wie ein Geburtshoroskop behandelt, für eine persönliche Deutung werden die Planetenpositionen bei der Geburt, für Sonnenzeichen-Vorhersagen die Transite eingetragen.

OBEN Ereignisse kann man erst vorhersagen, wenn nach sorgfältiger Befragung ein Geburtshoroskop erstellt wurde.

BEGRIFFE IN DER DIVINATIONS-ASTROLOGIE

✦✦✦✦✦✦✦✦✦✦✦✦✦✦✦

EREIGNISHOROSKOP

Ereignishoroskope sind in der Astrologie weit verbreitet und können für fast jedes Ereignis erstellt werden, sei es persönlich, politisch oder allgemein. Relevant sind sie vor allem bei besonderen Gelegenheiten wie Hochzeit, Umzug, dem Beginn einer neuen Beziehung, Arbeitsplatzwechsel oder politischen Wahlen.

OBEN Ein Ereignishoroskop wird erstellt, wenn der Erfolg eines Vorhabens, zum Beispiel einer Hochzeit, vorhergesagt werden soll.

Soll ein Ereignishoroskop erstellt werden, notiert man sich den Zeitpunkt seines Einsetzens und behandelt diesen wie ein Geburtsdatum. Geplante Ereignisse, zum Beispiel eine Hochzeit, haben einen klar definierten Beginn, bei anderen, Wohnungswechseln etwa, ist der genaue Zeitpunkt weniger eindeutig feststellbar. Ist es der Augenblick des Vertragsabschlusses oder der Moment, in dem man über die Schwelle tritt? In solchen Situationen erstellt man am besten ein Horoskop für beide Zeitpunkte.

Hinweise, auf die man bei der Analyse von Ereignishoroskopen achten sollte, sind feste Eckzeichen (feste Zeichen an der Häuserspitze des ersten, vierten, siebenten und zehnten Hauses), die für Dauerhaftigkeit und Zuverlässigkeit stehen. Achten Sie auch auf günstig aspektierte Planeten, die das Vorhaben fördern und auf Planeten in derselben Stellung wie im Geburtshoroskop der Klienten, die zeigen, dass das Ereignis für die Betroffenen wichtig ist. Bei einer Hochzeit ist das Siebente Haus, das der Beziehungen, am wichtigsten, ein Umzug verlangt einen genauen Blick in das vierte Haus. Finanzielle Ereignisse treten im zweiten Haus zutage usw. Allgemein betrachtet sagt ein günstiges Horoskop mit festen Eckhäusern einen günstigen Verlauf, ein ungünstiges Horoskop mit beweglichen Eckhäusern Probleme voraus.

SONNEN- UND MONDÜBERGÄNGE

Diese Methode astrologischer Vorhersagen ist noch recht neu. Ein Sonnenübergang (Sonnenzeichen) ergibt eine Vorhersage für ein Jahr, ein Mondübergang (Mondzeichen) für einen Monat. Für jedes Jahr wird unter Verwendung von Datum und Uhrzeit des Übergangs von Sonne oder Mond über die exakte Geburtsposition (Grad und Minuten) sowie Längen- und Breitengrad des aktuellen Wohnorts des Klienten ein neues Horoskop erstellt. Für die Glaubwürdigkeit der Deutung ist ausschlaggebend, dass Grad und Minuten der Planetenpositionen ermittelt werden. Ansonsten stützt sich die Deutung auf die üblichen Planetenpositionen, Aspekte und Konfigurationen wie beim Geburtshoroskop auch; sie gilt aber nur ein Jahr oder einen Monat lang. Zeigt ein Sonnenübergang zum Beispiel drei oder mehr Planeten in einem Haus, steht dieser Lebensbereich

BEGRIFFE IN DER DIVINATIONSASTROLOGIE

während des ganzen Jahres im Mittelpunkt. Weist das Horoskop ungünstige Aspekte auf, steht dem Klienten im Hinblick auf Charakter und Zeichen der beteiligten Planeten ein schwieriges Jahr bevor.

ORTSHOROSKOP

Für jede Stadt, jedes Dorf und jedes Land dieser Welt lässt sich ein Horoskop erstellen, das Hauptproblem liegt eher in der Bestimmung des Zeitpunkts der Gründung, Benennung oder „Geburt". Streng genommen ist das keine Divinationsastrologie wie sie zur Bestimmung von Entwicklungstendenzen in einem Land und seiner Außenwirkung angewandt wird. Am Horizont heraufziehende Ereignisse sind astrologisch vorhersagbar, wenn die aktuellen Planetenbewegungen in diese Horoskope mit einbezogen werden. Für die meisten Länder und Städte wurde bereits ein „Geburtsdatum" festgelegt und ein Horoskop errechnet, aus dem Sternzeichen oder Klassifizierung ersichtlich sind. Das gibt erste Hinweise auf Zukunftsperspektiven – so entwickelt sich ein vom Widder regiertes Land schneller und entschiedener als ein Land, das der Stier regiert. Länder mit einem Feuerzeichen treten in der Welt aktiver auf als die meisten Wasser- oder Erdzeichenländer und ähnliches.

STÄDTE UND LÄNDER UND IHR REGIERENDES ZEICHEN

WIDDER Birmingham, Marseilles, Neapel. England, Deutschland, Japan

STIER: Palermo, Rhodos, St. Louis. Zypern, Griechenland, Irland

ZWILLINGE London, Melbourne, San Francisco, Korsika. Ägypten, Vereinigte Staaten

KREBS: Bern, Cadiz, Istanbul. Holland, Mauritius, Paraguay

LÖWE: Blackpool, Chicago, Los Angeles. Frankreich, Italien, Rumänien

JUNGFRAU: Boston, Jerusalem, Paris. Brasilien, Kreta, Schweiz

WAAGE: Kopenhagen, Frankfurt, Lissabon. Burma (Myanmar)

SKORPION: Dover, New Orleans, Washington. Kanada, Norwegen

SCHÜTZE: Köln, Oregon, Toronto. Australien, Ungarn, Spanien

STEINBOCK: Orkney Inseln, Port Said. Afghanistan, Albanien, Bulgarien

WASSERMANN: Bremen, Brighton, Hamburg. Litauen, Russland

FISCHE: Alexandria, Sevilla, Venedig. Indien, Philippinen

UNTEN Chicago wird vom Feuerzeichen Löwe regiert.

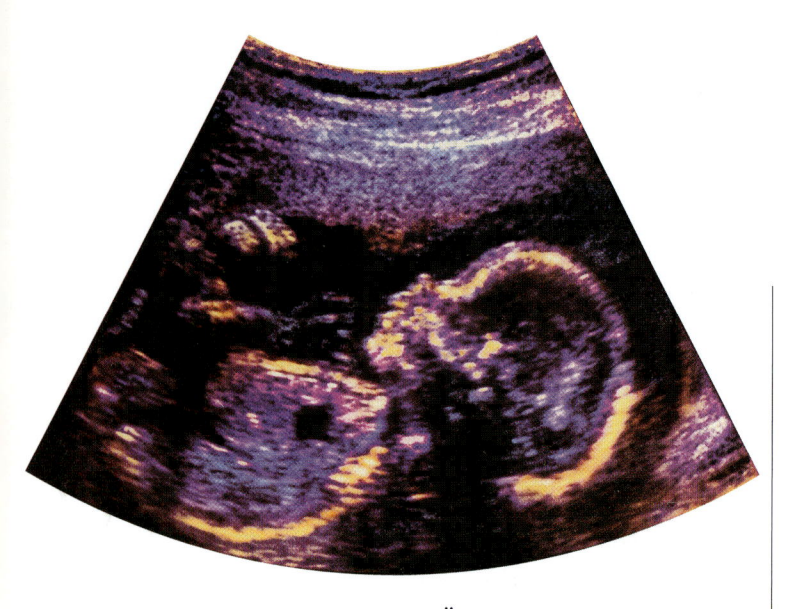

OBEN Im 20. Jahrhundert sagte man nach der Methode der Pränatalen Epoche das Geschlecht eines ungeborenen Kindes voraus.

DIE PRÄNATALE EPOCHE

E. H. Bailey, der Präsident der British Astrological Society, entwickelte Anfang des 20. Jahrhunderts ein System zur Ermittlung des Geschlechts eines ungeborenen Kindes anhand des Empfängniszeitpunkts. Heute wird es aber kam noch angewandt. Der wichtigste Nachteil liegt in der Schwierigkeit, den genauen Zeitpunkt der Empfängnis festzustellen. Außerdem muss auch der Geburtszeitpunkt genau feststehen. Sind diese Faktoren aber bekannt, funktioniert das System gut.

STUNDENASTROLOGIE

Die Stundenastrologie ist ein uralter Zweig der Divinationsastrologie, die sich auf das Konzept der Zeit konzentriert und besonders mit Fragen und Antworten arbeitet. Nach dem System der Stundenastrologie lässt sich fast jede Frage beantworten. Die Planetenkonstellation in exakt dem Augenblick, in dem die Frage entsteht – sei es gedanklich oder bereits verbal – enthält meist die richtige Antwort, wobei natürlich auch das Können des Deuters eine wichtige Rolle spielt. Die Stundenastrologie ist ein komplexer, selbstständiger Bereich der Astrologie, der jahrelanges Studium erfordert. Eine allgemeine Formel ist jedoch recht einfach. Sobald sich eine Frage erhebt, sollten Zeitpunkt und Frage notiert werden. Dann erstellt man ein Horoskop mit Längen- und Breitengrad des augenblicklichen Aufenthaltsorts des Fragenden. So ermittelt man „die Geburt" einer Frage. Das Horoskop wird genauso erstellt wie ein Geburtshoroskop, erfordert aber die Einhaltung vieler Regeln. Grundprinzipien sind im Kasten oben rechts erklärt.

UNTEN Empfängnishoroskop: Die Empfängnis fand in London am 9. November 1998 statt. Da der Aszendent und der Mond zu dieser Zeit beide in weiblichen Zeichen standen, ist es sehr wahrscheinlich, dass das Kind ein Mädchen wird.

GRUNDPRINZIPIEN DER PRÄNATALEN EPOCHE

Die Stellung des Mondes zum Empfängniszeitpunkt zeigt den Aszendenten, den Deszendenten oder die Stellung des Mondes bei der Geburt an – außerdem das Geschlecht des Kindes. Steht er in einem männlichen Zeichen (Widder, Zwillinge, Löwe, Waage, Schütze oder Wassermann), wird das Kind ein Junge, steht er aber in einem femininen Zeichen (Stier, Krebs, Jungfrau, Skorpion, Steinbock oder Fische), wird das Kind ein Mädchen.

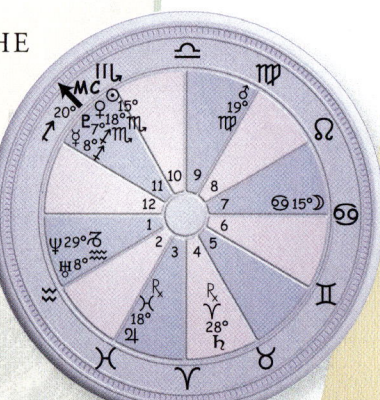

Junge oder Mädchen?

BEGRIFFE IN DER DIVINATIONSASTROLOGIE

STUNDENFRAGEN

Fragender (der Klient) und Deutender (Sie) werden durch den Aszendenten und seinen Regenten vertreten. Für die Person oder das Thema, der oder dem die Frage gilt, steht das entsprechende Haus: bei Ehe- oder Geschäftspartnern zum Beispiel also das siebente Haus und sein Regent, bei Freunden oder einer Gruppe aber das elfte Haus und sein Regent. Betrifft die Frage den Beruf, so geben das zehnte Haus und sein Regent die Antwort, Fragen zu Kindern und Kreativität werden hingegen vom fünften Haus und seinem Regenten beantwortet. Bilden die beiden Herrscherplaneten, die für den Fragenden und das Thema stehen, keinen Aspekt, gibt die Position des Mondes wichtige Hinweise. Verschiedene Grade, etwa Null, 15 und 29 sind kritisch.

RECHTS Antworten auf Fragen nach dem beruflichen Werdegang, zum Beispiel dem Ausgang eines Vorstellungsgesprächs, sind aus dem zehnten Haus ersichtlich.

WETTERVORHERSAGEN

Allgemeine Wettervorhersagen lassen sich für die ganze Welt jederzeit allein aus den Bewegung der vier äußersten Planeten Saturn, Uranus, Neptun und Pluto erstellen. Stehen diese vier Planeten alle in einem Zeichen oder Element, wird das Wetter extrem – bei Feuerzeichen heißer als üblich, bei Wasserzeichen regnerischer als gewöhnlich, bei Luftzeichen treten unerwartet Stürme oder Orkane auf und bei Erdzeichen erhöht sich die Wahrscheinlichkeit von Erdbeben oder Erdrutschen. In den 1990er-Jahren stand Saturn im Widder (Feuer, kardinal), Uranus im Wassermann (Luft, fest), Neptun im Wassermann (Luft, fest) und Pluto im Schützen (Feuer, beweglich), alles aktive Zeichen. Der Schwerpunkt auf Luft und Feuer weist auf sengende Temperaturen, Orkane und starke Stürme als vorherrschende Elemente des Weltwetters hin. Saturn im Widder bedeutet lange wütende Feuer, Pluto im Schützen dagegen Feuer, die bei Explosionen oder Vulkanausbrüchen entstehen. Uranus und Neptun stehen noch bis weit ins 21. Jahrhundert hinein im Wassermann. Sie bedeuten anhaltende Zerstörung (Uranus) und Auflösung (Neptun) durch plötzliche, unerwartete Orkane. Als Nebenwirkung der Winde könnten auch Überschwemmungen (Neptun) auftreten.

UNTEN Die Position der äußeren Planeten bewirkt, dass die aktuellen extremen Wetterlagen weiterhin anhalten.

PROGRESSIONEN

DIE BERECHNUNG

Bei der Progression oder Sekundärdirektion handelt es sich um eine Vorhersagemethode, bei der die persönlichen Planeten – Sonne, Mond, Merkur, Venus und Mars – für jedes Lebensjahr um einen Tag in den Ephemeriden vorgeschoben werden. Zu Beginn des 20. Jahrhunderts sehr populär, wird sie heute, wo die äußeren Planeten Uranus, Neptun und Pluto mit einbezogen werden, kaum noch angewandt. Die Astrologen ziehen Transite, Sonnen- und Mondübergänge vor, weil sie beeindruckendere Ergebnisse zeigen. Vorgeschobene Planeten bleiben lange im selben Zeichen und Haus und bewirken damit sanfte Energieverschiebungen. Treten sie jedoch in ein neues ein, führt das zu wichtigen Veränderungen in Lebensstil und Charakter. Der ergiebigste Planet für Progressionen ist der Mond, der für die Reise durch ein Haus oder Zeichen nur zweieinhalb Jahre braucht und damit nach 28 Jahren die 360 Grad des Geburtshoroskops durchlaufen hat. Der 30-Tageszyklus der Sonne verlängert sich vorgeschoben auf 30 Jahre; Merkur, Venus und Mars variieren hingegen je nach Umlaufgeschwindigkeit und Rückläufigkeit (siehe S. 84 f.).

PROGRESSIONEN BERECHNEN

Progressionen werden nach einer einfachen Formel berechnet. Man braucht dazu die Ephemeriden des Geburtsjahres. Zum Geburtsdatum des Klienten wird nun eine den Lebensjahren entsprechende Anzahl von Tagen hinzugezählt. So erhält man ein neues Datum mit den korrespondierenden Planetenpositionen. Jetzt werden unter Verwendung der Geburtszeit GMT des Klienten wie beim Geburtshoroskop die exakten Positionen von Sonne bis Mars errechnet (siehe Abschnitte zur Horoskopberechnung auf S. 82–85). Die Ephemeridenpositionen gelten für Mittag (oder Mitternacht) und müssen daher eventuell an die Geburtszeit angeglichen werden. Zum Schluss werden die neuen Planetenpositionen in das Geburtshoroskop eingetragen und die Folgen ihrer Bewegung gedeutet.

INTERPRETATION

Tritt ein vorgeschobener Planet in ein neues Zeichen oder Haus, kann er Lebensstil und Charakter stark, wenn auch selten dramatisch verändern. Jeder Planet (besonders Sonne und Mars), der aus einem positiven in ein negatives Zeichen tritt, weckt im Betroffenen allmählich das Bedürfnis nach eher subjektivem Denken, insbesondere in dem Lebensfeld (Haus), in das der Planet eintritt. Extrovertierte werden ruhiger und nachdenklicher. Ähnlich kann der Übertritt von einem negativen in ein positives Haus einem introvertierten, ruhigen Menschen zu mehr Energie und Entschlossenheit verhelfen.

Treten eine vorgeschobene Sonne, Merkur, Venus oder Mars in ein unbesetztes Zeichen oder Haus, erhalten die Eigenschaften des Zeichens und Lebensfeldes, für die das Haus steht, große Bedeutung für das übrige Leben dieses Menschen. Die Einflüsse des Mondes sind eher vorübergehender Natur (nur zweieinhalb Jahre in jedem Zeichen oder Haus), aber wichtig bei der Betrachtung emotionaler Zyklen – tritt der Mond in ein passives Wasser- oder Erdzeichen, bedeutet das einen zweieinhalbjährigen Zyklus sensibler Emotionen und tiefer Gefühle (Wasser) oder materialistischer, praktischer Bedürfnisse (Erde). Tritt er dagegen in positive Luft- und Feuerzeichen, werden die Emotionen objektiver und rationaler (Luft) oder impulsiv und offen (Feuer).

Werden Merkur, Venus oder Mars rückläufig, verweilen sie länger als üblich in einem Zeichen oder Haus – insbesondere der Mars kann bis zu sechs Monate in einem Zeichen bleiben. Geschieht das, werden die

Planeten womöglich ein ganzes Leben lang nicht aus ihrer Geburtsposition vorgeschoben. Ziehen sie aber weiter, können sich ihre üblichen Eigenschaften wie Kommunikation (Merkur), Liebe, Wertschätzung und materielle Werte (Venus) und Energie und körperliche Kondition (Mars) deutlich verändern. Diese Veränderung erfolgt immer allmählich und ist selten drastisch, fällt der Mitwelt aber auf. Planeten, die im Jahr der Progression rückläufig sind, sind meist in gewisser Weise gehemmt. In dem Jahr aber, in dem sie wieder direkt werden („D" neben den Planetengraden in den Ephemeriden), müssen Einschränkungen aus dem Weg geräumt werden, damit ihre Energie wieder frei fließen kann. Die durchschnittliche Lebenserwartung beträgt etwa 75 Jahre, in dieser Zeit durchläuft der Mond vollständig unser Geburtshoroskop – der erste Zyklus endet mit 28 Jahren, der zweite mit 56 und der dritte mit 84 – wenn wir Glück haben. Diese Lebensabschnitte fallen zugleich mit wichtigen Bewegungen von Saturn, Uranus und Neptun zusammen und gelten daher immer als wichtige Wendepunkte im Leben.

Progressionen bewirken einen großen Teil der seltenen wirklich tiefgreifenden Veränderungen in unserem Lebenslauf und sollten daher bei der Analyse der Zukunftsperspektiven eines Geburtshoroskops möglichst immer in Betracht gezogen werden.

OBEN Horoskop eines Klienten, geboren am 2. Juli 1985, 18.00 Uhr GMT in London.

Der vorgeschobene Mond hat seinen 28-jährigen Zyklus durch die Zeichen beendet und steht wieder in der Geburtsposition im Zeichen Steinbock im zweiten Haus, was auf eine wichtige Zeit des Lernens bei Finanzen und Besitz deutet.

Der vorgeschobene Merkur steht immer noch im Löwen im neunten Haus und unterstützt den betonten Willen zum Lernen und Reisen.

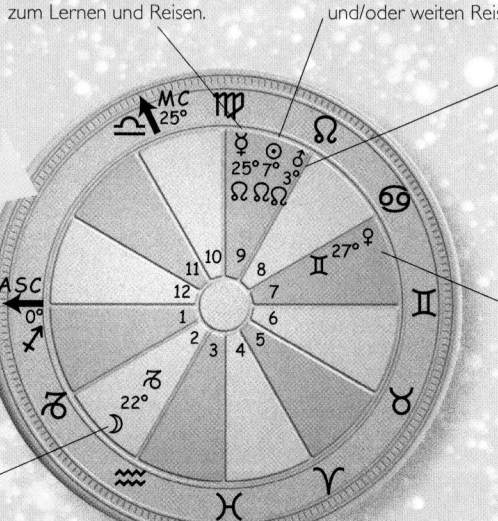

Die vorgeschobene Sonne tritt aus dem Krebs im achten Haus in den Löwen im neunten, und weist damit auf ein wachsendes Selbstbewusstsein und den starken Wunsch nach höherem Lernen und/oder weiten Reisen hin.

Der vorgeschobene Mars steht immer noch in Konjunktion zur Sonne (körperliche Kraft und Selbstbewusstsein), trat aber aus dem sensiblen Krebs im geheimnisvollen achten Haus in den offenen Löwen und das abenteuerlustige, expansive neunte Haus. Der Mensch kann sich nun extrovertierter zeigen.

Die vorgeschobene Venus trat aus dem Stier in die Zwillinge und nähert sich dem Ende ihrer Reise durch das siebente Haus, was auf wichtige Veränderungen in Liebesdingen und dauerhaften Beziehungen deutet.

LINKS Horoskop mit den vorgeschobenen Positionen von Sonne bis Mars für denselben Klienten im Alter von 28 Jahren.

DIVINATIONSASTROLOGIE

TRANSITE
★★★★★★★★★★★★★★★

DAS EINFACHSTE UND populärste astrologische Prognoseverfahren beruht auf den fortwährenden Bewegungen der Planeten, den Transiten. In Ephemeriden sind die Positionen der Planeten für jeden Tag verzeichnet. Transite liegen fast allen Horoskopen zugrunde – auch den Sonnenzeichen-Horoskopen in Zeitungen und Zeitschriften. Sie haben eine viel dynamischere Wirkung als Progressionen, doch nicht jeder reagiert auf die Bewegung der Planeten gleich. Manche Menschen sind sich ihrer Übergänge kaum bewusst; andere spüren sofort jede Bewegung und Veränderung. Für einfache Tages- oder Wochenprognosen zieht man die fünf inneren Planeten (Sonne, Mond, Merkur, Venus und Mars) zurate. Die fünf äußeren Planeten (Jupiter, Saturn, Uranus, Neptun und Pluto) sind für wichtige Ereignisse, Monats- oder Jahresanalysen entscheidend. Zeichnen Sie die laufenden Planeten etwas näher zur Horoskopmitte hin ein oder benutzen Sie einen andersfarbigen Stift. So werden die Transite nicht mit den fest stehenden Positionen der Planeten zum Geburtszeitpunkt verwechselt.

Die Analyse der Transite ähnelt der Deutung der Planetenpositionen eines Geburtshoroskops durchaus. Der Einfluss der Planeten ist dann am größten, wenn sie sich gerade im Übergang von einem Zeichen oder Haus ins nächste befinden oder einen großen Aspekt zu den Planeten des Geburtshoroskops bilden. Eine genaue Deutung ist nur bei ganz exakten Aspekten möglich. Kehrt ein Planet an seine Position im Geburtshoroskop zurück, kündigt dies immer den Beginn einer wichtigen Zeit an. Jupiter benötigt 12, Saturn 28 Jahre und Uranus 84 Jahre für einen Umlauf. Aufgrund ihrer niedrigen Umlaufgeschwindigkeit kehren Neptun und Pluto kein zweites Mal an ihre Position im Geburtshoroskop zurück. Sie gewinnen aber immer dann besonderen Einfluss, wenn sie Sextile, Trigone, Quadrate und Oppositionen zu ihrer Stellung im Geburtshoroskop bilden.

Rückläufig werdende Planeten treten manchmal erneut in das vorhergehende Zeichen oder Haus ein oder bilden im Lauf eines Jahres wiederholt dieselben Aspekte – bei Neptun oder Pluto kann der Zeitraum auch größer sein. Der erste Kontakt hat den größten Einfluss. Bei den Transiten sind die Konjunktionen wirksamer als die anderen Aspekte. Die drei Nebenaspekte (Halbsextil, Sextil und Quincunx) zeigen nur wenig Wirkung.

In welchem Zeichen sich ein laufender Planet befindet ist weniger wichtig. Allgemein gilt: Planeten, die sich durch ein positives Zeichen bewegen, begünstigen Tatkraft und Durchsetzungsvermögen, Planeten in negativen Zeichen regen subjektives Empfinden, Phantasie und Empfindsamkeit an.

RECHTS UND UNTEN Manche Menschen spüren Transite kaum, andere fühlen die Veränderungen sofort.

Die Umlaufbahnen der Planeten unseres Sonnensystems um die Sonne spielen in der astrologischen Prognose eine große Rolle. Anhand der inneren Planeten kann man erkennen, was der Alltag bringt; die äußeren Planeten spiegeln die wichtigen Ereignisse des Lebens wider.

DIVINATIONSASTROLOGIE

RECHTS Wenn man die Position der laufenden Planeten, ihren Transit, in das Geburtshoroskop mit einbezieht, lässt sich die Genauigkeit von Vorhersagen noch verbessern.

BEISPIELANALYSE TRANSITE: weibliche Person, geboren am 31.07.1979

PLUTO	℞	7 Grad Schütze im 6. Haus
NEPTUN	℞	2 Grad Wassermann im 8. Haus.
URANUS	℞	15 Grad Wassermann im 9. Haus.
SATURN		16 Grad Stier im 12. Haus.
JUPITER		4 Grad Stier im 11. Haus.
MARS		11 Grad Skorpion im 5./6. Haus.
VENUS	℞	5 Grad Jungfrau im 3. Haus.
MERKUR	℞	0 Grad Löwe im 2. Haus.
SONNE		7 Grad Löwe im 2. Haus
MOND		6-20 Grad Fische im 9./10. Haus.

Fünf Planetentransite in leeren Häusern in der oberen Horoskophälfte signalisieren, dass im Hinblick auf die äußeren Lebensumstände eine Zeit des Wachstums und der Kommunikation bevorsteht. Die Betreffende ist sonst eher in sich gekehrt, manchmal sogar schüchtern (neun Planeten in der unteren Hälfte des Geburtshoroskops), aber diese Transite erlauben es ihr, neue Lebensbereiche zu erschließen und sich besser durchzusetzen.

Der laufende Pluto im sechsten Haus (Arbeit und Gesundheit) bildet ein Trigon zur Sonne im zweiten Haus des Geburtshoroskops – ein Zeichen dafür, dass sich die finanzielle Situation, die Beziehungen zu den Arbeitskollegen sowie die Gesundheit verbessern werden. Der laufende Neptun im leeren achten Haus lässt Spielraum für Phantasie, Übersinnliches, Kreativität und Entdeckung der Sexualität. Er könnte aber auch enttäuschende Beziehungen und Finanzen symbolisieren. Uranus befindet sich in seinem Herrscher, dem Wassermann. Beide stehen für Rebellion, plötzliche Veränderungen und den Wunsch nach Aufregung und Abwechslung. Mit dem Saturn im Transit über das zwölfte Haus im stoischen Zeichen des Stiers kommen Belastungen oder Verantwortung – möglicherweise im Zusammenhang mit älteren Menschen – auf diese Frau zu. Der Saturn befindet sich in Opposition zum Uranus des Geburtshoroskops im sechsten Haus und kann das Berufsleben durch Ängste oder gesundheitliche Schwäche beeinträchtigen. Der laufende Jupiter im elften Haus wirkt günstig auf Popularität, Freundschaften und Gruppenaktivitäten ein.

Der Mars befindet sich im Übergang vom fünften ins sechste Haus, und die Betreffende konzentriert ihre körperlichen Energien nicht länger auf gesellschaftliche und romantische Interessen (fünftes Haus), sondern auf Arbeit und Gesundheit (sechstes Haus). Die rückläufige Venus bewegt sich langsam durch das dritte Haus und sorgt damit auf Kurzreisen und in der Kommunikation – besonders mit der Familie – für Harmonie.

Der Geburtstag selbst sollte erfreulich werden, denn Merkur (Kommunikation) und Venus bilden eine Konjunktion im zweiten Haus (Geld und Geschenke), und die Sonne ist an ihre Position im Geburtshoroskop zurückgekehrt. Der Mond bewegt sich im Zeichen der Fische von sechs nach 20 Grad und wechselt dabei vom neunten ins zehnte Haus – gute Aussichten auf gefühlvolle und erfüllende Abende.

TRANSITE

Der laufende Jupiter im elften Haus ist gut für Gruppenaktivitäten.

Der laufende Neptun im achten Haus verhilft Phantasie und Kreativität zur Entfaltung.

Die Sonne ist an ihre Position im Geburtshoroskop zurückgekehrt.

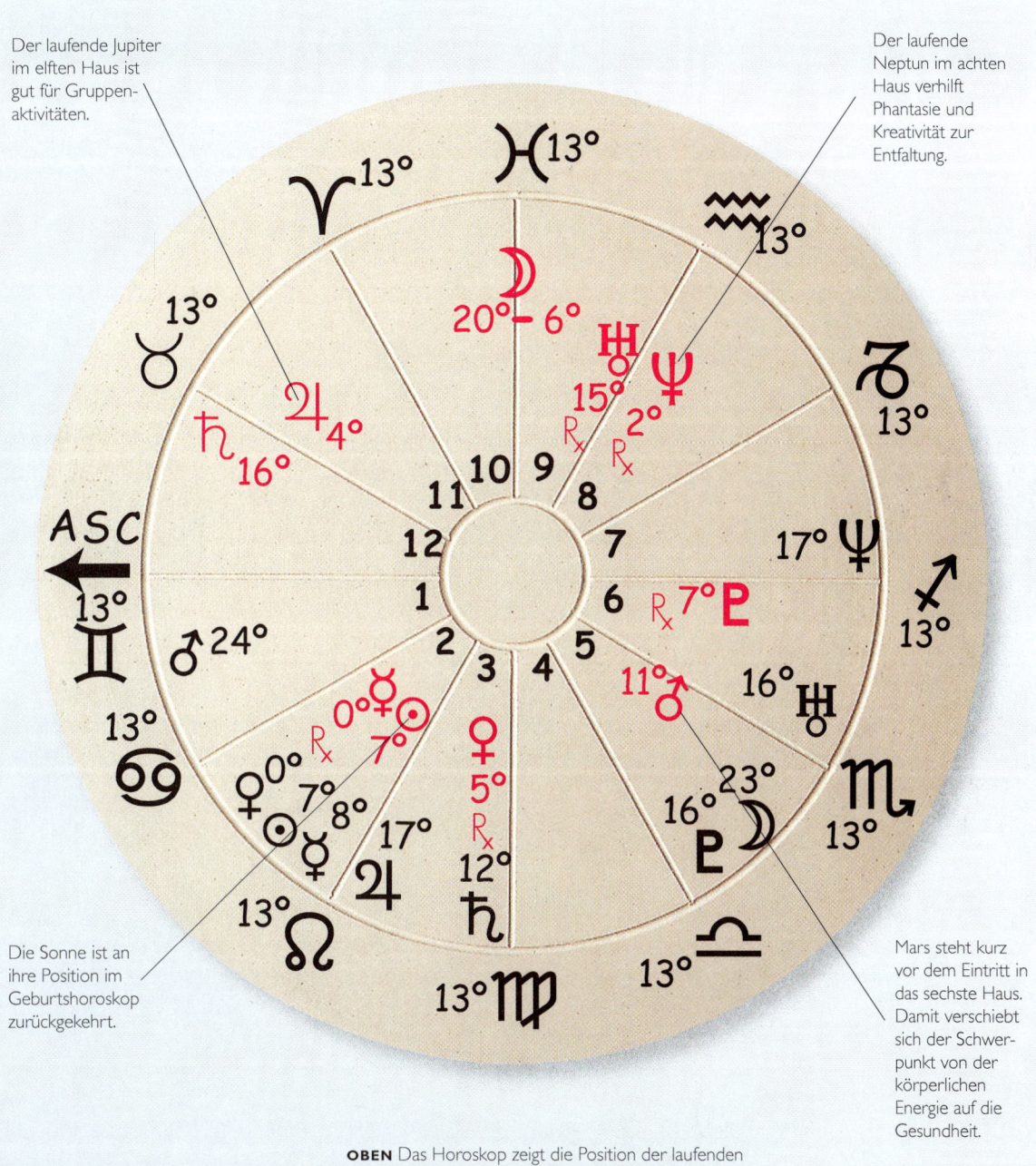

Mars steht kurz vor dem Eintritt in das sechste Haus. Damit verschiebt sich der Schwerpunkt von der körperlichen Energie auf die Gesundheit.

OBEN Das Horoskop zeigt die Position der laufenden Planeten (rot) am 31. Juli 1999, dem 20. Geburtstag dieser jungen Frau.

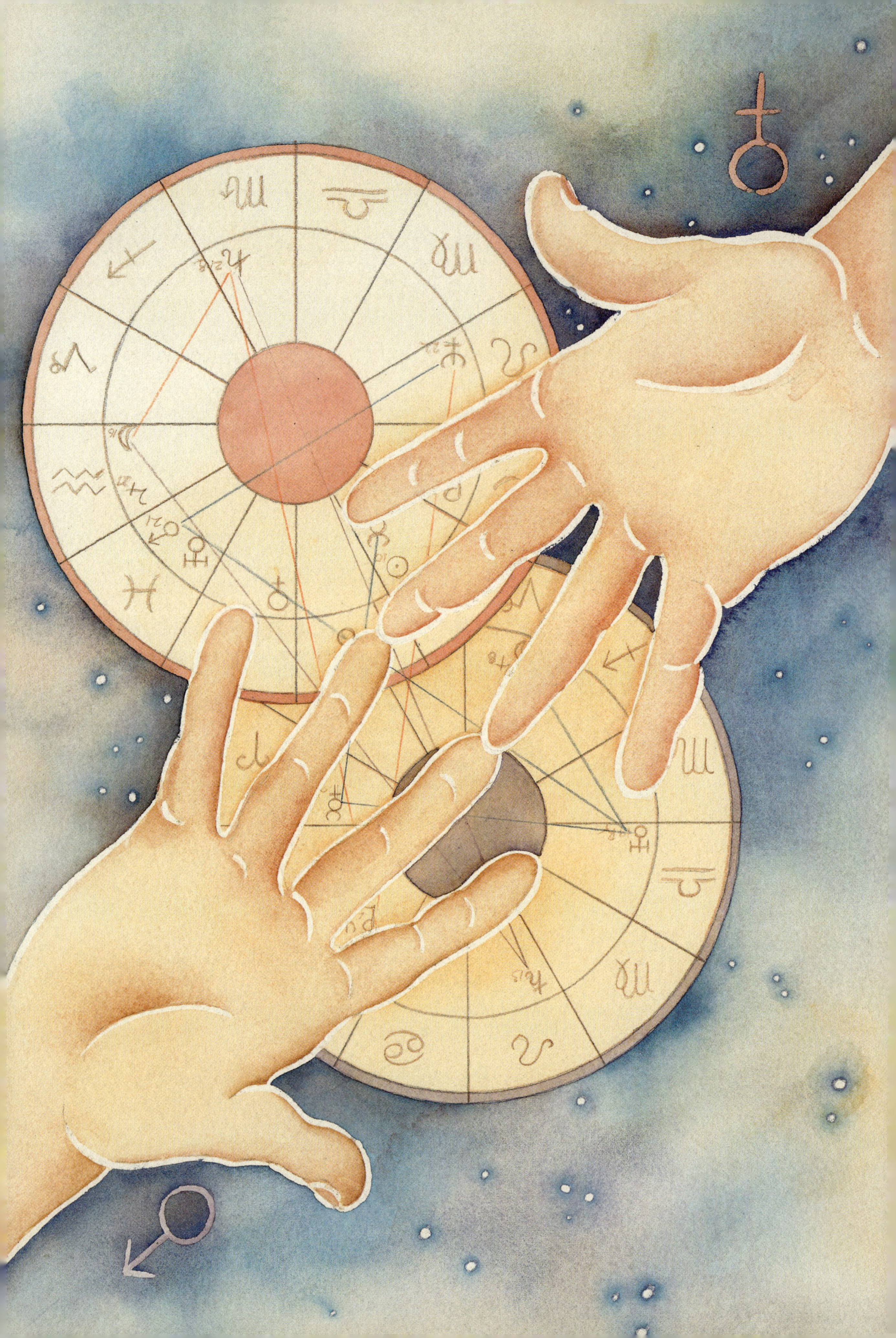

TEIL ACHT

SYNASTRIE

★★★★★

Ob die Chemie zwischen zwei Menschen stimmt, lässt sich an den harmonischen oder unverträglichen Schwingungen zwischen den Planeten der beiden Geburtshoroskope ablesen. Meist ist die Synastrie – der Vergleich zwischen den Geburtshoroskopen zweier Menschen – in der Lage, die Rätsel zu lösen, die eine Beziehung aufgibt. Hat man die Ursache für eine bestimmte Situation erst erkannt, kann man sie meist leichter verstehen oder verbessern. Die Synastrie verrät uns, ob es sich lohnt, an einer Beziehung zu arbeiten, indem man sich auf die harmonischen Verbindungen zwischen den Geburtshoroskopen konzentriert. Wenn negative Energien überwiegen, empfinden zwei Menschen nur selten Sympathie füreinander. Trotzdem müssen wir uns häufig mit Menschen auseinander setzen, die nicht zu uns passen – das Verhältnis zwischen Lehrer und Schüler, Arbeitgeber und Arbeitnehmer oder Arzt und Patient stimmt nicht immer. Hier kann die Synastrie eine große Hilfe sein. Sie zeigt, ob die Beziehung auf aktivem Karma* beruht, und sagt uns, ob wir sie fortsetzen oder besser beenden sollen.

UNTEN Mit der Synastrie lässt sich die Qualität unserer persönlichen und beruflichen Beziehungen klären.

* Aktives Karma ist nach der Wiedergeburts-Theorie die Energie von Ursache und Wirkung, die wir aus vorangegangenen Leben mitbringen, und die sich positiv oder negativ in unserem Leben manifestiert.

ANGEWANDTE SYNASTRIE: SCHRITT 1

DIE VIER STUFEN der Synastrie ähneln dem Erklimmen einer Leiter – je höher man steigt, desto besser wird der Überblick. Der erste Schritt enthüllt, wie gut die Sonnenzeichen zueinander passen, im zweiten Schritt folgt der Häuservergleich, im dritten der Aspektvergleich. Auf der letzten Sprosse angelangt werfen wir einen Blick auf das Komposit. Die Schritte zwei und drei können wie in der Beispielanalyse von John und Jackie Kennedy auf S. 154 in einer Tabelle zusammengefasst werden.

UNTEN Stier und Wassermann haben fast unvereinbare Bedürfnisse.

> ### SYNASTRIE IN VIER SCHRITTEN
>
> **SONNENZEICHEN-VERGLEICH** Ein erster Überblick zeigt, wie gut die Sonnenzeichen bezüglich Polarität, Element und Vierecksgruppierung zueinander passen.
>
> **HÄUSERVERGLEICH** Die Planetenpositionen aus dem Geburtshoroskop des einen Partners werden auf das Geburtshoroskop des anderen übertragen. So kann man sehen, in welchem Bereich der Einfluss des Partners am stärksten ist.
>
> **ASPEKTVERGLEICH** Die Planeten im Horoskop des einen Partners bilden Aspekte zu den Planeten im Geburtshoroskop des anderen Partners und enthüllen, ob die Energie zwischen beiden harmonisch fließt.
>
> **KOMPOSIT** Man bildet die Halbsummen aus den Positionen, die der gleiche Planet (Sonne-Sonne, Mond-Mond, usw.) in den beiden Geburtshoroskopen einnimmt, und überträgt sie auf ein neues Horoskop. Dieses zeigt die Charakteristika der Beziehung als Ganzes.

RECHTS Verbindungen zwischen Wassermann und Schützen sind glücklich und dauerhaft.

WIE GUT PASSEN DIE SONNENZEICHEN ZUEINANDER?

ZEICHEN		HARMONISCH	UNVEREINBAR	VARIABEL
Widder		Löwe, Schütze, Zwillinge, Wassermann	Stier, Krebs, Jungfrau, Skorpion, Steinbock, Fische	Widder, Waage
Stier		Jungfrau, Steinbock, Krebs, Fische	Zwillinge, Löwe, Waage, Schütze, Wassermann, Widder	Stier, Skorpion
Zwillinge		Waage, Wassermann, Löwe, Widder	Krebs, Jungfrau, Skorpion, Steinbock, Fische, Stier	Zwillinge, Schütze
Krebs		Skorpion, Fische, Jungfrau, Stier	Löwe, Schütze, Waage, Wassermann, Widder, Zwillinge	Krebs, Steinbock
Löwe		Schütze, Widder, Zwillinge, Stier	Jungfrau, Skorpion, Steinbock, Fische, Stier, Krebs	Löwe, Wassermann
Jungfrau		Steinbock, Stier, Skorpion, Krebs	Waage, Schütze, Wassermann, Widder, Zwillinge, Löwe	Jungfrau, Fische
Waage		Wassermann, Zwillinge, Löwe, Schütze	Skorpion, Steinbock, Fische, Stier, Krebs, Jungfrau	Waage, Widder
Skorpion		Fische, Krebs, Jungfrau, Steinbock	Schütze, Widder, Wassermann, Zwillinge, Löwe, Waage	Skorpion, Stier
Schütze		Widder, Löwe, Waage, Wassermann	Steinbock, Fische, Stier, Krebs, Jungfrau, Skorpion	Schütze, Zwillinge
Steinbock		Stier, Jungfrau, Skorpion, Fische	Wassermann, Widder, Zwillinge, Waage, Löwe, Schütze	Steinbock, Krebs
Wassermann		Zwillinge, Waage, Widder, Schütze	Fische, Stier, Krebs, Jungfrau, Skorpion, Steinbock	Wassermann, Löwe
Fische		Krebs, Skorpion, Stier, Steinbock	Widder, Zwillinge, Löwe, Schütze, Waage, Wassermann	Fische, Jungfrau

SYNASTRIE

ANGEWANDTE SYNASTRIE: SCHRITT 2

UNTEN US-Präsident Kennedys Liebe zur Arbeit hatte auch eigennützige Anteile.

HÄUSERVERGLEICH

Der zweite Schritt der Synastrie ist der Häuservergleich. Nun stellen wir fest, auf welche Weise die Planeten des Partners die Lebensbereiche (Häuser) beeinflussen, die sie „besuchen". Um vom Vergleich der Sonnenzeichen zum Häuservergleich übergehen zu können, sind zwei exakte Geburtshoroskope nötig. Ich verwende hier die Geburtshoroskope des früheren US-Präsidenten John F. Kennedy und seiner Frau Jackie. Die Positionen der Partnerplaneten wurden in rot auf das jeweils andere Geburtshoroskop übertragen. Häuser, die mit Planeten des Partners besetzt sind, verraten, welche Bereiche für die Struktur der Beziehung am wichtigsten sind. Häuser ohne Partnerplaneten stehen zwar nicht im Mittelpunkt der Beziehung, können für den Einzelnen jedoch weiterhin wichtig sein. Der Häuservergleich zeigt, dass Saturn, Uranus und Mond in Jackies zweitem, fünftem und sechsten Haus nicht von Johns Planeten besucht werden. Allerdings wird ein im Geburtshoroskop leeres Haus sofort aktiviert, wenn Planeten des Partners es besuchen. Bei Johns und Jackies Häuservergleich fallen die meisten Planeten in bereits besetzte Häuser. Außerdem befindet sich Johns Uranus in Jackies leerem vierten Haus (Familie), während Jackies Uranus in Johns leeres sechstes Haus (Arbeit und Gesundheit) fällt und diese sonst eher unwichtigen Bereiche aktiviert.

Auf jedem der beiden Horoskope befinden sich zehn Planeten. Es sind also

RECHTS Geburtshoroskop von John F. Kennedy, geboren um 3.00 Uhr nachmittags EST, am 29. Mai 1917 in Brookline, Massachussetts, in den USA. Die Planetenpositionen seiner Frau erscheinen in Rot.

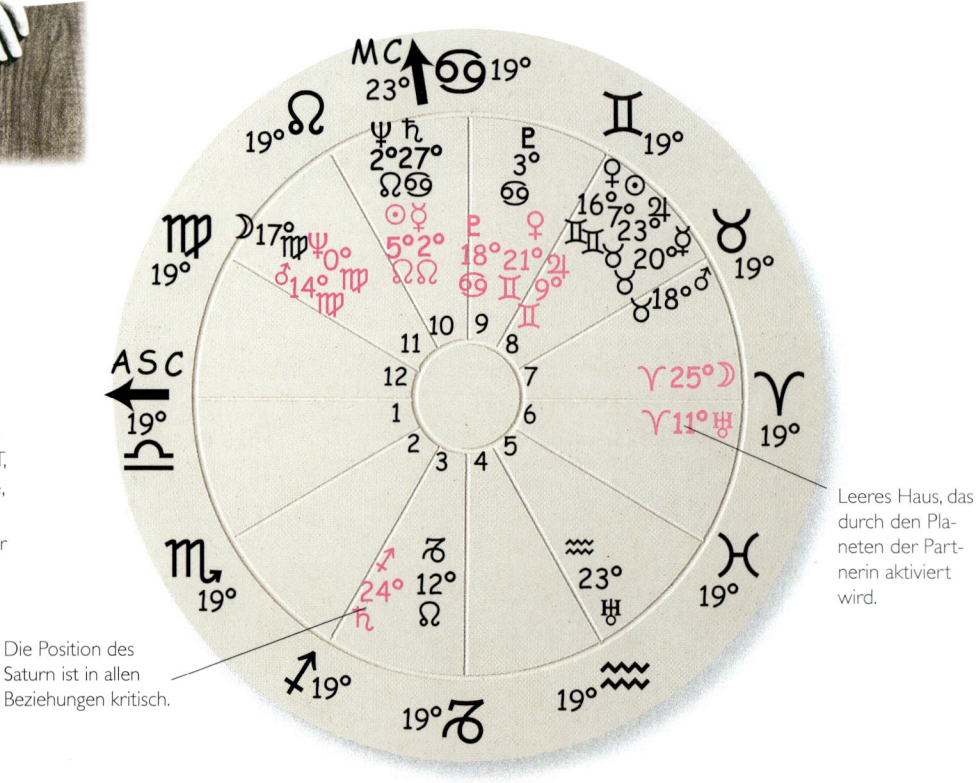

Die Position des Saturn ist in allen Beziehungen kritisch.

Leeres Haus, das durch den Planeten der Partnerin aktiviert wird.

152

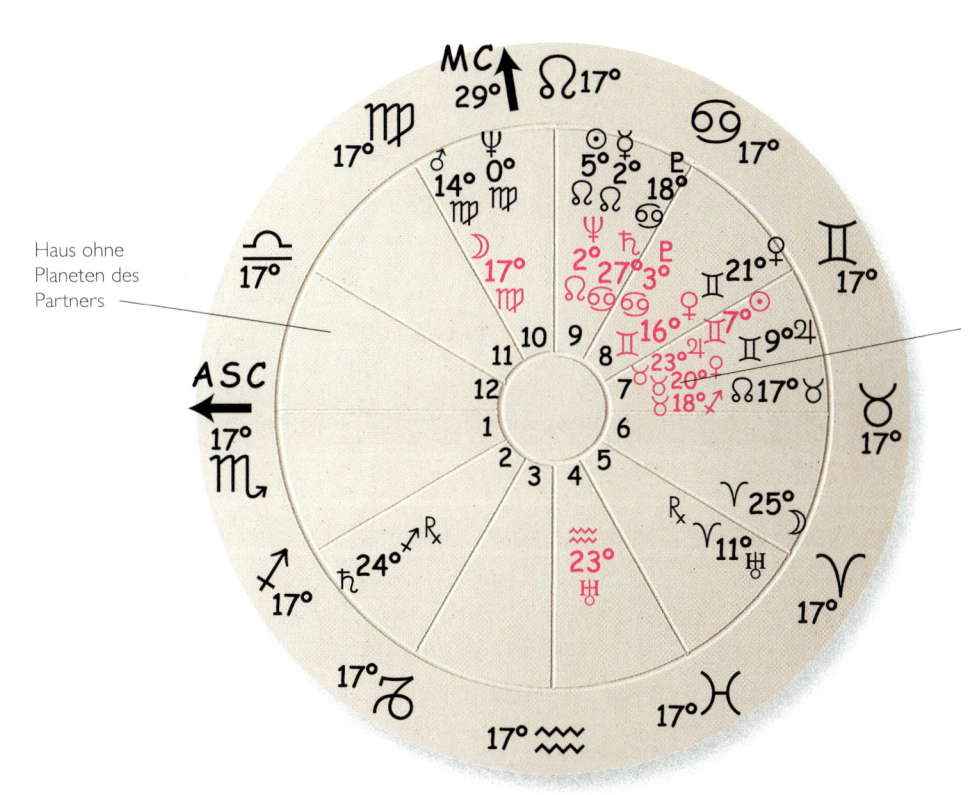

ANGEWANDTE SYNASTRIE: SCHRITT 2

Haus ohne Planeten des Partners

Planeten des Partners im siebenten Haus zeigen das Bedürfnis nach engen Beziehungen.

LINKS Geburtshoroskop von Jacqueline Kennedy, geboren um 2.30 Uhr nachmittags EST, am 28. Juli 1929 in Southampton, New York, in den USA. Die Planetenpositionen ihres Mannes erscheinen in Rot.

20 Häuserstellungen zu beachten. Die Verbindungen werden als Eckhaus-Stellung, als fest oder als beweglich eingeordnet. Bei Ehen oder sexuellen Beziehungen sollten die Eck- und festen Verbindungen überwiegen. Die Beziehungen zu Bekannten oder Kollegen profitieren am meisten von Planeten in beweglichen Häusern. Notieren Sie auch, zwischen welchen Häusern keine Verbindungen bestehen.

John und Jackies Horoskopvergleich zeigt, dass sich in den Häusern eins, zwei, fünf und zwölf keine Partnerplaneten befinden. Bei erfolgreichen Langzeitbeziehungen kommt es nur selten vor, dass mehr als vier Häuser ohne Verbindung bleiben, da die Partner dann vermutlich wenig gemeinsam haben.

Die stärksten Verbindungen sind die zu Eckhäusern, denn sie repräsentieren spontane Reaktionen. wenn es „Liebe auf den ersten Blick" war, sollten diese Verbindungen deutlich überwiegen. Die Verbindungen zu festen Häusern sind ebenfalls entscheidend, denn sie beziehen sich auf die finanzielle und sexuelle Seite der Partnerschaft. Wenn der Horoskopvergleich viele Verbindungen zu festen Häusern aufweist, fangen die Partner nur schwer Feuer – dafür hält die Beziehung aber. Für eine lange und erfolgreiche Beziehung wäre eine annähernd gleiche Anzahl fester und Eckhausverbindungen mit einigen beweglichen Verbindungen ideal. Ein Vergleich mit vorwiegend beweglichen Verbindungen lässt nur selten auf ein romantisches Verhältnis schließen – es sei denn, bei beiden steht die Kommunikation im Vordergrund.

LINKS Jackie, hier mit ihrem Sohn John (links) und ihrem Neffen Anthony, waren Familienwerte sehr wichtig.

KENNEDY HÄUSERVERGLEICH

JOHN KENNEDY / **JACKIE KENNEDY**

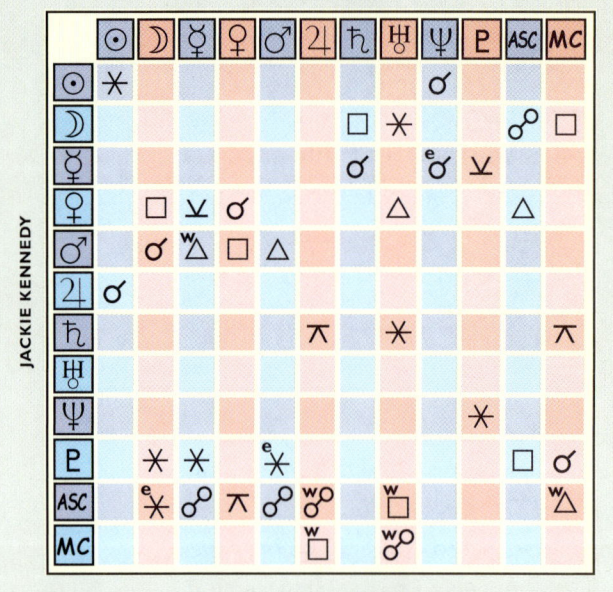

OBEN Die Tafel zeigt die Aspekte der Planeten in John und Jackie Kennedys Geburtshoroskopen.

HÄUSERSTELLUNGEN
Seine ☉ in ihrem 7. Haus.
Ihre ☉ in seinem 10. Haus.
Sein ☽ in ihrem 11. Haus.
Ihr ☽ in seinem 7. Haus.
Sein ☿ in ihrem 7. Haus.
Ihr ☿ in seinem 10. Haus.
Seine ♀ in ihrem 8. Haus.
Ihre ♀ in seinem 9. Haus.
Sein ♂ in ihrem 7. Haus.
Ihr ♂ in seinem 11. Haus.
Sein ♃ in ihrem 7. Haus.
Ihr ♃ in seinem 8. Haus.
Sein ♄ in ihrem 9. Haus.
Ihr ♄ in seinem 3. Haus.
Sein ♅ in ihrem 4. Haus.
Ihr ♅ in seinem 6. Haus.
Sein ♆ in ihrem 9. Haus.
Ihr ♆ in seinem 11. Haus.
Sein ♇ in ihrem 8. Haus.
Ihr ♇ in seinem 9/10. Haus.

ASPEKTE
GESAMT: 37
Günstige Aspekte – 17
Spannungsaspekte – 20
Generationsaspekte – 0

DOPPELASPEKTE
☽ - ASC = ☍ ✶ = variabel
♀ - ♇ = ⚼ ✶ = günstig
♀ - ASC = △ ⚻ = variabel

MONDKNOTEN-KONTAKTE
Sein NN 12 Grad – ♌
Ihr NN 17 Grad – ♂
Sein ☽ 17 Grad ♍
△ zu ihrem NN 17 Grad ♂

BEMERKUNGEN
Keine Verbindungen zwischen den Häusern 1, 2, 5 oder 12.

HÄUSERSTELLUNGEN
Eckhaus – 9
Fest – 6
Beweglich – 5

ORBIS
☌ □ ☍ △ = 6 Grad
✶ = 3 Grad
⚼ ⚻ = 1 Grad

HÄUSERVERGLEICH
VERBINDUNGEN ZU ECKHÄUSERN
Haus 1, 4, 7, 10

Eckverbindungen findet man bei Horoskopvergleichen relativ häufig, besonders wichtig sind sie aber bei Liebespaaren oder innerhalb einer Familie. Partnerplaneten im ersten Haus wirken sich – positiv oder negativ – auf die Betreffenden aus. Auch im siebenten Haus sind sie sehr wichtig, denn dort schüren sie den Wunsch nach einer festen Partnerschaft mit dem anderen. Das zehnte Haus (und das Medium Coeli) spielt ebenfalls eine große Rolle, und im Häuservergleich ist sein Einfluss oft sogar noch stärker als der des siebenten Hauses. In mehr als der Hälfte aller festen Beziehungen befinden sich die Sonne oder der Aszendent des einen Partners an der Spitze des siebenten oder zehnten Hauses (oder Medium Coeli) des anderen.

Die Planeten Sonne, Mond, Venus, Mars und Saturn spielen im Häuservergleich die größte Rolle. Wenn die Sonne des Partners in ein Eckhaus fällt, drängt sie den anderen dazu, sich auf einer tiefen persönlichen Ebene mit ihm zu identifizieren. Im ersten Haus ergeben das Ego der Sonne und die Persönlichkeit des ersten Hauses eine gute Mischung, das Paar tritt als Einheit auf. Die Sonne im vierten Haus erwärmt den anderen auf einer intensiv emotionalen Ebene und beide genießen es, sich ein gemeinsames Zuhause zu schaffen. Wenn die Sonne in das siebente Haus des Partners fällt, entsteht eine starke Beziehung. Wenn die Sonne des einen Partners in das zehnte Haus des anderen fällt, wirkt sich das sehr günstig auf dessen Ansehen aus.

Auch der Mond hat großen Einfluss auf den anderen, wenn er in ein Eckhaus fällt. Im ersten Haus kann er den Betreffenden dazu veranlassen, dem Partner entweder seine fürsorgliche oder seine verletzliche Seite zu zeigen. Mit dem Mond im vierten Haus sind die Partner gut auf die häuslichen Bedürfnisse des anderen eingestimmt. Das siebente Haus ist allgemein günstig, besonders wenn der Mond des einen Partners in das siebente Haus des anderen fällt. Mit dem Mond im zehnten Haus kommen Erfolg oder Anerkennung, doch möglicherweise übertreibt der Mond-Partner sein Engagement für die Ziele des anderen etwas.

Venus-Verbindungen zu den Eckhäusern des Partners sind liebevoll und harmonisch. Im ersten Haus hat die Venus einen beruhigenden Effekt, das Paar ergänzt sich gut. Im vierten Haus will die Venus mit dem anderen zusammen leben. Mit der Venus im siebenten Haus finden zwei Menschen die große Liebe, während sie im zehnten Haus die Pläne und Ziele des Partners fördern.

Wenn der Mars in ein Eckhaus fällt, bringt er entweder Energie, Aufregung und sexuelle Anziehung oder Wut und Bitterkeit mit sich. Steht er im ersten Haus, verspürt der Betreffende vielleicht das Bedürfnis, seine Sexualität offen auszudrücken oder den anderen zu beherrschen. Er wird aggressiver und lernt, sich besser durchzusetzen. Im vierten Haus des Partners kann der Mars Streit und Spannung im gemeinsamen Heim verursachen. Im siebenten Haus sorgt er dagegen für eine starke sexuelle Anziehung, aber auch für Machtkämpfe. Der Mars im zehnten Haus drängt den Betreffenden, seine Ziele zu verwirklichen. Die Stellung des Saturn ist für jede Beziehung ausschlaggebend. Seine Energie entfaltet sich langsam, und in der ersten Phase der Verliebtheit sind sich Paare ihrer möglicherweise gar nicht bewusst. Doch im Laufe einer Beziehung fordert der Saturn seinen Tribut. Da er gleichzeitig Stabilität und Beharrlichkeit symbolisiert, spielt er im Häuservergleich vieler dauerhafter Beziehungen eine große Rolle. Für die meisten Beziehungsprobleme ist eine Saturnstellung in einem der Eckhäuser verantwortlich. Der Saturn im ersten Haus hemmt den Partner. Die Belastung wird schließlich spürbar, und die Partner fühlen sich frustriert. Im vierten Haus gewährt der Saturn keinerlei Spielraum in den eigenen vier Wänden. Oft ist der Partner, in dessen Haus sich der Saturn befindet, mit seinem Heim unzufrieden. Der Saturn im siebenten Haus stabilisiert Beziehungen. Im zehnten Haus will der Saturn zwar, dass der Partner Erfolg hat und tut alles dafür – allerdings ohne zu verstehen, worum es dem anderen wirklich geht.

Auch Merkur, Jupiter und die äußeren Planeten erhalten Gewicht, wenn sie in die Eckhäuser des Partners fallen. Der Merkur fördert Freiheit und Kommunikation in dem von ihm berührten Bereich. Der Jupiter steigert die Erwartungen des Partners. Der Uranus kündigt Veränderungen und Überraschungen an – nicht immer sind sie positiv. Der Neptun kann Chaos, Fluchttendenzen, Idealismus oder spirituelles Bewusstsein fördern. Der Pluto bewegt sich zu langsam, um einen großen Einfluss auf den Häuservergleich zu haben.

HÄUSERVERGLEICH
VERBINDUNGEN ZU FESTEN HÄUSERN
Haus 2, 5, 8 und 11

Die Verbindungen zu festen Häusern verraten, wie es um Stabilität, Finanzen und sexuelle Vorlieben bestellt ist. Sie sind für den dauerhaften Erfolg einer Partnerschaft meist wichtiger als die Eckhäuser – gerade, wenn es die Partner ernst miteinander meinen. Planeten in Eckhäusern sorgen zwar anfangs für das berühmte Kribbeln im Bauch, doch erst, wenn Planeten in feste Häuser fallen, entsteht eine starke Mischung aus materiellen, emotionalen, kreativen, sexuellen und freundschaftlichen Aspekten, da sie eine realistische Einschätzung dessen, was die Beziehung ausmacht, ermöglichen. Ein Häuservergleich mit vielen Verbindungen zu festen Häusern macht auf den ersten Blick vielleicht keinen besonders aufregenden Eindruck, aber ohne feste Häuser bricht eine Beziehung, für die Stabilität nötig ist, auseinander. Am besten stehen die Chancen auf eine erfüllende Partnerschaft, wenn etwa gleich viele Planeten in Eck- und feste Häuser fallen.

Feste Häuser repräsentieren die unterschiedlichen Ebenen der Sexualität. Im zweiten Haus regieren die Urtriebe, Sinnlichkeit und Lust. Die Sexualität im fünften Haus hat mehr Raffinesse – Zuneigung und Romantik verschmelzen mit sexuellem Verlangen und vergrößern so das Potential einer Beziehung. Im achten Haus gewinnt die Sexualität in liebevollen Beziehungen mit einer guten Basis an Tiefe und Bedeutung. Ohne ausreichende Eckverbindungen besteht bei starken Kontakten zum achten Haus die Gefahr sexueller Obsessionen oder Ausschweifungen. Im elften Haus lassen wir die körperliche Liebe hinter uns und treten in das spirituelle Reich bedingungsloser, platonischer Liebe ein. Die Häuser fünf und sieben regeln auch die Fortpflanzung: Das achte Haus herrscht über Empfängnis, Schwangerschaft und Geburt, das fünfte über die Nachkommenschaft und den Platz in der Familienhierarchie. Die Häuser zwei und acht geben Aufschluss über den finanziellen Aspekt einer Partnerschaft: Im zweiten geht es um Geld oder Vermögen, im achten um die finanziellen Verhältnisse des Partners.

Bis auf den Saturn steigern alle Planeten die sexuellen und materialistischen Ten-

OBEN Verbindungen zu festen Häusern stärken den Kern einer Partnerschaft und sind für eine dauerhafte Bindung unabdingbar.

RECHTS Bei Verbindungen zum fünften Haus steht den Partnern der Sinn nach einer romantischen Affäre.

Kindern. Der hemmende, ernsthafte Einfluss des Saturn führt häufig zu Verzögerungen und Irritationen, aber der grundsätzlich positive Einfluss auf das fünfte Haus bleibt.

Das achte Haus erhält und verstärkt die Eigenschaften des siebenten. Im siebenten Haus verliebt man sich, das achte sorgt dafür, dass die Liebe Bestand hat. Partnerschaften mit starken Verbindungen zwischen den Häusern sieben und acht, wie man sie auf den Horoskopen der Kennedys sieht, haben eine gute Überlebenschancen. Verbindungen zum achten Haus rufen die intensiven Gefühle und sexuelle Anziehungskräfte hervor, die ein Paar zusammenbringen. Auch das Empfangen steht im achten Haus im Vordergrund – etwa Sex, Emotionen oder Geld. Hier wirken sich die Planeten auch positiv auf eigene Kinder aus.

Partnerplaneten im elften Haus verleihen einer Beziehung gewöhnlich zwar Beständigkeit, doch meist ist sie eher spiritueller Natur. Die Partner liegen auf einer Wellenlänge, ohne zwingend eine sexuelle Beziehung einzugehen. Ob auch die körperliche Ebene einbezogen wird, hängt sehr stark von der Position der übrigen Planeten ab. Sonne, Venus, Jupiter, Saturn und Pluto knüpfen ein festes, dauerhaftes Band. Mond, Merkur, Mars, Uranus und Neptun dagegen sorgen für Aufregung. Sonne, Venus und Jupiter sind gut für beide Partner; mit ihnen kommt man der bedingungslosen Liebe am nächsten.

denzen in einer Partnerschaft. Zwar kann auch Saturn das Feuer entzünden, aber es braucht Geduld und Verständnis, denn er bringt gleichzeitig Einschränkungen und Frustration mit sich. In den festen Häusern des Partners erweisen uns Sonne, Mond, Venus, Mars und Jupiter einen guten Dienst – manchmal übertreiben sie es auch ein wenig. Merkur hat zwar keinen sehr großen Einfluss, dafür dient er als kommunikatives Ventil, wenn es um Sexualität, Familienplanung und Finanzen geht.

Jeder Planet, der in das zweite Haus des Partners fällt, stärkt den Wunsch nach Erwerb von Eigentum und der Erfüllung sexueller Grundbedürfnisse und regt möglicherweise dazu an, veraltete Prinzipien und Einstellungen zu überdenken. Der Saturn hemmt derartige Reaktionen, aber alle anderen Planeten verstärken diese Tendenzen gemäß ihrer typischen Energie. Planeten, die in das fünfte Haus des Partners fallen, lösen angenehme romantische Emotionen aus oder erzeugen den Wunsch nach

LINKS Wenn starke Verbindungen zwischen den Häusern sieben und acht vorhanden sind, wie man sie in den Horoskopen der Kennedys sieht, erhöht sich die Wahrscheinlichkeit, dass ein Paar zusammenbleibt.

LINKS Bei Verbindungen zum fünften Haus genießt das Paar romantisch-verspielte Stunden.

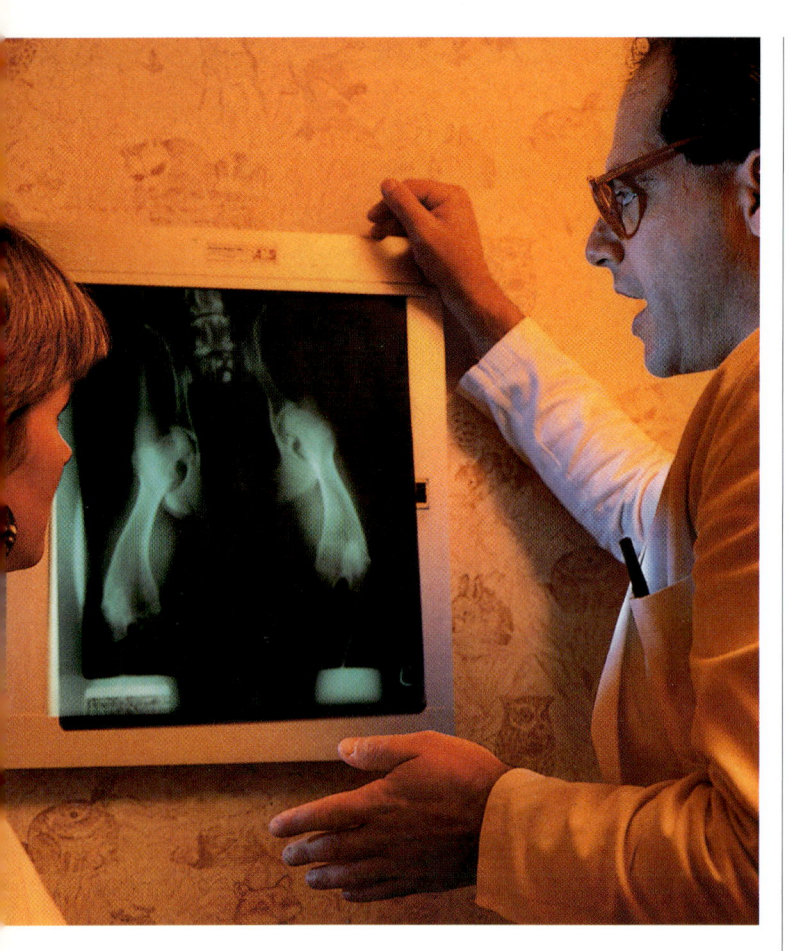

OBEN Fällt der Saturn des anderen in das sechste Haus, kann der Horoskopeigner das in Form gesundheitlicher Schwäche zu spüren bekommen.

HÄUSERVERGLEICH

VERBINDUNGEN ZU BEWEGLICHEN HÄUSERN
Haus 3, 6, 9 und 12

Bewegliche Häuser herrschen über jede Form vom Kommunikation – am Arbeitsplatz, beim Arzt, mit Tieren, auf Reisen, innerhalb von Glaubensgemeinschaften und Institutionen. Meist überwiegen Verbindungen zu beweglichen Zeichen im Häuservergleich flüchtiger, zeitlich begrenzter Beziehungen, etwa zwischen Arzt und Patient, Lehrer und Schüler, Arbeitgeber und Arbeitnehmer, Haustier und Herrchen, aber auch in Ehen und anderen festen Partnerschaften spielen sie eine Rolle. Abwechslung, Phantasie und Kommunikation sind die beste Überlebensstrategien für eine Beziehung. Wenn bei einem Paar die beweglichen Verbindungen im Vergleich zu den Eck- und festen Verbindungen weit in der Überzahl sind, wird die Beziehung nur dann Erfolg haben, wenn Kommunikation und Abwechslung beiden Partnern wichtiger sind als Liebe, Gefühl und Sexualität

Verbindungen zu beweglichen Häusern zwingen den Betreffenden für gewöhnlich zum Handeln oder zur Kommunikation. Verbindungen zum dritten Haus fördern Bildung, Kommunikation und den Kontakt zu Verwandten. Der Saturn kann die Aktivitäten des dritten Hauses verzögern, einschränken oder bremsen, und ist dort allgemein keine sehr große Hilfe. Jackie Kennedys Saturn fällt in Johns drittes Haus, was die Vermutung nahe legt, dass er sich in ihrer Anwesenheit in seiner Bewegungs- und Kommunikationsfreiheit eingeschränkt fühlte. Merkur steigert die Kommunikationsfähigkeit des Partners, in dessen drittes Haus er fällt – ganz besonders dann, wenn das Haus im Geburtshoroskop leer ist. Sonne, Venus und Jupiter sind ebenfalls günstig – die Venus (und bis zu einem gewissen Grad auch der Neptun) begünstigt Liebesgeflüster und Liebesbriefe. Mond, Mars, Uranus, Neptun und Pluto haben häufig einen aufregenden oder exotischen Einfluss, können aber auch Ruhelosigkeit verursachen oder anfällig für die Gefahren des Straßenverkehrs machen.

Verbindungen zum sechsten Haus sind für das Arbeitsleben oder das Verhältnis zu Ärzten von Bedeutung. Hier kann der

Saturn Depressionen und Ängste auslösen oder die Gesundheit des Einzelnen schwächen. Auch im Arbeitsleben kann der Saturn für Schwierigkeiten sorgen. Er ist aber auch ein guter Lehrmeister, und seine Position im Häuservergleich verrät, in welchem Bereich die betreffenden Partner voneinander lernen können. Wenn Saturns Weisungen Folge geleistet wird, sind große Fortschritte möglich. Der Jupiter wirkt sich an dieser Stelle günstig auf Gesundheit und Arbeitsleben aus. Diese Verbindung ist besonders positiv für die Zusammenarbeit von Arzt und Patient, Arbeitgeber und Arbeitnehmer. Sonne und Venus sind gut für flüchtige Begegnungen, der Neptun kann Verwirrung oder Betrug mit sich bringen.

Planeten, die in das neunte Haus fallen, regen den Betreffenden zu Bildung, philosophischen oder theosophischen Aktivitäten oder weiten Reisen an. Sonne, Merkur, Venus, Mars und Jupiter sind interessante Reisegefährten, aber die emotionale Empfindsamkeit des Mondes, der hemmende Einfluss des Saturn, der Uranus-Egoismus, das Chaos des Neptun und die Intensität des Pluto sind auf Reisen weniger günstig.

Verbindungen zum zwölften Haus erteilen wichtige karmische Lektionen oder stehen für notwendige Veränderungen. Deshalb fällt es schwer, ihre positive Seite zu begreifen und hervorzubringen. Wenn die inneren Planeten eines Partners in das zwölfte Haus des anderen fallen, sind fast immer Karma-Schulden abzuleisten und Opfer zu bringen – gewöhnlich für denjenigen, in dessen zwölftem Haus sich die Planeten befinden.

Starke Verbindungen zum zwölften Haus sind weder häufig noch selten. Menschen, die auf der Suche nach ihrer wahren spirituellen Identität schon ein Stück des Weges zurückgelegt haben, besitzen vermutlich mehr Verbindungen zum zwölften Haus als diejenigen, die noch nicht bereit sind, sich dieser schwierigen Aufgabe zu stellen. Beziehungen mit Verbindungen zum zwölften Haus kosten Kraft, aber sie sind erstaunlich stabil. Derjenige, in dessen Haus sich die Planeten befinden, kann den anderen auch nach Beendigung der Beziehung nicht freigeben. Mars, Saturn, Uranus, Neptun und Pluto sorgen für schwierige, gewalttätige oder traumatische Beziehungen. Sonne, Mond, Merkur, Venus und Jupiter sind eher günstig und mit Ausnahme von Merkur meist die Folge von früheren, gescheiterten Liebesbeziehungen. Beziehungen mit Verbindungen zum zwölften Haus werden häufig geheim gehalten.

UNTEN Wenn der Jupiter des behandelnden Arztes in das sechste Haus des Patienten fällt, kann sich das positiv auf das Verhältnis zwischen beiden auswirken.

ANGEWANDTE SYNASTRIE: SCHRITT 3

RECHTS Ihre Synastrie ermöglichte es den Kennedys, der Welt eine geschlossene Front zu präsentieren.

ASPEKTVERGLEICH

Der Häuservergleich offenbart die Grundstruktur einer Beziehung. Der Aspektvergleich verrät, wie es um das Fundament der Beziehung bestellt ist. Ein starker Häuservergleich gleicht einen schlechten Aspektvergleich eine Zeit lang aus, doch irgendwann entstehen Risse, die mit der Zeit auch die Fassade zum Einsturz bringen.

Ein guter Aspektvergleich enthält viele Konstellationen und seine positive Wirkung ist dann am stärksten, wenn die harmonischen Aspekte im Vergleich zu den Spannungsaspekten überwiegen. Beim Aspektvergleich werden der Aszendent, das Medium Coeli, die Mondknoten sowie alle Planeten berücksichtigt, und die Konstellationen wie beim Horoskop der Kennedys auf das Aspektdiagramm übertragen. Hier wird der Orbis etwas kleiner gewählt als bei einem Geburtshoroskop: 6 Grad bei Konjunktion, Quadrat, Trigon oder Opposition; 3 Grad bei Sextilen; 1 Grad bei Halbsextil oder Quincunx. Es gibt Astrologen, die mit größeren oder kleineren Orben arbeiten,

UNTEN Der Aspektvergleich hilft, die wahre Basis einer Beziehung zu erkennen.

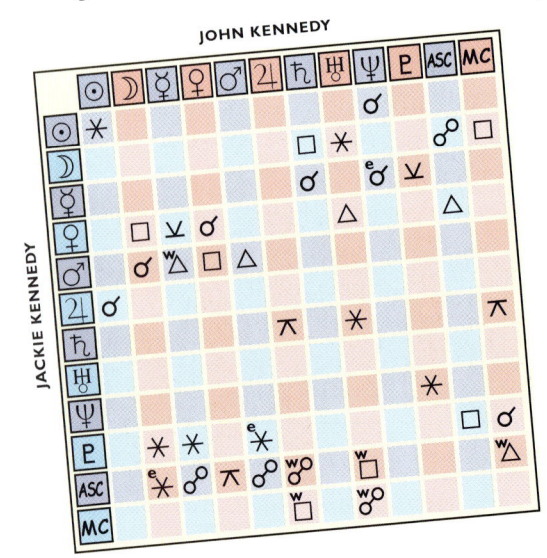

doch je kleiner der Orbis, desto stärker ist die Wirkung des Aspekts zu spüren. So gelten Vergleiche mit ungefähr 40 oder 50 Aspekten als gut, mehr als 50 Aspekte garantieren ein festes und solides Fundament. Die Summe der Aspekte ist zwar wichtig, aber ein Vergleich mit 25 günstigen Aspekten kann besser sein als ein Vergleich mit 40 vorwiegend ungünstigen Aspekten.

Wenn zwei Menschen derselben Altersgruppe angehören, bilden die äußeren Planeten Generationsaspekte. Diese spielen in der Synastrie kaum eine Rolle, sollten aber immer in den Vergleich aufgenommen und zur Zahl der Aspekte hinzugezählt werden. Zu viele Generationsaspekte verfälschen das Gesamtergebnis und lassen den Vergleich positiver erscheinen, als er ist. Paare mit einem großen Altersunterschied (acht Jahre oder mehr) haben keine Generationsaspekte. In unserem Beispiel fehlen wegen des Altersunterschiedes von zwölf Jahren John und Jackie Kennedys Generationsaspekte. In der Gesamtsynastrie erweist sich ihr Häuservergleich als viel stärker als der Aspektvergleich, der etwas unter dem Durchschnitt bleibt: 20 der insgesamt 37 Aspekte sind Spannungsaspekte. Dies ist typisch für viele Paare, deren Beziehungen nur von dem starken Häuservergleich zusammengehalten werden. Einen starken Aspektvergleich in Kombination mit einem schwachen Häuservergleich sieht man viel seltener. Wenn der Häuservergleich nicht den Anstoß gibt, gelingt es den Partnern nicht so leicht, einander kennen zu lernen und die positiven Aspektkonstellationen zu enthüllen. In der Synastrie spielen die Aspekte zu Sonne, Mond, Venus, Mars und Saturn die größte Rolle, aber auch Aspekte zu den übrigen Planeten können wichtig werden. Wie bei Geburtshoroskopen hat die Konjunktion den stärksten Einfluss. Ihre Wirkung hängt allerdings von den jeweiligen Planeten ab.

ASZENDENT, MEDIUM COELI UND IHRE ASPEKTE

Diese Aspekte sollten wie Planetenverbindungen behandelt werden. Viele Aszendenten-Aspekte wirken sich – positiv oder negativ – auf den Charakter und das Auftreten eines Menschen aus. Sind viele Aspekte zum Medium Coeli vorhanden, entscheidet der Planeteneinfluss, ob sie unsere Wünsche und Ziele fördern oder hemmen.

PLANET MIT DEN MEISTEN ASPEKTEN

Manche Planeten sind stärker aspektiert als andere, und der Planet mit den meisten Aspekten repräsentiert meist den Kern einer Beziehung. Wie bei den Kennedys überwiegt manchmal die Zahl der Aspekte zum Aszendenten oder zum Medium Coeli. Johns Planeten bilden sieben Aspekte zu Jackies Aszendenten, woran man sieht, dass John ihr Auftreten und ihre Persönlichkeit sehr stark prägte. Pluto und Venus waren Jackies am stärksten aspektierte Planeten – ein Zeichen für tiefe Liebe zu ihrem Mann. Bei John war Uranus am stärksten aspektiert. Vermutlich half Jackie ihm einerseits dabei, seine Talente zu finden, andererseits förderte sie aber unwissentlich Egoismus und emotionale Distanziertheit.

DOPPELASPEKTE

Jede wiederholte Verbindung wird unabhängig vom tatsächlichen Aspekt als Doppelaspekt bezeichnet. Ein Aspektvergleich mit vielen Doppelaspekten verleiht einer Beziehung Stärke und Tiefe. In John und Jackies Aspektvergleich gibt es nur drei Doppelaspekte. Zwei davon betreffen den Aszendenten. Wenn beide Aspekte günstig sind, ist auch die Konstellation harmonisch; bei einem Spannungsaspekt und einem harmonischen Aspekt ist die Konstellation variabel. Ungünstige Konstellationen entstehen, wenn zwei Spannungsaspekte zusammenkommen.

LINKSES Jackie kann ungewollt Johns emotionale Distanz gefördert haben, da sein Uranus die meisten Aspekte ihrer Planeten erhält.

SONNEN-ASPEKTE

Wenn die Sonne eines Menschen mit den Planeten eines andern in Kontakt kommt (einen Aspekt zu ihm bildet), entsteht eine chemische Reaktion. Die Sonne ist der Sitz unserer Persönlichkeit, unserer Individualität und unseres Selbstbildes. Daher beeinflusst jeder Hauptapekt zu einem Planeten des Partners das Selbstbild und kann es je nach Art des Planeten und des Aspekts entweder verbessern oder verschlechtern.

SONNE–SONNE Trigone oder Sextile sind am harmonischsten. Sonnen, die sich in Opposition zu einander befinden, ziehen einander an, stoßen sich aber gleichzeitig auch ab. Quadrate lassen die Persönlichkeiten heftig aufeinander prallen.

SONNE–MOND-Konjunktionen sind traditionell der beste Garant für eine glückliche Beziehung – besonders, wenn es sich um die Sonne des Mannes und den Mond der Frau handelt. Jeder Hauptaspekt verstärkt die Anziehung, aber Quadrate und Oppositionen führen unweigerlich auch zu Abneigung.

SONNE–MERKUR-Verbindungen erleichtern einem Paar die Kommunikation, wenn die Aspekte harmonisch sind, andernfalls entstehen Spannungen. Harmonische Konstellationen sind immer von Vorteil.

SONNE–VENUS-Verbindungen zeugen von einer sehr tiefen, manchmal sogar bedingungslosen Liebe, die durchaus rein platonisch bleiben kann. Eine zusätzliche Mars-Venus-Konstellation sorgt für körperliche Anziehung und kann eine geradezu umwerfende Wirkung haben. Schwierige Aspekte erzeugen liebevolle Gefühle, gleichzeitig aber auch Spannungen und Hindernisse, die schwer zu überwinden sind.

SONNE–MARS-Kontakte sind hier sinnlich, lebendig und kraftvoll. Trotz der enormen körperlichen Anziehungskraft harmonieren diese starken Energien besser in platonischen Beziehungen zwischen Angehörigen des gleichen Geschlechts. In einer intimen Partnerschaft könnte der Mars versuchen, die Sonne körperlich oder sexuell zu dominieren. Schwierige Aspekte (Quadrat, Quincunx oder Opposition) lassen Wut, Irritation, Aggression oder Gewalt ausbrechen.

SONNE–JUPITER-Aspekte eignen sich hervorragend für jede Art von Partnerschaft. Die Planetenenergien ergänzen sich und sorgen für Glück, Harmonie und Optimismus. Ungünstige Aspekte können die positiven Auswirkungen etwas schwächen und aggressives Verhalten

UNTEN Bei Spannungsaspekten, etwa einem Quincunx zwischen der Sonne im einen und dem Mars im anderen Horoskop, wird die Beziehung vermutlich durch Irritation und Wut beeinträchtigt.

und Machtkämpfe zwischen den beiden Partnern auslösen.

SONNE–SATURN-Verbindungen findet man in der Synastrie ausgesprochen häufig. Sie bringen stets Schwierigkeiten mit sich, doch die Spannungsaspekte zwischen den unverträglichen Einflüssen von Sonne und Saturn (Konjunktion, Quadrat, Quincunx und Opposition) stellen eine besonders große Herausforderung dar. Die Sonne hält den Saturn für gehemmt, allzu ernst und humorlos, während der Saturn die Sonne als verantwortungs- und gedankenlos abtut.

SONNE–URANUS-Verbindungen sind dynamisch und aufregend, ungünstige Aspekte wirken störend, gefühllos und fordernd. Uranus kann die sonst eher unkomplizierte Sonne in Rebellionen verwickeln, sie mit seiner Originalität aber auch inspirieren – und das Leuchten der Sonne ist genau das, was Uranus braucht, um Aufmerksamkeit auf sich zu ziehen. Dieses „Duo infernale" ist von durchschlagender Effektivität.

SONNE–NEPTUN ergibt eine gewinnende und ätherische Mischung. Wenn man hinter die Fassade schaut, kommen diese beiden Planeten allerdings nicht besonders gut miteinander aus – sie trennen Welten. Im frühen Stadium ihrer Beziehung projizieren sie vielleicht ihre Liebe oder Mitgefühl aufeinander, aber mit der Zeit untergräbt der Neptun Stolz und Individualität der Sonne. Gelegentlich kann Neptuns Einfluss bei einem Sonnen-Ego, das eine Nummer zu groß geraten ist, wahre Wunder wirken, doch dann muss die Beziehung sehr viele positive Elemente aufweisen, damit diese beiden sich überhaupt zueinander hingezogen fühlen.

SONNE–PLUTO-Konstellationen ähneln den Sonne-Mars-Aspekten, allerdings ist ihre Wirkung stärker. Der Pluto steigert die Intensität all dessen, was er berührt, doch die emotionale und sexuelle Energie, die er verströmt, kann auch in Besessenheit oder Dominanz umschlagen. Wenn der Pluto direkt mit der Sonne des anderen zusammenfällt, elektrisiert er beide Partner. Die Sonne verfällt leicht dem Einfluss des Pluto. Der Pluto bewundert im Gegenzug ihre Stärke und Persönlichkeit. Die Verbindung dieser beiden Planeten kann entweder in ein Leben voller emotionaler und sexueller Spannung (Konjunktion, Sextil und Trigon) oder eine traumatische Beziehung mit Gefühlsausbrüchen und Obsessionen münden.

LINKS Sonne und Saturn haben so unterschiedliche Einflüsse, dass schwierige Aspekte fast immer zu Beziehungsproblemen führen.

UNTEN Sonne-Pluto-Aspekte verstärken sexuelle Gefühle. Die Sonne fühlt sich vom Pluto magisch angezogen.

SYNASTRIE

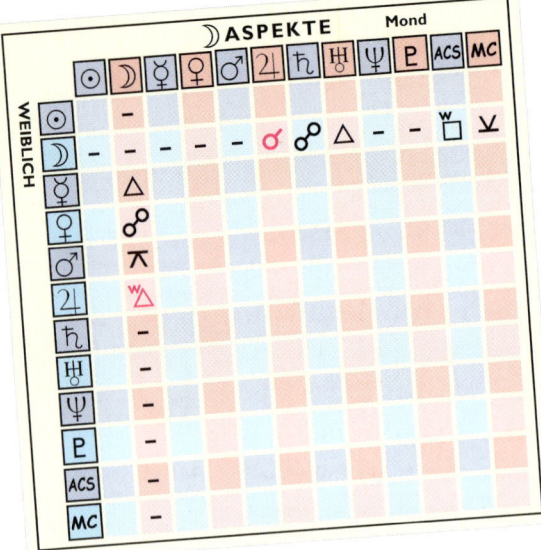

OBEN Schwierige Mond-Jupiter-Aspekte können Beziehungsprobleme heraufbeschwören, aber harmonische Aspekte wirken sich in einem grundsätzlich positiven Vergleich günstig aus.

UNTEN Bei Mond-Jupiter-Aspekten kann der Mond zur „Klette" werden und den Jupiter-Partner einengen.

MOND-ASPEKTE

Aspekte der Partnerplaneten auf den Mond wirken sich immer auf das Gefühlsleben einer Beziehung aus. Diese Aspekte dürfen vor allem dann nicht fehlen, wenn die Frau eine Ehe oder eine feste Bindung in Betracht zieht. Es ist eine Eigenart des Mondes, die Qualität der ihn aspektierenden Planeten anzunehmen und sich ihr anzupassen.

MOND-MOND-Kontakte sind hervorragend, wenn sie harmonisch (Konjunktion, Sextil und Trigon) sind. Herausfordernde Spannungsaspekte (Quadrat, Quincunx und Opposition) sollte man hingegen nicht unterschätzen. Mond Quadrat Mond gilt als einer der schwierigsten Synastrie-Aspekte. Gefühlsleben, Gewohnheiten und Ansichten der beiden Partner stehen dann in völligem Gegensatz zueinander. Leider tritt das traumatisierende Potential dieses Aspektes erst zutage, wenn die Partner zusammenziehen.

MOND–MERKUR macht bei günstigen Aspekten die Gefühle zum Gesprächsthema. Spannungsaspekte behindern die Kommunikation.

MOND–VENUS-Konstellationen findet man bei Beziehungen sehr häufig. Die Kombination von Gefühlsleben (Mond) und Liebe (Venus) wirkt hervorragend für dauerhafte intime Beziehungen. Sogar ein Spannungsaspekt sorgt schlimmstenfalls für gereizte Stimmung.

MOND–MARS setzt enge Beziehungen unter sexuelle Hochspannung, aber nicht einmal harmonische Aspekte (Sextil und Trigon) erleichtern den erfolgreichen Umgang mit dieser Konstellation. Die weibliche Empfindsamkeit harmoniert nicht besonders gut mit der lauten, körperbetonten Marsenergie. So kann eine Hassliebe entstehen, und nur wenn weitere, harmonischere Konstellationen vorhanden sind, hat die Beziehung eine Chance.

MOND–JUPITER macht einen harmonischen Eindruck, ist aber keine einfache Konstellation. Der vor Energie überquellende Jupiter geht aus sich heraus, ist laut und optimistisch. Im Vergleich dazu ist die Energie des Mondes sanft, passiv und melancholisch. Leider gleichen diese Energien einander nicht aus. Stattdessen vertieft Jupiter die Gefühle des Mondes, macht ihn überempfindlich und abhängig – im schlimmsten Fall sogar zu einer richtigen „Klette".

MOND–SATURN-Konstellationen sind immer schwierig, allerdings nicht so sehr wie Sonne-Saturn. Beide Planeten haben einen weiblichen und passiven Charakter, aber wo der Mond rastlos und gefühlvoll ist, ist der Saturn nüchtern und gelassen. Harmonische Aspekte können sich positiv auswirken – beide Partner akzeptieren einander und sehen nur die Vorzüge des anderen – doch leider findet man bei Dauerbeziehungen schwierige Aspekte häufiger. Werden diese nicht mit Umsicht angegangen, können Feindseligkeit und Bitterkeit die Folge sein.

MOND–URANUS-Konstellationen bringen ebenfalls zwei Planeten miteinander in Kontakt, die bis auf ihr Bedürfnis nach Aufregung, das vermutlich der Auslöser für die Verbindung war, kaum etwas gemeinsam haben. Der Mond will stets herausfinden, was im Uranus vorgeht, aber der ist nur an sich selbst interessiert.

MOND–NEPTUN befinden sich auf der gleichen Wellenlänge und keiner ihrer Aspekte ist wirklich schwierig. Konjunktion, Trigon und Sextil erschaffen jene typisch romantisch-idyllische Beziehung, die Poeten und Künstler inspiriert. Es kann durchaus sein, dass das Paar in einer Traumwelt lebt, doch es ist glücklich dabei.

MOND–PLUTO sind beide negativ-passiv und passen daher zueinander. Hier enden die Gemeinsamkeiten aber auch fast. Die kraftvolle Plutoenergie ist immer stärker als die schwächere Mondenergie – doch der Mond unterwirft sich gern dem hypnotischen Charme des Pluto. Spannungsaspekte können bewirken, dass der Mond den Pluto als herrisch empfindet und der Pluto dem Mond Verantwortungslosigkeit vorwirft.

MERKUR-ASPEKTE

Merkur-Aspekte zeigen, auf welcher Ebene die Partner miteinander kommunizieren. Harmonische Merkur-Aspekte sind immer von Vorteil, haben aber nur dann Bedeutung, wenn der Hauptzweck einer Beziehung die Kommunikation ist. Ungünstige Merkur-Saturn, Merkur-Mars und Merkur-Pluto-Konstellationen sollte man meiden.

MERKUR–MERKUR-Aspekte sind hervorragend für die Kommunikation, wenn sie harmonisch sind. Bei schwierigen Aspekten reden die Partner einander evtl. in Grund und Boden.

MERKUR–VENUS-Konstellationen lassen alle Gespräche um die Liebe kreisen. Selbst Spannungsaspekte sind nur selten schwierig.

MERKUR–MARS sorgt bei harmonischen Aspekten für anregende Gespräche. Problematische Aspekte können auch hier zu Streit und Beleidigungen führen.

MERKUR–JUPITER schärft die kommunikativen Instinkte des Merkur – ob dies eine Entwicklung zum Besseren oder Schlechteren herbeiführt, hängt vom Aspekt ab.

MERKUR–SATURN-Aspekte sind wenig wünschenswert, denn der Saturn hemmt den Merkur oder schränkt ihn ein. So wachsen die Schwierigkeiten im Laufe der Beziehung.

MERKUR–URANUS sorgt auch bei Spannungsaspekten für ungewöhnliche, anregende Gespräche. Der Uranus kommuniziert direkter und vergreift sich schon einmal im Ton.

MERKUR–NEPTUN-Konstellationen nehmen Merkur die Orientierung, verwirren ihn und stören seine Ausdrucksfähigkeit, heben aber gleichzeitig die romantische Stimmung.

MERKUR–PLUTO sorgt für intensive, explosive Gespräche, mit denen beide Partner nur schlecht zurechtkommen. Bei Spannungsaspekten beleidigen sie einander vielleicht.

OBEN Mit Gesprächen über die Liebe stärken Merkur-Venus-Aspekte eine Beziehung.

RECHTS Wenn es „Liebe auf den ersten Blick" war, hatte vielleicht eine Venus-Mars-Konstellation die Hand im Spiel.

UNTEN Venus-Saturn-Verbindungen funktionieren am besten bei Paaren mit einem großen Altersunterschied.

VENUS-ASPEKTE

Venus-Konstellationen – auch die ungünstigen Aspekte – bringen starke Gefühle der Liebe und Harmonie in eine Beziehung.

VENUS–VENUS-Konstellationen sind hervorragend, wenn sie günstig sind, und harmonisieren jede Beziehung. Spannungsaspekte säen Zwietracht und schüren Abneigung.

VENUS–MARS-Konstellationen sind für Liebespaare ausgesprochen wünschenswert, denn sie sorgen für spontane körperliche Anziehungskraft. Sie sind zwar nicht immer ein Indiz für ewige Liebe, können eine Beziehung aber stützen, wenn zusätzliche Sonne-Mond oder Sonne-Venus-Aspekte vorhanden sind.

VENUS–JUPITER-Konstellationen sind ausgesprochen günstig, und die Liebe wächst sogar dann noch, wenn die Aspekte schwierig sind.

VENUS–SATURN-Konstellationen sind schwierig und hemmend, gleichzeitig aber einer festen Bindung zuträglich. Diese Konstellationen funktionieren am besten bei Paaren mit großem Altersunterschied oder in Beziehungen, die sich bereits bewährt haben.

VENUS–URANUS-Konstellationen kommen in engen sexuellen Beziehungen häufig vor, denn der Uranus sorgt für Aufregung und Originalität. Harmonische Aspekte sind auf lange Sicht bemerkenswert stabil (beide Planeten herrschen über feste Zeichen: Stier und Wassermann), aber Spannungsaspekte rufen Ärger, Wut und Ablehnung hervor.

VENUS–NEPTUN-Konstellationen ähneln den Mond-Neptun-Aspekten, sind aber etwas aktiver und positiver. Spannungsaspekte desillusionieren den Venus-Partner.

VENUS–PLUTO-Konstellationen steigern die Liebe so sehr, dass sie einer Besessenheit gefährlich nahe kommt, wenn die Aspekte schwierig sind. Diese Konstellation ist niemals einfach, aber solange diese beiden Menschen einander treu sind, ist eine dauerhafte und erfüllende Beziehung möglich.

MARS-ASPEKTE

Mars-Konstellationen beziehen sich fast immer auf sexuelle, sportliche oder physische Verbindungen und entscheiden darüber, ob zwei Menschen zueinander passen.

MARS–MARS-Trigone, -Sextile und -Konjunktionen stützen eine Beziehung. Menschen mit einer Mars-Mars-Opposition fühlen sich zwar sexuell voneinander angezogen, liegen aber auf völlig unterschiedlichen Wellenlängen.

MARS–JUPITER-Konstellationen sind sehr wirkungsstark und steigern die sexuellen und körperlichen Bedürfnisse beider Partner. Diese Planeten harmonieren gut, allerdings können Spannungsaspekte Machtkämpfe auslösen.

MARS–SATURN-Konstellationen haben nur selten gute Aussichten, auch wenn es ein Paar mit harmonischen Aspekten etwas leichter hat. In Saturns Augen ist der Mars voreilig, impulsiv und gedankenlos. Er hemmt die Marsenergie und löscht sie aus.

MARS–URANUS-Konstellationen sind stark und beeinflussen sowohl Körper als auch Geist. Schwierige Aspekte können Wut oder Aggressionen auslösen.

MARS–NEPTUN-Konstellationen schwächen die Vitalität des Mars. Körperlich fühlen sich diese beiden zueinander hingezogen, aber schwierige Aspekte bereiten den Boden für Ärger und Wut des Mars-Charakters.

MARS–PLUTO ist eine zutiefst körperlich orientierte Kombination, die obsessive sexuelle Sehnsüchte oder Machtkämpfe auslösen kann – nicht unbedingt ideal für dauerhafte Liebesbeziehungen, doch manche starke Persönlichkeiten können damit umgehen.

JUPITER-ASPEKTE

Aspekte, die der Jupiter zu den äußeren Planeten bildet, sind in der Regel weniger bedeutend als seine Aspekte zu den inneren Planeten. Bei Jupiter und Saturn herrscht ein Gleichgewicht zwischen Geben und Nehmen, Jupiter-Uranus-Konstellationen sind aufregend und harmonisch, die Konflikte zwischen diesen beiden Planeten halten sich in Grenzen (siehe S. 115–120).

SATURN-, URANUS-, NEPTUN- UND PLUTO-ASPEKTE

Gewöhnlich bilden diese Planeten Generationsaspekte und sind bei der persönlichen Deutung des Horoskopvergleichs keine Hilfe (siehe S. 114–122.)

DIE MONDKNOTEN

Verbindungen zu den Mondknoten findet man in Aspektvergleichen häufig. Sie sind ein deutliches Indiz dafür, dass zwei Menschen karmisch aneinander gebunden sind. Bei diesen Aspekten erlaubt man nur einen kleinen Orbis von 1 Grad. Genauigkeit ist hier wichtiger als der Aspekt selbst. Im Aspektvergleich der Kennedys bildet Johns Mond ein exaktes Trigon zu Jackies nördlichem Mondknoten bei 17 Grad Stier, was bedeutet, dass sich ein leichtes oder direktes Karma seinem Ende nähert. Doppelaspekte zu den Mondknoten sind ungewöhnlich. Diese Bindungen sind außerordentlich stark und oft schwierig. Bei etwa einem Viertel aller Paare fehlen Aspekte zu den Mondknoten. Das heißt, dass die Beziehung entweder gerade beginnt oder sich ihr Karma bereits erfüllt hat.

LINKS Schwierige Mars-Pluto-Aspekte können zu gewaltigen Wutausbrüchen zwischen den Partnern führen.

HIER STIMMT DIE SYNASTRIE

* Die inneren Planeten (oder Jupiter) des einen Partners fallen in die Eckhäuser des anderen.
* Es gibt etwa gleich viele Verbindungen zu Eck- und festen Häusern.
* Das Paar hat mehr als fünfundvierzig Aspekte. Die Generationsaspekte machen keinen allzu großen Teil davon aus.
* Die harmonischen Aspekte sind in der Überzahl.
* Es sind mehr als fünf, vorzugsweise harmonische oder variable, Doppelaspekte vorhanden. Sonne, Mond, Venus oder Mars ist der am meisten aspektierte Planet.
* Exakte Aspekte zu den Mondknoten.

SYNASTRIE

ANGEWANDTE SYNASTRIE: SCHRITT 4

OBEN Das Komposit der Kennedys zeigt, dass die in der Öffentlichkeit demonstrierte Zuneigung privat keine Fortsetzung fand.

RECHTS Prinzessin Diana hatte dieselbe Pluto-Mars-Konjunktion in ihrem neunten Haus, die auch auf dem Kennedy-Komposit zu sehen ist. Diese wurde Anfang September 1997, als sie unter tragischen Umständen ums Leben kam, von einem Quadrat des laufenden Pluto in ihrem zwölften Haus aktiviert.

DAS KOMPOSIT

Vor Beginn des zwanzigsten Jahrhunderts war das Komposit in der Synastrie nahezu unbekannt. Erst Robert Hand verhalf ihm in den 70er-Jahren mit seinem Buch *Planeten im Komposit* zu Popularität. Das System erwies sich als äußerst treffsicher und wird inzwischen von immer mehr Astrologen angewandt. Das Komposit kombiniert die Planetenpositionen der beiden Geburtshoroskope. Dadurch entsteht ein drittes, individuelles Horoskop, das die Beziehung in ihrer Gesamtheit repräsentiert. Dieses neue Horoskop zeigt den Kern der Beziehung und offenbart, warum manche Partnerschaften mit scheinbar ungünstigen Häuser- oder Aspektvergleichen funktionieren, andere, deren Vergleiche verhältnismäßig harmonisch ausfallen, aber auseinander brechen.

Beim Komposit bildet man die Halbsumme aus den Aszendenten und Planetenpaaren beider Geburtshoroskope (siehe Kasten rechts) und überträgt sie auf ein neues Horoskop. Genau wie beim Geburtshoroskop errechnet man zuerst die Halbsumme der beiden Aszendenten, dann folgen die beiden Sonnen, Monde, Merkure und so weiter, bis alle Planetenpositionen in das neue Horoskop eingetragen sind. Auch das Komposit-Medium Coeli wird berechnet. Man deutet das auf diese Art entstandene Horoskop wie ein Geburtshoroskop.

Wie beim Häuservergleich kommt den Eck- und festen Häusern im Komposit besondere Bedeutung zu. Auf den ersten Blick erscheint das Fundament von John und Jackies Komposit (rechts) nicht sehr solide – fünf Planeten in beweglichen Häusern, nur ein Planet in einem schwachen Eckhaus und neun Planeten in der oberen Hälfte des Horoskops zeigen, dass diese Beziehung hauptsächlich für die Öffentlichkeit inszeniert wurde. Der zweite Blick offenbart die große Bedeutung der vier Planeten im empfindsamen, häuslichen Krebs. Sonne und Mond des Komposits bilden in diesem Zeichen eine exakte Konjunktion von sechs Grad; sie bekommen Gesellschaft vom Herrscher Pluto und einem potenziell gewalttätigen Mars. All diese Planeten bilden Quadrate zu Saturn im manchmal zerstörerischen zwölften Haus. Das Horoskop zeigt deutlich das schockierende, gewaltsame Ende der Beziehung an – bei einem gewaltsamen Tod sind meist Spannungsaspekte (speziell Konjunktionen) zu Pluto und Mars vorhanden. John und Jackies ungewöhnliches Komposit spricht Bände.

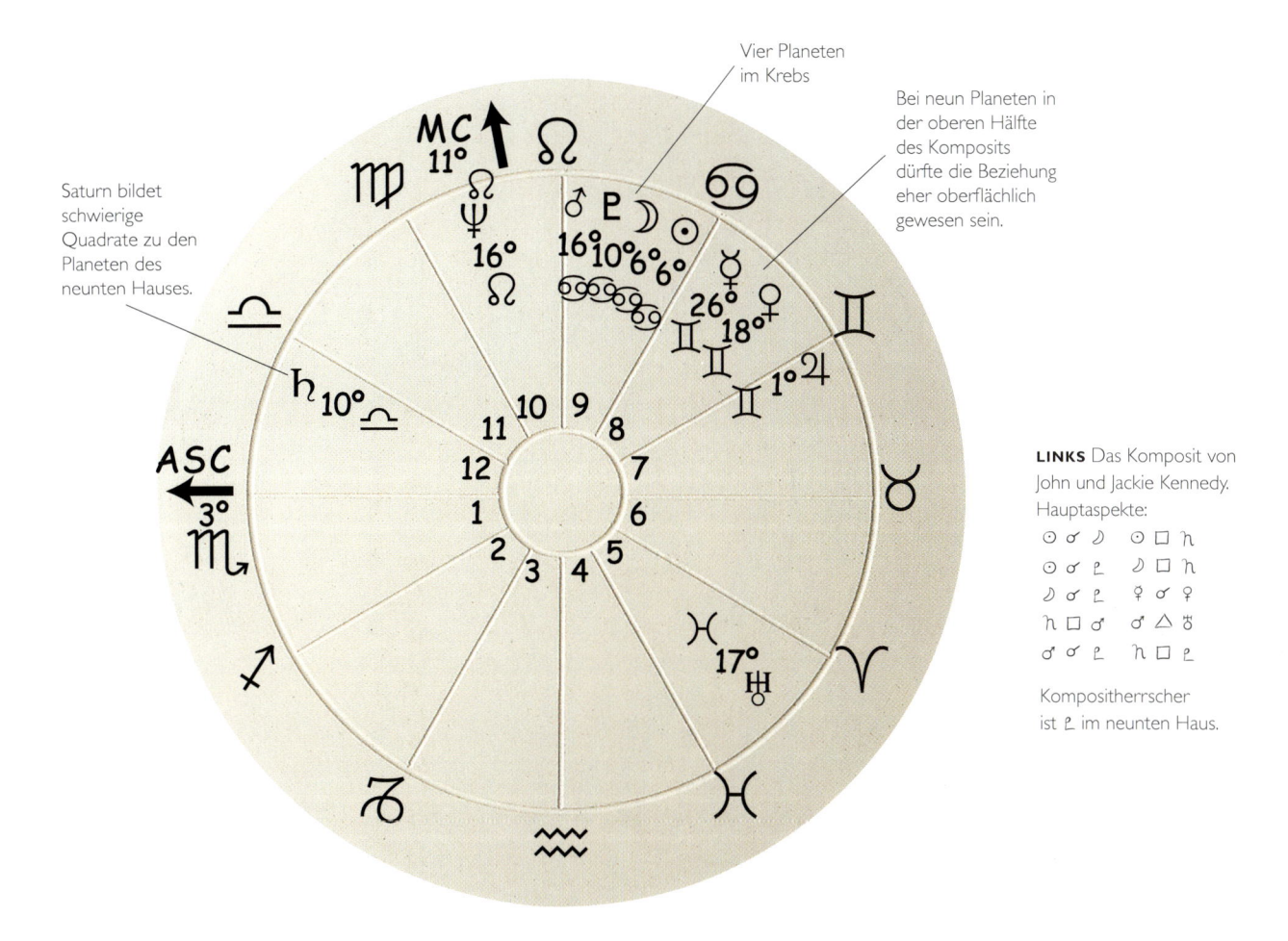

ANGEWANDTE SYNASTRIE: SCHRITT 4

Vier Planeten im Krebs

Bei neun Planeten in der oberen Hälfte des Komposits dürfte die Beziehung eher oberflächlich gewesen sein.

Saturn bildet schwierige Quadrate zu den Planeten des neunten Hauses.

LINKS Das Komposit von John und Jackie Kennedy. Hauptaspekte:

☉ ☌ ☽   ☉ ☐ ♄
☉ ☌ ♇   ☽ ☐ ♄
☽ ☌ ♇   ♀ ☌ ♀
♄ ☌ ♂   ♂ △ ♅
♂ ☌ ♇   ♄ ☐ ♇

Kompositherrscher ist ♇ im neunten Haus.

SO ERRECHNEN SIE DIE HALBSUMMEN

Die Halbsumme ist, wie der Name schon sagt – der Punkt, der genau zwischen zwei beliebigen Planeten oder astrologischen Punkten liegt. Für Komposite verwendet man nur die Halbsummen zwischen gleichen Planeten – Sonne-Sonne, Mond-Mond, usw., aber andere Zweige der Astrologie errechnen und analysieren auch die Halbsummen anderer Planeten. So errechnet man Halbsummen:

Legen Sie die geringste Distanz zwischen zwei Planeten oder Aszendenten zugrunde. Wenn sich ein Aszendent bei 14 Grad Jungfrau, der andere bei 2 Grad Wassermann befindet, beträgt die kürzeste Entfernung von Jungfrau zu Wassermann 138 Grad (in entgegengesetzter Richtung misst die Entfernung von Wassermann zur Jungfrau 162 Grad). Teilen Sie diese Zahl durch 2, und Sie erhalten die Halbsumme: 138 geteilt durch 2 gibt 69. Zählen Sie das Ergebnis zum ursprünglichen Jungfrau-Aszendenten hinzu und Sie erhalten die gesuchte Position: 23 Grad Skorpion. Wenn Sie die 69 Grad vom anderen Aszendenten – 2 Grad Wassermann – abziehen, sollten Sie ebenfalls wieder bei 23 Grad Skorpion, dem Komposit-Aszendenten, ankommen. Auf die gleiche Weise errechnen Sie nun Sonne-Sonne, Mond-Mond, usw. Alternativ dazu können Sie auch die auf S. 133 abgebildete Gradtabelle der Tierkreiszeichen zur Hilfe nehmen und nach folgender Formel vorgehen:

Aszendent 14 Grad Jungfrau = 164 Grad
plus Aszendent 2 Grad Wassermann = 302 Grad + 164 Grad = 466 Grad
Geteilt durch 2 (halbieren): 466 / 2 = 233 Grad
233 Grad = 23 Grad Skorpion = Komposit-Aszendent

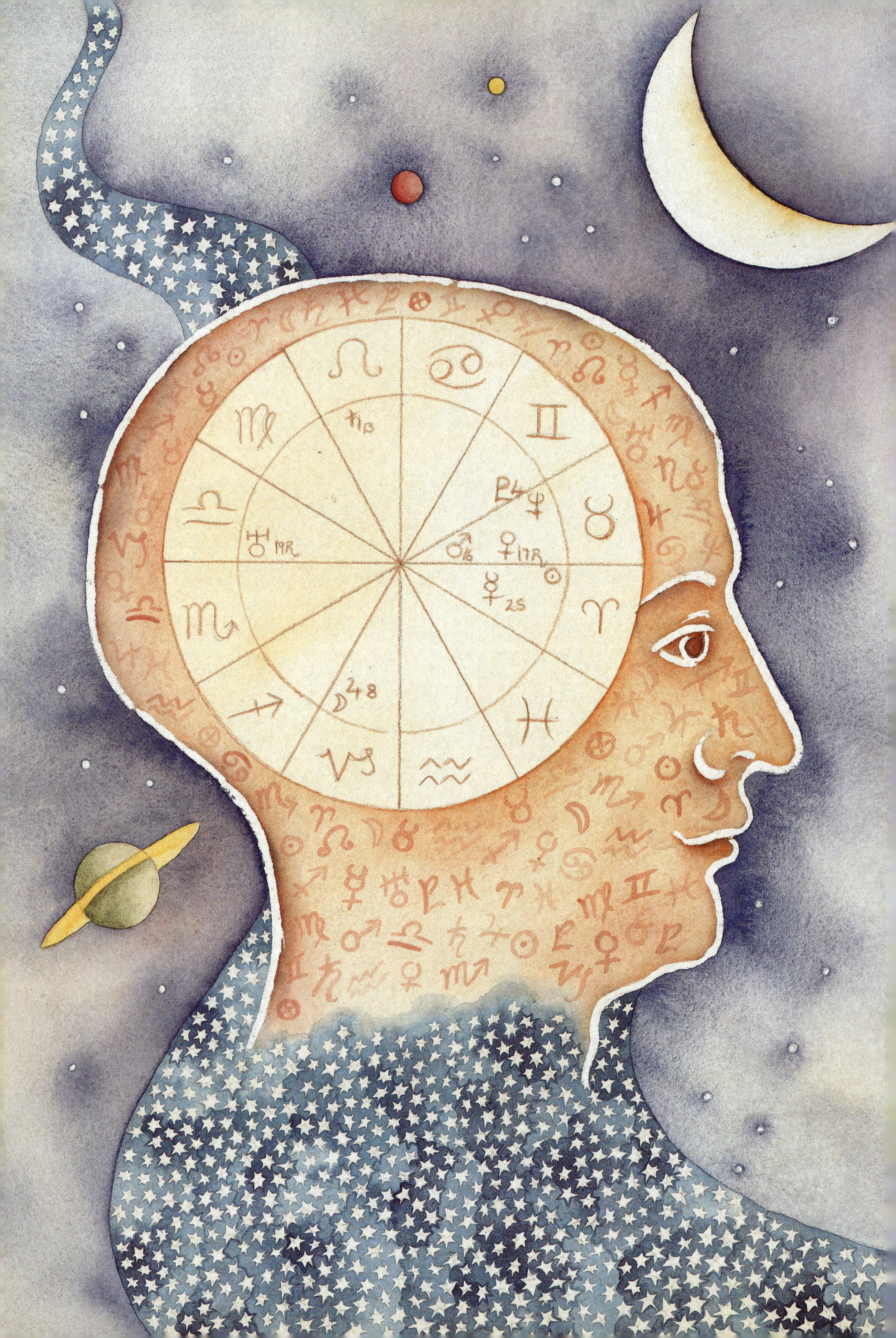

TEIL NEUN
HOROSKOPANALYSE
★★★★★

Das Geburtshorokop ist erstellt, und Sie haben alle nötigen Informationen beisammen, um sich an eine vollständige Analyse zu wagen. Lassen Sie sich von den vielen eigenartigen Symbolen und Zeichen nicht entmutigen – wenn Sie mit Interesse bei der Sache bleiben, werden Sie schnell mit der Materie vertraut. Wichtiger als die angewandte Methode ist die Fähigkeit, ein Horoskop in seiner Gesamtheit zu erfassen und zu einer einfachen, systematischen Deutung zu gelangen. Intuition ist hier von Vorteil, aber keine Bedingung.

RECHTS Das erste Horoskop liefert den meisten Astrologie-Neulingen bereits viele Informationen.

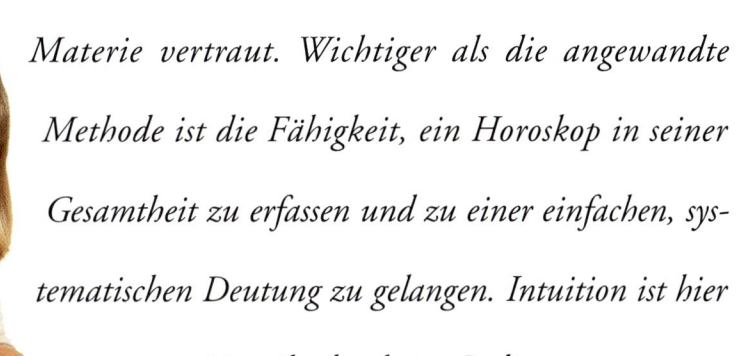

Beginnen Sie damit, die Horoskopanalyse in zwei Abschnitte aufzuteilen. Der erste Schritt liefert Ihnen ein grobes Bild und bezieht alle äußeren Details wie Elemente, Vierecksgruppierungen, Planetenanordnung usw. mit ein. Im zweiten Schritt folgt die genaue Analyse der zwölf Zeichen und Häuser, der Planetenkonstellationen, Aspekte und Aspektfiguren. Manche Horoskope sind schwieriger zu deuten als andere und meist braucht es ein wenig Beharrlichkeit, bis man die Bedeutung dieser Fülle von Informationen zu erkennen vermag. Nur Mut, es lohnt sich!

BEISPIELANALYSE: ELVIS PRESLEY/1

ELVIS' GEBURT
Elvis Presley wurde am 8. Januar 1935 um 4.35 Uhr morgens CST (Central Summer Time) in Tupelo, Mississippi, in den USA, geboren. Auf diesen Angaben, die in einigen Biografien ebenfalls erwähnt werden und aus den Original-Krankenhaus-Aufzeichnungen stammen sollen, basiert auch sein Geburtshoroskop. Obwohl weniger verlässliche Quellen seine Geburtszeit mit 12.20 Uhr angeben, halte ich 4.35 Uhr für korrekt.

OBEN Elvis wurde im Zeichen des Steinbocks geboren und Schlüsselwörter wie pflichtbewusst, ehrgeizig, zurückhaltend, weise und sinnlich beschreiben ihn treffend.

OBEN Die Planeten in Elvis' Horoskop stehen in regelmäßiger Verteilung.

VERTEILUNG

Planetenverteilung Trotz eines Stelliums (drei Planeten) im Steinbock sind die Planeten auf Elvis' Horoskop grundsätzlich regelmäßig verteilt. Das heißt, er war ein ruheloser Mensch, vielseitig talentiert und interessiert. Der bewegliche Aszendent, der Mond in den Fischen und die herausragende Stellung des Neptun bestätigen den Mangel an Konzentration und Ausdauer, den diese Planetenverteilung oft mit sich bringt, aber andere Faktoren, etwa der starke und stabilisierende Einfluss von Steinbock und Saturn und die Stellung des Geburtsherrschers (Jupiter) in einem festen Zeichen, wiegen diesen Mangel an Beständigkeit auf.

Die Polaritäten (positive/negative Zeichen): Überraschenderweise überwiegen die passiven und introvertierten Zeichen (Planeten in drei positiven, sieben negativen Zeichen). In seiner Kindheit war Elvis übermäßig schüchtern, unsicher und galt als Einzelgänger. Als er älter wurde, half ihm offenbar der Schütze-Aszendent – ein äußerst positives, kontaktfreudiges Zeichen – seine Schüchternheit zu überspielen und ein lebendigeres, selbstbewussteres Bild von sich zu präsentieren. Die Kombination von negativen Planetenstellungen und positivem Aszendenten erscheint auf den ersten Blick günstig, denn damit kann man sich mit einer selbstbewussten Aura umgeben. Es ist keine leichte Kombination, und nur wer diesem Menschen wirklich nahe steht, weiß, wie unsicher und hilflos er sich tatsächlich fühlt.

Elemente: Die Einseitigkeit der Polaritäten führt auch zu einem Ungleichgewicht der Elemente und einem Mangel an Feuer und Luft. Hier hilft der Schütze-Aszendent erneut, der eine Illusion feuriger Begeisterung und Wärme erzeugt. Bei einer derart starken Erdbetonung – drei innere Planeten in Steinbock und Neptun, Medium Coeli in der Jungfrau – brechen die ernsten, schüchternen, aber auch logischen und materialistischen Züge dieses Elements immer wieder durch,

LINKS Der Schütze-Aszendent half Elvis, seine Unsicherheiten zu verbergen und der Welt das Bild eines selbstbewussten und offenen Menschen zu zeigen.

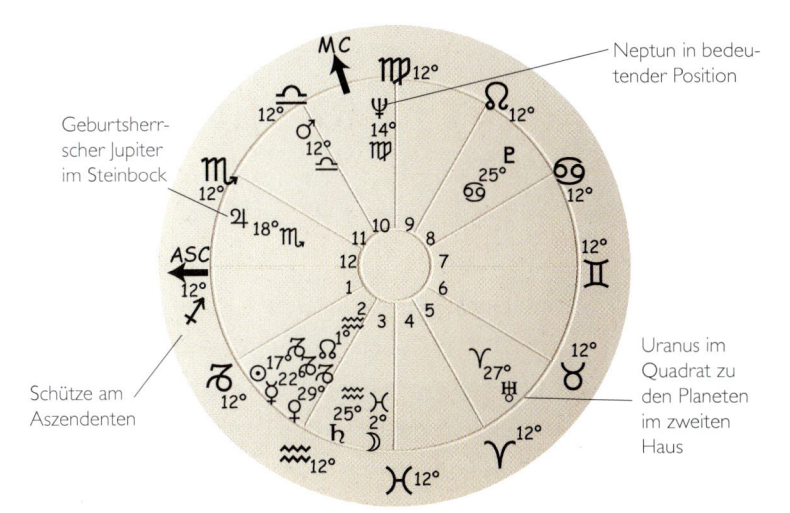

BEISPIELANALYSE: ELVIS PRESLEY

Geburtsherrscher Jupiter im Steinbock

Neptun in bedeutender Position

Schütze am Aszendenten

Uranus im Quadrat zu den Planeten im zweiten Haus

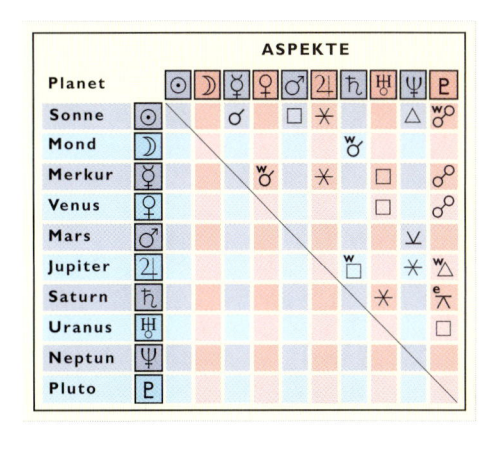

Planet	☉	☽	☿	♀	♂	♃	♄	♅	♆	♇
Sonne ☉			♂	□	✶			△		⚹
Mond ☽							☌			
Merkur ☿				☌	✶			□		⚹
Venus ♀								□		⚹
Mars ♂									⚻	
Jupiter ♃							☌	✶	△	
Saturn ♄								✶		⚻
Uranus ♅										□
Neptun ♆										
Pluto ♇										

bis sie schließlich vollends zum Vorschein kommen. Drei Planeten in Wasserzeichen und Neptun in einem Eckhaus zeigen, dass Elvis sehr sensibel, gefühlvoll, phantasievoll und liebevoll war, und für den eigenen sowie den Schutz anderer Menschen sorgte. Der hemmende Saturn im Luftzeichen Wassermann verstärkt den Mangel an Planeten im Luftzeichen noch, was zu der Schüchternheit beitrug, die ihn in der Kindheit quälte.

Vierecksgruppierungen: Es ist immer wieder erstaunlich, wie leicht es ruhigen, unsicheren Zeichen wie Krebs und Steinbock gelingt, sich durchzusetzen und in herausragende Autoritätspositionen aufzusteigen. Das liegt nur daran, dass es sich dabei um kardinale Zeichen handelt – Elvis' Horoskop hat viele kardinale Planetenstellungen, die zweifelsohne die treibende Kraft seines Ehrgeizes waren.

Aspekte: Elvis' Horoskop weist viele unterschiedliche Aspekte auf, was der Facettenreichtum seines Charakters und sein ereignisreiches Leben belegen. Mehrere Halbkreuze mit einer Sonne-Merkur-Venus-Konstellation im Steinbock im Quadrat zu Pluto und Uranus zeugen von Stress und Anspannung auf persönlicher, kreativer und materieller Ebene. Pluto, Medium Coeli und Saturn bilden einen Schicksalsfinger, in dessen Brennpunkt sich der Saturn befindet. Diese interessante Konstellation zeigt großes karmi-

REGIERENDER PLANET	♃
HERRSCHERHAUS	12th
AUFSTEIGENDE PLANETEN	–
POSITIV	3
NEGATIV	7
FEUER	1 (+ASC)
ERDE	1 (+MC)
LUFT	2
WASSER	3
KARDINAL	6
FEST	2
BEWEGLICH	2
ECKPOSITION	♆

LINKS Wenn man Planetenstellungen und Aspekte sowie Zeichen- (positiv/negativ) und Elementeverteilung auf Elvis' Geburtshoroskop untersucht, kann man sehr viel über ihn erfahren.

sches Talent und einen ernsten, hemmenden, aber beharrlichen Saturn, der den Erfolg in der zweiten Lebensmitte fördert. Hätte Elvis länger gelebt, wäre ihm der Erfolg vermutlich nicht nur treu geblieben, sondern weiter gewachsen. Trotz der vielen Konstellationen gibt es nur einen Mond-Aspekt – eine schwache Konjunktion mit Saturn (7 Grad Orbis mit den Planeten in unterschiedlichen Zeichen). Der Mond ist im Horoskop relativ isoliert, was den emotionalen, rastlosen Charakter, die starke Mutterbindung und das Außenseiter-Gefühl verstärkt, unter dem Elvis in seiner Jugend litt. Die Venus nimmt eine kritische, sehr weit entwickelte Position ein (29 Grad), fünf der zehn Planeten befinden sich in spirituellen Dekaden.

BEISPIELANALYSE: ELVIS PRESLEY/2

RECHTS Die Kombination von Schütze und Skorpion lässt das Bild eines leidenschaftlichen und rastlosen Menschen entstehen.

OBEN In seiner Jugend hatte Elvis das typische Aussehen eines Schützen. Der Schütze-Aszendent dürfte auch einen großen Teil seines Charismas ausgemacht haben.

RECHTS Das zweite Haus herrscht über Geldangelegenheiten. In Elvis' Horoskop ist dieser Bereich betont.

TIEFENANALYSE HÄUSER

ERSTES HAUS (ASZENDENT): ERSCHEINUNGSBILD UND AUFTRETEN
Leeres Haus, Aszendent Schütze mit Geburtsherrscher Jupiter im Skorpion im zwölften Haus

Elvis' Charisma, seine Vielseitigkeit und seine Beharrlichkeit waren größtenteils die Folge seines von Schütze und Skorpion geprägten Images. In seiner Jugend hatte er die für Schützen typische Schlaksigkeit und das lange Gesicht, aber mit den Jahren zeigten sich die ernsten, dunklen Augen und die untersetzte Gestalt des Skorpions immer deutlicher. Jupiter ist überlebensgroß. Er strebt nach Ausdehnung, und deshalb nehmen die, die unter seinem Einfluss stehen, mit der Zeit zu – in den Jahren vor seinem Tod machte Elvis da keine Ausnahme.

Menschen mit Schütze-Aszendenten lieben das Vergnügen, sind abenteuerlustig, ruhelos, offen und handeln oft unüberlegt. Das Bild, das Elvis der Öffentlichkeit präsentierte, trug alle diese Züge, doch da Geburtsherrscher Jupiter im zwölften Haus der Geheimnisse und dem leidenschaftlichen Skorpion stand, war er zudem sensibel und entschlossen. Feuer (Schütze) bringt Wasser (Skorpion) zum Kochen – Elvis' starke sexuelle Ausstrahlung wurde geradezu legendär.

Vier der fünf vorhandenen Jupiter-Aspekte sind harmonisch. Die Sextile zu Sonne und Merkur waren seiner Popularität zuträglich und gaben Elvis Optimismus und Beredsamkeit in Gesprächen mit anderen. Das Jupiter-Neptun-Sextil ist der vielleicht wichtigste Aspekt in diesem Horoskop, da der majestätische Einfluss des Jupiters auf Neptun, das Symbol für musikalisches Talent, spirituelles Bewusstsein und Verehrung durch die Massen, Elvis eine kraftvolle, unerklärliche Faszination verlieh. Das schwache Jupiter-Saturn-Quadrat schränkte seine Fähigkeit, mit Menschen zu kommunizieren und sich in ihrer Gegenwart wohl zu fühlen, auf die unterschiedlichste Art und Weise ein, stärkte aber auch seine ernsthafte, respektvolle Seite.

ZWEITES HAUS: MATERIELLE ANGELEGENHEITEN, EIGENTUM, WERTVORSTELLUNGEN, APPETIT, SEXUELLER INSTINKT
Steinbock an der Häuserspitze, Zeichenherrscher Saturn im dritten Haus.

Das zweite Haus in Elvis' Horoskop enthält drei Planeten (ein Stellium) – Sonne, Merkur und Venus im Steinbock sowie den Nördlichen Mondknoten bei 1 Grad Wassermann. Dies verlieh seiner Fähigkeit, Geld und Besitztümer anzuhäufen, eine besondere Betonung. Elvis' Einstellung zu materiellen Dingen spiegelte die starren Prinzipien, den großen Ehrgeiz und die ernsten Züge dieses Zeichens. Steinböcke sind aber besonders in der Jugend sehr unsicher und an der Spitze des zweiten Hauses kann der Steinbock den Betroffenen dazu bringen, dass er in seinem Streben nach Sicherheit materiellen Reichtum anhäuft. Viele Menschen mit Steinbock oder Saturn im zweiten Haus werden Millionäre, halten ihr sauer verdientes Geld aber lieber zusammen, als es mit anderen zu teilen. In dieser Hinsicht blieb Elvis seinen Prinzipien treu, nahm seine Verantwortung ernst und unterstützte seine Eltern von frühester Jugend an, ohne Geld für Dinge auszugeben, die er für unnütz hielt. Später kleidete er sich ungewöhnlich auffallend, aber das ist eher seinem Neptun- als seinem Steinbock-Einfluss zuzuschreiben. Venus im zweiten Haus schwächte die Härte und Konsequenz des Steinbocks etwas ab, aber wahrscheinlich traute Elvis dem finanziellen Erfolg manchmal nicht so ganz und machte sich Sorgen um die Zukunft.

Steinbock ist ein erdverbundenes, sinnliches Zeichen mit starken körperlichen Bedürfnissen, die sich langsam entfalten und nur ausgedrückt werden, wenn sicher ist, dass sie auch erfüllt werden. Steinböcke können im Hinblick auf ihre Fähigkeiten erstaunlich naiv und unsicher sein. Elvis kokettierte mit seiner Sexualität, aber einige der Frauen, mit denen er eine Beziehung gehabt hatte (das schließt auch seine Frau Priscilla ein), sagten, er sei sexuell unreif und sehr unsicher gewesen. Das zweite Haus offenbart oft, wie jemand sein Geld verdient. Bevor er berühmt wurde, hatte Elvis einige Jobs. Seine Arbeit als Fernfahrer, Bau- und Fabrikarbeiter zeigt deutliche Steinbock-Elemente.

Die zweite Steinbock-Dekade (10–19 Grad) steht unter der Herrschaft des Stiers und ist stark von Musik und Gesang geprägt. Stier ist auch der natürliche Herrscher des zweiten Hauses und Elvis' Sonne befindet sich bei 17 Grad Steinbock im zweiten Haus an einer für Musiker ausgesprochen günstigen Position. Elvis hätte sein Geld auch anders verdienen können, aber es war unausweichlich, dass er irgendwann sein wertvollstes Talent einsetzen würde – die Musik!

LINKS Im Alter von 42 Jahren hatte Elvis deutlich an Gewicht zugelegt – ein typisches Phänomen, wenn Jupiter Geburtsherrscher ist – aber sein Erfolg ließ nie nach.

UNTEN Obwohl Elvis seine Sexualität bei seinen Auftritten offen zur Schau stellte (wie hier in *Jailhouse Rock – Rhythmus hinter Gittern*), war er in intimen Beziehungen unsicher.

BEISPIELANALYSE: ELVIS PRESLEY/3

RECHTS Elvis' komplexes drittes Haus lässt auf Kommunikationsschwierigkeiten und Unsicherheit schließen.

TIEFENANALYSE HÄUSER

DRITTES HAUS: BILDUNG, VERWANDTE (BIS AUF DIE ELTERN), ALLTAG UND KOMMUNIKATION

Wassermann an der Häuserspitze, Zeichenherrscher Uranus im Widder im fünften Haus

Elvis' drittes Haus ist beinahe so stark wie das zweite, aber aufgrund seiner Vielschichtigkeit viel schwerer zu deuten. Die Planeten Saturn und Mond passen nicht gut zusammen, befinden sich aber zumindest in unterschiedlichen Zeichen. Sicher war Elvis vielen seiner Verwandten, Lehrer und Bekannten ein Rätsel. An der Spitze des dritten Hauses verstärkte der nach außen hin freundliche, in persönlichen Beziehungen aber eher distanzierte Wassermann das Gefühl der Einsamkeit und des Andersseins, das er in seiner Kindheit und Jugend empfand. Seinen Lehrern war er offenbar nicht besonders aufgefallen. Sie beschrieben ihn als ruhig, höflich und pflichtbewusst. Obwohl Elvis seine Gefühle für sich behielt (die Mond-Saturn-Konjunktion hemmt den Gefühlsausdruck), dürfte ihn der permanente Mangel an Aufmerksamkeit durchaus verletzt haben. Er lernte nicht besonders schnell (der Saturn eignet sich Wissen nur gemächlich an), erfasste Informationen dafür aber intuitiv (wofür der Mond in den Fischen verantwortlich ist).

Die Mond-Saturn-Konjunktion weist auf einem Großteil der Kommunikationsprobleme hin, die Elvis in seiner Jugend behinderten. Er stotterte leicht (ein typisches Saturn-Leiden), schloss als Kind nur schwer Freundschaften und galt als Außenseiter (typisch Wassermann). Erst als er anfing, Gitarre zu spielen, fiel ihm die Kommunikation mit anderen leichter. Wenn der Horoskopeigner etwa 28 bis 30 Jahre alt ist, kehrt der Saturn an seine Position im Geburtshoroskop zurück und beginnt, sich zu entwickeln und einige seiner Unsicherheiten abzulegen. Es ist also unwahrscheinlich, dass sich Elvis' Selbstbewusstsein schon vor diesem Zeitpunkt völlig entfaltet hatte. Aus der Mond-Saturn-Konjunktion lässt sich zudem schließen, dass er dringend den Umgang mit Frauen suchte, obwohl er es ihnen nicht eben leicht machte.

OBEN Als Junge war Elvis ein Einzelgänger, aber sein Schütze-Aszendent machte ihn gleichzeitig auch verspielt und abenteuerlustig.

UNTEN Nach dem Tod seiner Mutter wurde das Band zwischen Elvis und seiner Frau Priscilla noch stärker. Hier sieht man das Paar mit Sänger Tom Jones.

Das dritte Haus symbolisiert auch die Geschwister, und man weiß, dass Elvis sehr unter dem Verlust seines Zwillingsbruders litt, der bei der Geburt gestorben war. Einzelkinder oder Kinder mit einer einsamen Kindheit haben häufig den Saturn im dritten Haus, aber die Gesellschaft des Mondes lässt vermuten, dass Elvis sich verzweifelt nach Geschwistern sehnte. Der Mond (und das zehnte Haus) steht gewöhnlich für die Mutter. Es ist bekannt, dass Elvis sehr an Gladys Presley hing. Statt unkomplizierte, liebevolle Beziehungen zu schaffen, neigt der Saturn aus Angst vor dem Alleinsein besonders in Konjunktion mit dem Mond dazu, sich an andere Menschen zu klammern. Es hat den Anschein, als hätte Gladys Presley den Platz seines Bruders und Gefährten eingenommen. Elvis soll auch gesagt haben, seine Frau Priscilla sei „wie eine Schwester" für ihn. Nach dem Tod seiner Mutter wurde sie ihm noch wichtiger.

VIERTES HAUS: HÄUSLICHES UMFELD, FAMILIÄRE BELANGE, VATER, EMOTIONALE WURZELN

Fische an der Spitze des leeren Hauses, Zeichenherrscher Neptun in der Jungfrau im zehnten Haus

Wenn ein Haus leer bleibt, ist der betreffende Lebensbereich nur selten sehr aktiv. Die Fische an der Spitze von Elvis' viertem Haus offenbaren, dass er zwar empfindsam auf seine Umgebung reagierte, aber weder übermäßig an seinem Heim hing noch das Bedürfnis hatte, dort tiefe Wurzeln zu schlagen. Menschen und Besitz waren ihm wichtiger, und sein Traumhaus Graceland gab ihm die Möglichkeit, seinen Reichtum und seinen Status zu zeigen. Diese Haltung ist ein deutlicher Hinweis auf den Zeichenherrscher Neptun im zehnten Haus (Ambitionen, Ziele und Karriere). Neptun ist ein vieldeutiger Planet und fördert einerseits Glanz und Glamour, andererseits ist er aber auch flüchtig, vage und verwirrend.

Der Neptun, der Herrscher des vierten Hauses (Vater), im zehnten Haus (Mutter) deutet darauf hin, dass sich Elvis' Eltern die Verantwortung teilten und beide die Mutterrolle spielten, wenn auch Vater Vernon Presley eine weniger wichtige Stellung im Horoskop einnimmt als Gladys. Fische und Neptun beherrschen die elterliche Achse in Elvis' Horoskop, und obwohl er seine Eltern liebte und sie ihn anbeteten, dürfte er andererseits in mancher Hinsicht das Gefühl gehabt haben, ihnen fremd zu sein. Die religiösen und spirituellen Neigungen, die er Zeit seines Lebens verfolgte, hatte er karmisch von beiden Eltern geerbt. Doch die Verbindung zu seiner Mutter war besonders stark.

OBEN Elvis' sein Traumhaus in Graceland wa für ihn vermutlich eher ein repräsentatives Prestigeobjekt als eine Heimstatt, in der er Wurzeln schlug.

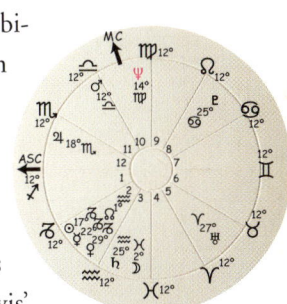

OBEN Das leere vierte Haus weist auf eine fehlende Familienbindung hin.

BEISPIELANALYSE: ELVIS PRESLEY/4

★ ★ ★ ★ ★ ★ ★ ★ ★ ★ ★ ★ ★ ★ ★ ★

TIEFENANALYSE HÄUSER

FÜNFTES HAUS: LIEBESAFFÄREN, KREATIVE BEGABUNGEN, GLÜCKSSPIEL, SPORT, HOBBYS UND KINDER

Widder an der Häuserspitze, Zeichenherrscher Mars in der Waage im elften Haus

Auch wenn es nicht besonders stark besetzt ist, ist das fünfte Haus für Elvis' Selbstausdruck zweifellos das wichtigste. Der Widder hat immer einen dynamischen Einfluss, aber wenn der außergewöhnlich talentierte und rebellische Uranus in diesem Zeichen steht, sprühen die Funken richtig. Sowohl Widder als auch Uranus sind völlig in sich selbst versunken und blühen bei Aufregungen und Gefahr auf. Elvis' bekannte Vorliebe für Affären ist nur ein Beispiel für die Macht dieser Uranus-Position. Diese Position begünstigte zudem sein musikalisches und schauspielerisches Talent – der ruhige, schüchterne Einzelgänger verlor plötzlich jegliche Hemmungen und verwandelte sich in ein Bündel positiver, vibrierender Energie. Als Elvis sein fünftes Haus aktivierte, stand er im Mittelpunkt, wurde berühmt und von vielen loyalen Freunden unterstützt (Zeichenherrscher Mars im elften Haus der Freunde).

Sogar als Kind kam Elvis des öfteren aus seinem Schneckenhaus heraus und zeigte die verspielte, abenteuerlustige Seite, die seinem Schütze-Aszendenten und dem Uranus im Widder so sehr entsprach. Uranus bildet allerdings einige ungünstige Quadrate zu Merkur, Venus und Pluto, die ihrerseits in Form von Halbkreuzen in seinem Horoskop für Hochspannung sorgen. Elvis liebte es, Risiken einzugehen und gesellschaftliche Vergnügungen bis zur Neige auszukosten (Uranus im Widder), aber der streng disziplinierte Steinbock war anderer Ansicht als Uranus und bremste ihn häufig. Wird ein so wirkungsstarker Planet wie Uranus unterdrückt, stauen sich Spannungen und Wut auf. Elvis hatte sich zwar die meiste Zeit unter Kontrolle, doch manchmal ließ er sich gehen, explodierte und ließ seine Wut an Freundinnen oder Freunden, niemals aber an seinen Verwandten oder Eltern, aus. Liebesaffären und das gesellschaftliche Leben stimulierten ihn, aber der Uranus ist ein kalter und distan-

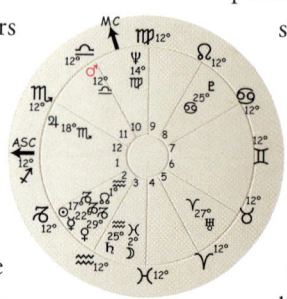

OBEN Menschen mit dem Uranus im Widder pflegen einen rebellischen, riskanten Lebensstil.

RECHTS Dank eines hervorragend platzierten Uranus im fünften Haus hatte Elvis in seinen Filmen, wie hier in *Café Europa*, eine faszinierende und elektrisierende Wirkung.

zierter Planet und so waren diese Beziehungen vermutlich ein heiß-kaltes (Widder-Uranus) Wechselbad der Gefühle.

Abgesehen von der Musik liebte Elvis Pferde und Kampfsportarten, was dem Uranus im Widder entspricht. Schnelle, gefährliche Sportarten faszinierten ihn, aber die Mond-Saturn-Konjunktion und die Quadrate der Planeten im Steinbock zu Uranus hielten ihn wahrscheinlich davon ab, sie auch selbst auszuprobieren. Das war gut so, denn wo Uranus ist, besteht immer Unfallgefahr.

Elvis Beziehung zu Lisa-Marie, seinem einzigen Kind, war vermutlich sehr komplex – eine Mischung aus Kälte, Beschützerinstinkt, körperlicher Wärme und Distanz. Wahrscheinlich genoss er es, sie seinen Freunden vorzuführen und sie mit Geschenken und Ausflügen zu überraschen. Da die Halbkreuze ihn jedoch daran hinderten, seine Gefühle offen zu zeigen, fiel es ihm schwer, ihr die Liebe zu geben, die sie brauchte. Trotz der inneren Distanz war Elvis äußerst väterlich, und die Sicherheit seiner Familie lag ihm am Herzen. Er hätte gern noch mehr Kinder gehabt.

LINKS Elvis' Schwierigkeiten, seine Gefühle auszudrücken, wirkten sich vermutlich auch auf die Beziehung zu seiner Tochter Lisa-Marie aus.

SECHSTES HAUS: ARBEIT, GEBEN UND NEHMEN, GESUNDHEIT, HAUSTIERE, KLEINE TIERE
Stier an der leeren Häuserspitze, Zeichenherrscher Venus im Steinbock im zweiten Haus

Das Zeichen des Stiers ist nicht nur praktisch und erdverbunden, es herrscht auch über die Musik. Stiere singen leidenschaftlich gern, ihre kräftige Statur und ihre kraftvollen Lungen verleihen ihnen eine außergewöhnliche Stimme – was bei Elvis eindeutig der Fall war. Nachdem er sich in seiner Jugend an konventionellen Arbeiterberufen versucht hatte, wandte er sich der Musik und dem Gesang zu. Wenn Elvis sich mit etwas beschäftigte, das er liebte – wie die Musik – arbeitete er außerordentlich hart.

Elvis hatte keine Planeten im sechsten Haus und kümmerte sich kaum um seine Gesundheit. Er war robust (Stier) und hatte nur wenige körperliche Schwachstellen – leider war sein Hals eine davon. Der Steinbock-Saturn Einfluss machte ihn anfällig für Knochen- und Hautprobleme wie Arthritis, und als er älter wurde, haben ihn sicher seine Beine geplagt. Bei seinem gesundheitlichen Zusammenbruch und frühen Tod spielten aber seelische Faktoren die Hauptrolle, die sich auf einen unterdrückenden Saturn und den nebulösen, suchtanfälligen Neptun zurückführen lassen.

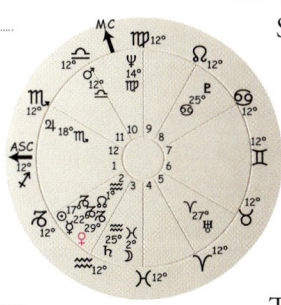

OBEN Das musische Zeichen des Stier an der Spitze des Hauses der Arbeit zeigt Elvis' Stärke.

BEISPIELANALYSE: ELVIS PRESLEY/5

TIEFENANALYSE HÄUSER

SIEBENTES HAUS: EHE UND PARTNERSCHAFT
Zwillinge an der Spitze des leeren Hauses, Zeichenherrscher Merkur im Steinbock im zweiten Haus

Dass Menschen, die nicht heiraten, nur selten Planeten im siebenten Haus aufweisen, bedeutet nicht automatisch, dass ein leeres siebentes Haus für wenige Beziehungen steht. Diese Menschen haben nicht das Bedürfnis zu heiraten und gehen eine lebenslange Bindung gewöhnlich nicht deshalb ein, weil sie einen Partner fürs Leben suchen, sondern aus anderen Gründen. Ausschlaggebend ist die Stellung des Zeichenherrschers. Elvis war nicht sehr erpicht auf eine Heirat. Er genoss romantische, unverbindliche Beziehungen (Uranus im fünften Haus) und schob die Eheschließung mit Priscilla so lange wie möglich hinaus. Zwillinge (das Zeichen an der Spitze) sind immer zwiespältig und wankelmütig. Im siebenten Haus stehen sie für die Neigung, mehr als eine Beziehung gleichzeitig zu unterhalten, für Untreue und Scheidung. Es ist bekannt, dass Elvis Priscilla untreu war. Die Stellung des Zeichenherrschers des siebenten Hauses im zweiten Haus – dem Haus der Besitztümer – liefert den entscheidenden Hinweis auf seine Gefühle für Priscilla und seine Einstellung zur Ehe. Elvis betrachtete Priscilla als sein Eigentum – als jemanden, den er hegen, pflegen und nach seinen Vorstellungen formen konnte. Steinbock (Merkur, Zeichenherrscher der Zwillinge in Steinbock) ist aber eher für Disziplin und ehrenvolle Prinzipien, als für Mitgefühl und Wärme bekannt. Elvis empfand auf seine Art tiefe Liebe für Priscilla, aber seine Vorstellung von einer glücklichen Ehe unterschied sich grundsätzlich von der ihren. Mit seiner Partnerin zu sprechen – besonders über die praktische und materielle Seite – war ihm ein großes Bedürfnis. Doch er war nicht in der Lage, seine innersten Gefühle auszudrücken.

Elvis fühlte sich zweifellos von Frauen angezogen, die in einem beweglichen Zeichen geboren waren (Zwillinge, Jungfrau, Schütze und Fische), denn diese Zeichen befinden sich an der Spitze der Eckhäusern seines Horoskops. Priscilla ist ein Sonnen-Zwilling mit Steinbock-Aszendent – eine Konstellation, die hervorragend mit den Zwillingen an der Spitze seines siebenten Hauses und der Sonne-Merkur-Konjunktion im Steinbock harmoniert. Im Großen und Ganzen deutet Elvis' Horoskop nicht auf eine erfolgreiche Dauerbeziehung – was letzten Endes auch Tribut von seiner Ehe forderte.

OBEN Wie am leeren siebenten Haus zu sehen ist, war für Elvis die Ehe keine Notwendigkeit.

LINKS Elvis fand in der Musik einen Weg, sich auszudrücken, aber in persönlichen Beziehungen blieben seine wahren Gefühle weiter schwer durchschaubar.

ACHTES HAUS: SEXUELLE UND FINANZIELLE SEITE VON BEZIEHUNGEN, GEBURT, ERBSCHAFT, SPIRITUALITÄT
Krebs an der Häuserspitze, Zeichenherrscher Mond im dritten Haus

Der Planet Pluto befindet sich in Elvis' achtem Haus, was an sich eine gute Position ist – Pluto befindet sich in einem harmonischen Wasserzeichen und in dem Haus, dessen Herrscher er auch ist (Skorpion). Bei näherem Hinsehen überwiegen die Spannungsaspekte fünf zu eins, was in diesem ausgesprochen geheimnisvollen und ernsten Haus zu Schwierigkeiten geführt haben dürfte. Pluto unterstreicht hier auch die Bedeutung, die der Sexualität in Elvis' Leben zukam. Dieser Lebensbereich hätte ihm ohne die extrem schwierigen Pluto-Aspekte tiefe Entspannung und spirituelle Erfüllung bringen können. Doch leider zeigten sich die Spannungen in seinen Beziehungen, seine widersprüchlichen Ansichten über Geld und Besitz sowie sexuelle Unreife oder perverse Neigungen nur allzu deutlich.

Die von Steinbock an der Spitze des zweiten Hauses symbolisierte praktische Seite seiner Persönlichkeit stand im Widerspruch zu der intensiven, spirituell-emotionalen Empfindsamkeit des Pluto im achten Haus, und zweifellos unterdrückte Elvis oft den Wunsch, tiefer in die Geheimnisse des Mystischen und Unbekannten einzutauchen.

Menschen mit Planeten im achten Haus erhalten gewöhnlich sehr viel materielle oder persönliche Unterstützung von anderen. Elvis hätte von den Menschen, die ihm nahe standen, sehr viel Großzügigkeit und Bewunderung erfahren können, doch wieder einmal bestand Steinbock (Stellium im zweiten Haus) auf Unabhängigkeit und Selbstständigkeit.

Der Mond, Herrscher des achten Hauses, offenbart in Konjunktion mit Saturn die innere Einsamkeit, die Elvis in seinen Beziehungen verspürte. Die fehlende Reife der Mond-Saturn-Konjunktion und der Spannungsaspekt zu Pluto zeigen, dass dieser Mann zu einem ausgeglichenen Umgang mit seinen Gefühlen und dem sexuellen Aspekt einer Beziehung nicht in der Lage war. Elvis lernte zwar später, für andere Menschen zu sorgen, doch in seinen frühen Jahren war er es, der bemuttert werden wollte und in dieser verzweifelten und offensichtlich unerfüllten Sehnsucht liegt der Schlüssel zu seinem vielschichtigen Charakter.

OBEN Die Geburt seiner Tochter war mit Sicherheit ein einschneidendes Ereignis in Elvis' Leben. – Nun hatte er Vaterpflichten zu erfüllen, obwohl gewöhnlich er es war, der bemuttert werden wollte.

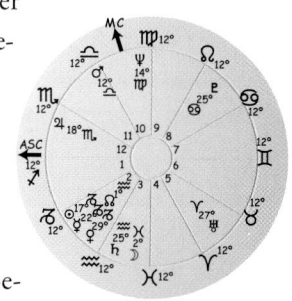

OBEN Der Pluto im Krebs zeigt Elvis' väterliche und fürsorgliche Seite.

BEISPIELANALYSE: ELVIS PRESLEY/6

TIEFENANALYSE HÄUSER

NEUNTES HAUS: REISEN, BILDUNG, RELIGION, PHILOSOPHIE
Löwe an der Spitze des leeren Hauses, Zeichenherrscher Sonne im zweiten Haus

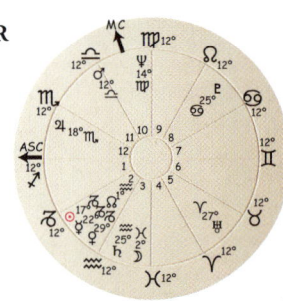

OBEN Mit einem leeren neunten Haus hat man wenig Interesse, seinen Horizont zu erweitern.

Das neunte Hauses hat in Elvis' Leben keine sehr große Bedeutung – seine starken religiösen und spirituellen Neigungen wurden vorwiegend von Neptun im zehnten und Jupiter im zwölften Haus erzeugt. Er unternahm nicht gern weite Reisen und flog nur nach Übersee, wenn er dazu gezwungen war. Das berühmteste Beispiel hierfür war seine Stationierung in Deutschland während seines Dienstes in der US Armee. Das militärische Leben kommt den strengen Idealen des Steinbocks entgegen, und so bereitete ihm dieser Lebensabschnitt keine Probleme.

Feste Zeichen wie der Löwe brauchen einen kräftigen Antrieb, bevor sie sich in Bewegung setzen, und Menschen mit festen Zeichen an der Spitze eines leeren neunten Hauses zieht es nur selten in die große weite Welt. Elvis gab zwar immer vor, zu allem bereit zu sein und überall hin zu gehen (Schütze-Aszendent), aber dem war ganz und gar nicht so. Wenn Menschen mit einem festen Zeichen an der Spitze des neunten Hauses sich dazu entschließen, zu reisen oder ihren geistigen Horizont zu erweitern, bleiben sie oft auf ausgetretenen Pfaden. In Elvis' Horoskop verstärkt die Sonne, Zeichenherrscher des neunten Hauses, im zweiten Haus im Steinbock seine Scheu vor größeren Reisen. Die Ängste und Unsicherheiten des Steinbocks scheinen unüberwindbar, und mit drei Planeten in diesem Zeichen hatte Elvis viele tief sitzende Ängste – einige waren bekannt, andere lagen vielleicht zu tief, als dass er sie sich eingestanden hätte. Elvis interessierte sich kaum dafür, seine Bildung zu verbessern, und seine religiösen und spirituellen Neigungen verdankte er hauptsächlich seinem Erbe, seiner Inspiration und seiner Intuition.

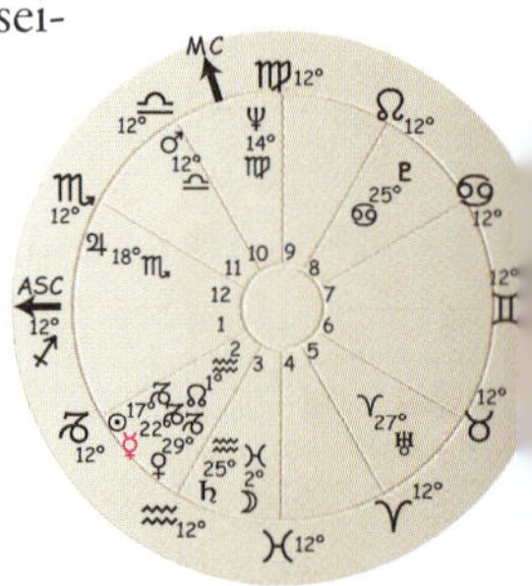

ZEHNTES HAUS: ZIELE, AMBITIONEN, KARRIERE, MUTTER
Jungfrau an der Häuserspitze, Zeichenherrscher Merkur im zweiten Haus

Das zehnte Haus mit Planet Neptun an der Spitze ist ein weiterer Schlüsselbereich in Elvis' Leben. Seine Musikalität, sein schauspielerisches Talent, sein Charisma und die Verehrung der Massen sind gänzlich dem positiven, ja göttlichen Einfluss des Neptun in seinem Geburtshoroskop zuzuschreiben. Leider zeigten sich mit den Jahren auch die Schattenseiten des Neptun immer deutlicher – Drogenab-

UNTEN Das Reisen entsprach nicht Elvis' Naturell, aber das militärische Leben kam ihm entgegen, was ihm die Stationierungszeit in Deutschland erleichterte.

OBEN Für das Horoskop kreativer, talentierter Persönlichkeiten ist eine starke Neptun-Stellung charakteristisch.

hängigkeit, Einsamkeit, Realitätsflucht und die Unfähigkeit, mit dem Ruhm fertig zu werden. Im Horoskop vieler äußerst kreativer und charismatischer Persönlichkeiten befindet sich der Neptun an exponierter Stelle – dazu gehören unter anderem der englische Dichter Robert Browning, die Sängerin und Schauspielerin Cher, der Tänzer Rudolf Nurejew, die Filmikone Marilyn Monroe, der Musiker Bob Dylan sowie die Kriminalautorin Agatha Christie. Einige kamen und kommen gut mit den nebulösen Stimmungsschwankungen dieses Planeten zurecht, andere gerieten unter die Räder. Elvis kämpfte sein Leben lang darum, den negativen Einfluss des Neptun umzukehren und auf positive Weise in seiner Musik zu kanalisieren, aber letztendlich zerbrach er an den zusätzlichen Schwierigkeiten, welche die Planeten im Steinbock verursachten. Neptun-Menschen spielen gerne mit dem Gedanken, berühmt zu sein und verehrt zu werden, aber in Wirklichkeit leiden sie unter echter Popularität und sehnen sich danach, in die Abgeschiedenheit ihrer eigenen inneren Welt zu entfliehen. Neptun gibt Rätsel auf und Menschen, die unter seinem verwirrenden Einfluss geboren wurden, brauchen eine Möglichkeit, sich zurückzuziehen und zu erholen. Elvis versuchte, seine Probleme vor der Öffentlichkeit zu verbergen, was ihm bis zu einem gewissen Grad auch gelang. Sein Tod aber brachte vieles ans Tageslicht.

Elvis' Mutter Gladys Presley war einer der stärksten Einflüsse in seinem Leben. Im zehnten Haus kann jeder Planet die Mutter oder Mutterfigur symbolisieren, besonders Neptun lässt aber darauf schließen, dass Elvis seiner Mutter komplexe und widersprüchliche Gefühle entgegenbrachte. Einerseits verehrte er sie, aber andererseits versuchte er mit großer Wahrscheinlichkeit auch, sich ihrem erstickenden Einfluss zu entziehen – Gladys Presley betete Elvis an und war stark von ihm abhängig.

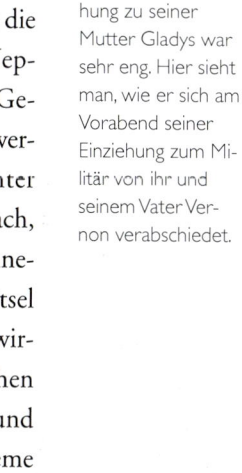

OBEN Marilyn Monroe hat mit Elvis die starke Neptun-Stellung im Horoskop gemeinsam – und obwohl sie ihren Ruhm genoss, gelang es ihr nicht, mit dessen Folgen fertig zu werden.

OBEN Elvis' Beziehung zu seiner Mutter Gladys war sehr eng. Hier sieht man, wie er sich am Vorabend seiner Einziehung zum Militär von ihr und seinem Vater Vernon verabschiedet.

HOROSKOPANALYSE

BEISPIELANALYSE: ELVIS PRESLEY/7
✶✶✶✶✶✶✶✶✶✶✶✶✶

TIEFENANALYSE HÄUSER

ELFTES HAUS: FREUNDE UND GRUPPEN
Waage an der Häuserspitze, Zeichenherrscher Venus im zweiten Haus

Mars, der Energie, Begeisterung und Durchsetzungskraft mit sich bringt, befindet sich in strategischer Position direkt an der Spitze von Elvis' elftem Haus. Er bildet nur ein Quadrat zur Sonne und ein schwaches Halbsextil zum Neptun. Der Mars wird zwar sowohl vom Zeichen (Waage) als auch der Position (elftes Haus) geschwächt, begünstigt aber dennoch lebendige Freundschaften und seine Rolle als Kultfigur. Trotz der Probleme in seiner Kindheit wuchs Elvis zu einem geselligen Menschen heran, der die Gesellschaft dynamischer Persönlichkeiten, besonders männlicher Freunde, genoss. In den Kreisen, in denen er sich bewegte, war er der geborene Anführer. Gewöhnlich war er charmant und fair in der Verteilung seiner Gunst (Waage an der Häuserspitze), aber das Sonne-Mars-Quadrat verrät, dass Wut oder Ungeduld besonders dann ausbrachen, wenn Menschen, die ihm nahe standen, seine Prinzipien in Frage stellten. Elvis' Horoskop gibt einige Hinweise darauf, dass er seinen Kopf immer durchsetzen musste. Menschen mit dem Mars im elften Haus können fordernd und aufdringlich werden, und sicher vertrieb auch Elvis von Zeit zu Zeit auf diese Weise einen Freund. Grundsätzlich war er jedoch beliebt und respektiert.

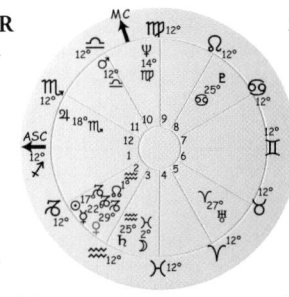

OBEN Der Mars im elften Haus ist ein Indiz für enge Freundschaften.

ZWÖLFTES HAUS: KRANKENHÄUSER, INSTITUTIONEN, KARMA, SPIRITUALITÄT, WOHLTÄTIGKEITSORGANISATIONEN, GEHEIMNISSE, OPFER UND GEHEIME PLÄNE
Skorpion an der Häuserspitze, Zeichenherrscher Pluto im achten Haus

Elvis' zwölftes Haus zeugt nicht nur wegen der Intensität des Skorpions an seiner Spitze (mit Zeichenherrscher Pluto im geheimnisvollen, sensiblen Krebs im achten Haus) von phänomenaler Gefühlstiefe und Vorstellungskraft. Hinzu kommt der Einfluss von Geburtsherrscher Jupiter, der sich in diesem Haus befindet. Elvis' Charakter hatte auch dunkle, verborgene Seiten, und viele Gedanken und Gewohnheiten teilte er vermutlich nicht einmal mit seinen engsten Freun-

UNTEN Elvis liebte es, mit dynamischen Menschen – wie Frank Sinatra – zusammen zu sein.

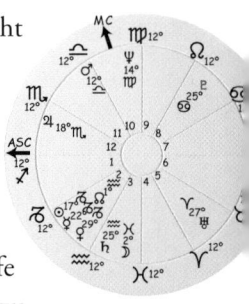

OBEN Der Herrscherplanet im zwölften Haus zeugt von tiefem spirituellen Bewusstsein.

LINKS Elvis' Einfluss auf die Musik war so groß, dass er noch mehr als zwei Jahrzehnte nach seinem Tod von Menschen verehrt wird, die zu seinen Lebzeiten noch nicht einmal geboren waren.

den. Manchmal zog sich Elvis in seine eigene, unbekannte Welt zurück, in der wahrscheinlich auch die Quelle seiner Kreativität lag. Er war ein sehr spiritueller Mensch und karmisch gesehen eine alte Seele. Er hatte ausgeprägte mediale Fähigkeiten, aber in der Regel bestimmten der praktisch orientierte Steinbock, Saturn und Mond seine Reaktionen und sein Leben. Anderen zu helfen war Teil seiner Persönlichkeit, und vermutlich spendete er für Bedürftige oder religiöse Organisationen, ohne es publik zu machen. Abgesehen von einem schwachen Saturn-Quadrat ist Jupiter günstig aspektiert und fühlt sich als ehemaliger Zeichenherrscher der Fische, dem natürlichen Zeichen des zwölften Hauses, dort auch recht wohl. Mit Sicherheit schenkte er Elvis eine lebhafte Phantasie, einen kreativen Kopf und ein reiches spirituelles Wissen.

ELVIS' TOD

Man kann zwar auch aus der Planetenverteilung bei einschneidenden Erlebnissen sehr viel lernen, am meisten sagen jedoch die Positionen im Augenblick der Geburt oder des Todes über eines Menschen aus. Im Augenblick des Todes spielt fast immer mindestens einer der drei äußeren Planeten Uranus, Neptun oder Pluto eine entscheidende Rolle, und bildet Konjunktionen zu den inneren Planeten, aber auch Quadrat oder Quincunx sind häufig zu finden. Bei plötzlichen Todesfällen bilden Uranus oder Pluto fast immer Aspekte zur Sonne oder zum Mars. An Elvis' Todestag, dem 16. August 1977, befand sich Pluto in exakter Konjunktion zu Mars, und deutet damit auf einen traumatischen, viel zu frühen Tod hin. Neptun, der wichtigste äußere Planet in Elvis' Horoskop, hatte gerade den Aszendenten überschritten (12 Grad Schütze). Elvis starb an einem Herzinfarkt (die Sonne, die über das Herz herrscht, stand in Konjunktion mit dem laufenden Saturn, der an diesem Tag hemmend wirkte), aber die wahre Todesursache war seine Abhängigkeit von Medikamenten und Beruhigungsmitteln. Neptun herrscht über Arzneien und Gifte, und so ist seine bedeutende Stellung an Elvis' Todestag nur angemessen. An diesem Tag bildeten die Planeten viele relativ exakte Quincunxe, Venus befand sich im achten Haus des Todes in Opposition zur Sonne und bewegte sich schnell auf Pluto zu, den Herrscher über Geburt und Tod. Zweifellos war der Tod eine nicht unwillkommene Erlösung für den so eng mit der spirituellen Welt verbundenen Elvis.

GLOSSAR

ARABISCHE PUNKTE
Ein altes System, nach dem hypothetische Punkte in einer Formel aus zwei Planeten und dem Aszendenten oder der Himmelsmitte (Z + B = D) errechnet werden. Die Punkte beziehen sich auf bestimmt bedeutsame Lebensthemen wie Ehe, Scheidung, Geld, Glück, Gesundheit usw. Heute wird meist nur noch der Glückspunkt beachtet.

ASPEKTE
Die Winkel- und Gradstellungen, in denen die Planeten in einem Geburtshoroskop zueinander stehen und die sich günstig oder ungünstig auswirken können, werden als Aspekte (Haupt- und Nebenaspekte) bezeichnet. Zwei oder mehr Planeten, die 120 Grad voneinander entfernt stehen, bilden beispielsweise ein Trigon, das als günstig gilt. Andere Hauptaspekte sind die Konjunktion (0-8 Grad entfernt), das Halbsextil (30 Grad), Sextil (60 Grad), Quadrat (90 Grad), der Quincunx (150 Grad) und die Opposition (180 Grad). Nebenaspekte gelten als weniger einflussreich und bestehen aus weniger offensichtlichen Winkelverbindungen. Die bekanntesten sind das Halbquadrat (45 Grad), das Eineinhalbquadrat (135 Grad), das Quintil (72 Grad) und das Biquintil (144 Grad).

ASZENDENT
Das Tierkreiszeichen, das zum Zeitpunkt der Geburt über dem östlichen Horizont aufsteigt.

ÄUSSERE PLANETEN
Bezieht sich auf Uranus, Neptun und Pluto – die äußersten drei von den bisher entdeckten Planeten unseres Sonnensystems.

DEKANATE
Jedes Tierkreiszeichen besteht aus 30 Grad des Kreises. Dekanate (oder Dekane) sind die Unterteilungen dieser 30 Grad in drei Gruppen von je 10 Grad – also insgesamt 36 Dekanate. Beim einfachen 30-Grad-Häusersystem lassen sich auch die Häuser in 36 Dekanate unterteilen. Die ersten 10 Grade eines Zeichens oder Hauses (0–9) bilden das erste Dekanat, die zweite Zehnergruppe (10–19) das zweite und die letzte Gruppe (20–219) das dritte Dekanat.

DIREKT
Der Lauf eines Planeten gilt als „direkt", wenn er sich vom Stillstand oder aus einer Rückläufigkeit heraus bewegt.

ELEMENTE
Die Tierkreiszeichen werden in vier Elemente unterteilt – Feuer, Erde, Luft und Wasser, von denen jedes bestimmte typische Merkmale weitergibt. Die Feuerzeichen sind Widder, Löwe und Schütze, die Erdzeichen Stier, Jungfrau und Steinbock, die Luftzeichen Zwillinge, Waage und Wassermann und die Wasserzeichen Krebs, Skorpion und Fische.

EPHEMERIDEN
Bücher oder Hefte, in denen die Daten aller Himmelskörperstellungen verzeichnet stehen, die man zur Erstellung eines Geburtshoroskops braucht.

EREIGNISHOROSKOP
Ein Horoskop, das für ein besonderes Ereignis im Leben (etwa eine Eheschließung oder einen Umzug) erstellt wurde, und zwar aufgrund des Zeitpunktes und Ortes, an dem es stattfindet.

GROSSES KREUZ
Eine wichtige Aspektkonstellation aus vier Quadraten und zwei Oppositionen, die im Geburtshoroskop ein Kreuz bilden – berüchtigt für ihren ungünstigen Einfluss.

GROSSES TRIGON
Eine wichtige Aspektkonstellation aus drei Trigonen, die im Geburtshoroskop ein Dreieck bilden – gilt als Glück verheißend.

HALBKREUZ
Eine häufig vorkommende Aspektkonstellation, bei der zwei Quadrate und eine Opposition für Spannungen sorgen.

HÄUSER
Der Tierkreis wird in Abschnitte unterteilt, die man als Häuser bezeichnet. Die Größe und Anzahl dieser Häuser variiert je nach verwendetem Häusersystem. Die heute verbreitetesten Systeme sind das 30-Grad-, das Koch- und das Placidus-System. 30-Grad- und Koch-System unterteilen den Kreis in zwölf Felder zu je 30 Grad (bei Koch kann die Gradzahl leicht abweichen), wohingegen im Placidus-System die Abschnitte in der Größe enorm variieren – je nach dem Geburtsland, das mit extrem nördlichen Breitengraden einige sehr große und andere winzige (oder gar nicht vorhandene) Häuser entstehen lässt – ein Grund, warum das System mittlerweile an Popularität verloren hat. Jedes der zwölf Häuser steht für einen anderen Lebensbereich. Je nach Geburtszeitpunkt können Planeten in ihm stehen oder es kann leer sein. Das erste, vierte, siebente und zehnte Haus sind als Eckhäuser bekannt; das zweite, fünfte, achte und elfte als folgende Häuser und das dritte, sechste, neunte und zwölfte als fallende.

IMUM COELI (IC, HIMMELSTIEFE oder NADIR)
Der tiefste Punkt unter dem Horizont im Geburtshoroskop, der der Himmelsmitte (Medium Coeli, MC) immer genau gegenüberliegt.

INNERE PLANETEN
Sonne und Mond (die man für astrologische Zwecke naturwissenschaftlich eigentlich unkorrekt als „Planeten" bezeichnet) und Merkur, Venus und Mars – die drei Planeten, die der Erde am nächsten stehen.

KNOTEN
Theoretische Orientierungspunkte, die man berechnet, wenn ein laufender Himmelskörper im Norden oder Süden die Achse der Ekliptik kreuzt. Die bekanntesten Knoten sind die Mondknoten, die man auch als „Drachenkopf" (aufsteigender Mondknoten) und „Drachenschwanz" (absteigender Mondknoten) bezeichnet.

LEERE HÄUSER
Häuser im Geburtshoroskop, in denen keine Planeten stehen (Arabische Punkte, Mondknoten oder andere mathematisch berechnete Punkte können sie aber enthalten).

MEDIUM COELI (MC, HIMMELSMITTE oder ZENIT)
Der höchste Punkt über dem Horizont im Geburtshoroskop, der der Himmelstiefe Himmelsmitte (Imum Coeli, IC) immer genau gegenüberliegt.

GLOSSAR

MITTLERE PLANETEN
Bezieht sich auf die Planeten Jupiter und Saturn, die zu weit von der Erde entfernt stehen, um als innere zu gelten, uns aber noch zu nah sind, als dass man sie schon zu den äußeren rechnen will.

POLARITÄTEN
Die Einteilung der Tierkreiszeichen in zwei unterschiedliche Gruppen, die man als aktiv/passiv, männlich/weiblich oder positiv/negativ bezeichnet. Aktive Zeichen sind Widder, Zwillinge, Löwe, Waage, Schütze und Wassermann, passive Zeichen hingegen Stier, Krebs, Jungfrau, Skorpion, Steinbock und Fische.

PRÄNATALE EPOCHE
Eine besondere Form der astrologischen Vorhersage, mit der das Geschlecht eines Babys anhand des genauen Empfängniszeitpunktes erkannt werden soll.

PROGRESSIONEN
Eine Form der Divinationsastrologie, welche anhand einer Ephemeride die täglichen Bewegungen der inneren Planeten vom Geburtsdatum an interpretiert und Jahres-Vorhersagen erstellt.

QUADRANTEN
Die vier Abschnitte eines Geburtshoroskops, die sich aus jeweils einem Viertel oder 90-Grad-Winkel ergeben. Die Häuser 1–3 bilden den ersten Quadranten, die Häuser 4–6 den zweiten, die Häuser 7–9 den dritten und die Häuser 10–12 den vierten.

REGIERENDER PLANET
Der regierende Planet eines Geburtshoroskops ist immer der Herrscher des Aszendenten. Beispielsweise ist der regierende Planet einer Person mit Zwillinge-Aszendent der Merkur, da dieser die Zwillinge regiert. Aber im größeren Zusammenhang kann jeder Planet, der immer ein eigenes Zeichen regiert, mit regierender Planet gemeint sein. Der Herrscher eines leeren Hauses mit dem Schützen an der Häuserspitze wäre beispielsweise der Jupiter.

RÜCKLÄUFIG
Die scheinbare Rückwärtsbewegung eines Planeten (von der Erde aus betrachtet).

SCHICKSALSFINGER
Auch bekannt als Gottesfinger. Eine häufige Aspektkonstellation aus zwei Quincunxen und einem Sextil, das unterschiedlichen Einfluss ausüben kann

SIGNIFIKATOR
Ein Ausdruck aus der Stundenastrologie, die die „Person" oder das „Thema" bezeichnet, nach dem gefragt wird.

SONNENZEICHEN
Der genauere Begriff für die „Sternzeichen", die aus Magazinen und Zeitungen und ihren Horoskopkolumnen bekannt sind. Für solche Vorhersagen werden Sonnenhoroskope verwendet, die auf dem Stand der Sonne zum Geburtszeitpunkt beruhen.

STELLIUM
Eine Gruppe aus drei oder mehr Planeten in einem Haus.

STERNZEIT
Die Sternzeit ist die „reale" Zeit, die sich nach der Bewegung der Planeten richtet, in der ein Tag ein wenig (etwa 4 Minuten) kürzer ist als ein regelmäßiger 24-Stunden-Tag. Die Sternzeit muss zugrunde gelegt werden, wenn man Zeichen und Grad des Aszendenten und Medium Coeli finden möchte, von denen ausgehend das restliche Horoskop dann erstellt werden kann.

STUNDEN-ASTROLOGIE
Eine uralte Form der Divinationsastrologie, bei der Fragen beantwortet werden. Zeitpunkt und Ort der Fragestellung werden notiert und aufgrund dieser Daten ein Horoskop erstellt. Man interpretiert die Planeten und Bereiche des Horoskops mit Hinsicht auf die Fragestellung, der Aszendent aber regiert immer den Fragesteller selbst.

SYNASTRIE
Überbegriff für die unterschiedlichen Methoden, wie zwei Geburtshoroskope auf Kompatibilität hin überprüft werden können.

TRANSITE
Die tägliche Bewegung der Himmelskörper.

UNASPEKTIERTE PLANETEN
Planeten, die keine der sieben Hauptaspekte mit einem anderen Planeten bilden.

SPITZE
Die Spitze ist die Trennlinie zwischen zwei Zeichen oder Häusern im Geburtshoroskop. Die Planeten oder der Aszendent stehen in einem Horoskop an der Spitze, wenn sie ganz am Ende eines Zeichens oder Hauses stehen und ins nächste hereinreichen. Beispielsweise würde ein Planet, der zwischen 29 Grad in den Zwillingen und 0 Grad im Krebs steht, als an der Zeichenspitze stehend betrachtet.

TIERKREIS (ZODIAK)
Der Teil des Horizonts, an dem die Planeten die Sonne umlaufen, wenn man sie von der Erde aus beobachtet. Damit sich die Planetenbewegung messen lässt, teilt man den Tierkreis in 360 Grad und zwölf Zeichen von je 30 Grad ein, die man als Sonnenzeichen bezeichnet.

VERTEILUNG
Die Form, in der die Planeten in einem Geburtshoroskop angeordnet sind und die den Betreffenden auf bestimmte Art und Weise beeinflusst, kann ihrer bildhaften Erscheinung nach in bestimmte Kategorien eingeteilt werden. Es gibt sieben bekannte Verteilungsformen (Schüssel-, Kübel-, Bündel-, Lokomotiven-, Wippen-, regelmäßige und unregelmäßige Verteilung), sowie einige weniger bekannte neue (Fächer- oder unbestimmte Verteilung).

VIERECKS-GRUPPIERUNGEN
Die Einteilung der zwölf Tierkreiszeichen in drei Gruppen namens kardinal (Widder, Krebs, Waage und Steinbock), fest (Stier, Löwe, Skorpion und Wassermann) und beweglich (Zwillinge, Jungfrau, Schütze und Fische). Jede Gruppe enthält jeweils ein Zeichen aus jedem Element, und ihre Zeichen haben bestimmte Merkmale gemeinsam.

ZEITZONEN
In verschiedenen Ländern gelten auch unterschiedliche Zeitzonen. Die Ortszeit muss immer im GMT (Greenwich Mean Time) umgerechnet werden, bevor ein korrektes Horoskop erstellt werden kann.

GEBURTSHOROSKOP

NAME:	**30-GRAD-HÄUSERSYSTEM**

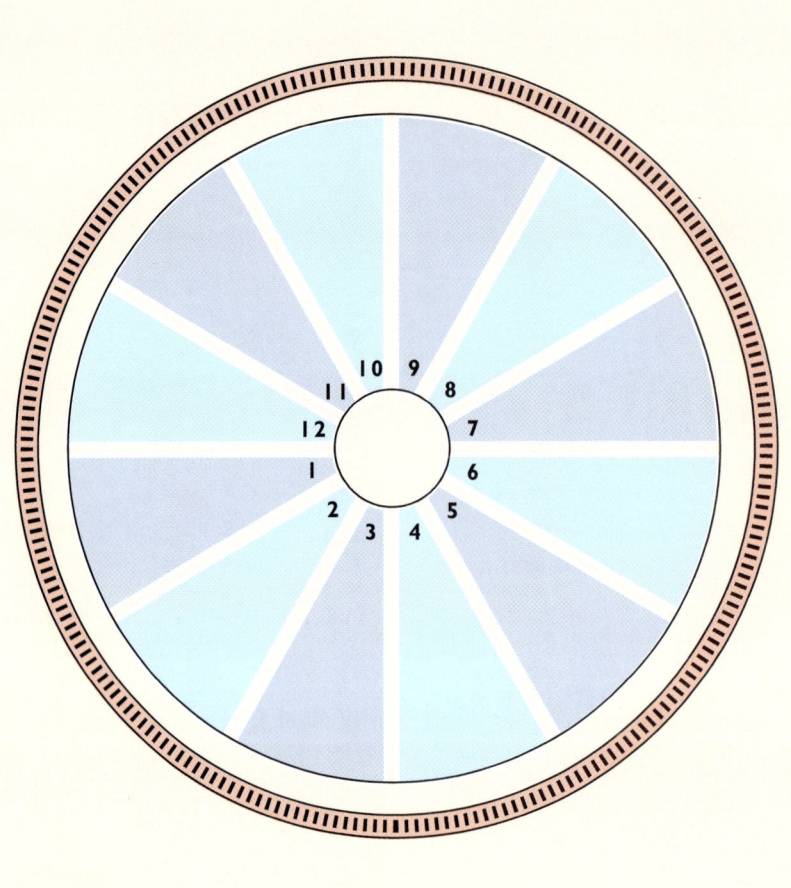

QUALITÄTEN
REGIERENDER PLANET _____
HERRSCHERHAUS _____
AUFSTEIGENDER PLANET _____
MÄNNLICH _____
WEIBLICH _____

ELEMENTE
FEUER ____   LUFT _____
ERDE _____   WASSER ____

VIERECKSGRUPPIERUNGEN
KARDINAL _____
FEST _____
BEWEGLICH _____
ECKPOSITION _____

ASPEKTE

	☉	☽	☿	♀	♂	♃	♄	♅	♆	♇
☉										
☽										
☿										
♀										
♂										
♃										
♄										
♅										
♆										
♇										

NOTIZEN:

GEB. AM	T	M	J
IN			
BREITENGRAD	°	/	
LÄNGENGRAD	°	/	
GEBURTSZEIT	am/pm	St	M
ZONE	E - / W +		
RESULTAT	am/pm		
SOMMERZEIT			
G M T	am/pm		
STERNZEIT Mittag/Mittern. 0°			
INTERVALL	am -/pm +		
RESULTAT			
INT.-BESCHLEUIGUNG	am +/pm +		
RESULTAT			
LÄNG.-ÄQUIVALENT	E + / W -		
RESULTAT			
ANPASSUNG ± 12/24St			
ORTS-STERNZEIT			

LITERATUR

REFERENZLITERATUR
(zur Berechnung von Horoskopen)

DIE DEUTSCHE EPHEMERIDE, Bd. 1–8, 1979–1982.

EUROPA EPHEMERIDE 1900–2005, 1989.

EURO-EPHEMERIDE 1900–2005, 1992.

JACOB, Friedrich,
DIE GLOBALEN HÄUSERTABELLEN. NEU BERECHNET: FÜR SÄMTLICHE BREITENGRADE MIT DEN GEOGRAPHISCHEN POSITIONEN VON 500 WICHTIGEN STÄDTEN MIT TABELLE DER SOMMERZEITEN DER MITTELEUROPÄISCHEN LÄNDER, 1980.

LORCHER EPHEMERIDE 1950–1980, 1972–1982.

ALLGEMEINE EMPFEHLUNGEN

SARROYO, Stephen,
ASTROLOGIE, KARMA UND TRANSFORMATION, 1998.

BECKER; Udo,
LEXIKON DER SYMBOLE, 1992.

CUNNINGHAM, Donna,
HANDBUCH DER ASTROLOGISCHEN BERATUNG, 1996.

GRENE, Liz u. a.,
DER GROSSE ZODIAC, 1984.

HUNTLEY, Janis,
FEHLENDE KOMPONENTEN IM HOROSKOP, 1992.

MERTZ, Bernd A.,
DAS GROSSE HANDBUCH DER ASTROLOGIE, 1989.

OEHLSCHLEGER, Rainer,
STICHWORTE ZUR HOROSKOPDEUTUNG, 1996.

SAKOIAN, Francis und ACKER, Louis S.,
DAS GROSSE LEHRBUCH DER ASTROLOGIE, 1973.

SASPORTAS, Howard,
ASTROLOGISCHE HÄUSER UND ASZENDENTEN, 1987.

REGISTER

A
absteigender Knoten 133
Aggression, Mars 96
Ägypten, altes 8
Aktive Zeichen 60, 62
 siehe auch Löwe, Schütze, Waage, Wassermann, Widder, Zwillinge,
Ängste, Saturn 98
Arabische Punkte 131, 132 f.
Arbeit
 Fische 58
 Jungfrau 34
 Krebs 26
 Löwe 30
 Presley, Elvis 179
 Schütze 46
 Skorpion 42
 Steinbock 50
 Stier 18
 Waage 38
 Wassermann 54
 Widder 14
 Zwillinge 21
Arthritis 23, 51
Aspekte 109–129, 161–167
 Berechnung 110 f.
 disassoziierte 113
 Doppelaspekte 161
 Generationsaspekte 160 f.
 Planeten ohne Aspekte 126–129
 Presley, Elvis 173
 Synastrie 150, 160–167
Asthma, Zwillinge 23
Aszendent 84, 90 f.
 Arabische Punkte 133
 Aspekte 161
 Komposit 168 f.
 regierende Planeten 132
 Schütze 172, 174
aufsteigender Knoten 133
äußere Persönlichkeit 90, 174
Äußere Planeten 68, 155
 siehe auch Neptun, Pluto, Uranus

B
Babylon 8
Bailey, E. H. 140
Beruf *siehe* Arbeit
Bewegliche Häuser 153, 158 f.
Bewegliche Zeichen 61, 65
 siehe auch Fische, Jungfrau, Schütze, Zwillinge
Beziehungen
 Fische 56
 Jungfrau 33
 Kennedys 150, 152–154, 157 f., 160 f., 167 f.
 Krebs 24 f.
 Löwe 29
 Presley, Elvis 175–177, 179, 180 f., 183 f.
 Schütze 45
 Skorpion 41
 Steinbock 49
 Stier 17
 Synastrie 149–169
 Waage 37
 Wassermann 52 f.
 Widder 12 f.
 Zwillinge 20 f.
Biquintil 111
Blase, Waage 39
Bluthochdruck 47
Brustkrankheiten, Krebs 27
Bündel-Verteilung 104

C
Chiron 69, 79

D
Dekanate 134–135
Deszendent 132
Diana, Prinzessin 168
Diplomatie, Schütze 45
Direkter Planetenlauf 73
Divinationsastrologie 9, 11, 137–147
Doppelaspekte 161
„Drachenkopf" *siehe* aufsteigender Mondknoten
„Drachenschwanz" *siehe* absteigender Mondknoten
30-Grad-Häusersystem 8, 87, 132, 186
Drüsen, Waage 39

E
Eckhäuser 89, 153, 154 f., 167, 168
Ego, Sonne 92
Ehrgeiz, Steinbock 48–50
Eineinhalbquadrat 111
Elemente 60 f., 62 f., 172 f.
Eltern 24 f., 177, 183
Emotionen
 Luftzeichen 52
 Mond 92 f.
 Synastrie 164 f.
 Wasserzeichen 40, 43, 63
Empfängnis 140
Ephemeriden 72 f., 85
Erdzeichen 60 f., 62 f., 90
 siehe auch Jungfrau, Steinbock, Stier
Ereignishoroskop 138
Erkältungen, Zwillinge 23
Ernährung
 Fische 59
 Jungfrau 35
 Krebs 27
 Löwe 31
 Schütze 47
 Skorpion 43
 Steinbock 51
 Stier 19
 Waage 39
 Wassermann 55
 Widder 15
 Zwillinge 23
Erscheinung
 Aszendent 90
 Fische 56
 Jungfrau 32
 Krebs 24
 Löwe 28
 Presley, Elvis 174
 Schütze 44, 174
 Skorpion 40
 Steinbock 48
 Stier 17
 Waage 36
 Wassermann 53
 Widder 12
 Zwillinge 20
Essen *siehe* Ernährung

F
Fächer-Element 107
Fallende Häuser 89
Feste Häuser 153, 156–157, 167 f.
Feste Zeichen 61, 64 f.
 siehe auch Löwe, Skorpion, Stier, Wassermann
Feuerzeichen 60 f., 62, 90
 siehe auch Löwe, Widder, Schütze
Fische 56–59, 60–63, 65, 74–79
Fixsterne 69
Flirts, Zwillinge 21
Folgende Häuser 89

Freizeit
 Fische 58 f.
 Jungfrau 34 f.
 Krebs 26 f.
 Löwe 30 f.
 Presley, Elvis 178 f.
 Schütze 46 f.
 Skorpion 42 f.
 Steinbock 50 f.
 Stier 18 f.
 Waage 38 f.
 Wassermann 54 f.
 Widder 14 f.
 Zwillinge 22 f.

G
Geburtshoroskope 8 f., 72 f.
 Analyse 171–185
 Berechnung 81–83
 Erstellung 84 f.
 Synastrie 149–169
 Verteilung 104–107
Geburtszeit 81, 82–84
Gehirn, Wassermann 55
Geist, Dekanate 135
Geld
 Krebs 25
 Presley, Elvis 174 f., 181
 Stier 16, 18
Generationsaspekte 160 f.
Geschlechtskrankheiten 43
Gesundheit
 Fische 59
 Jungfrau 35
 Krebs 27
 Löwe 31
 Presley, Elvis 179
 Schütze 47
 Skorpion 43
 Steinbock 51
 Stier 19
 Waage 39
 Wassermann 55
 Widder 15
 Zwillinge 23
Glück, Jupiter 97
Glückspunkt 133
GMT *siehe* Greenwich Mean Time
Gogh, Vincent van 127
Gottesfinger 112 f.
Greenwich Mean Time (GMT) 82 f.
Griechenland, altes 8
Großes Kreuz 112 f.
Großes Trigon 112

Grundlagen der
Astrologie 8 f.

H
Halbkreuz 112
Halbquadrat 111
Halbsextil 110
Hals, Stier 19
Hand, Robert 168
Häuser 87–107, 173–185
   Berechnung 84 f.
   Eckhäuser 89
   Fallende Häuser 89
   Folgende 89
   Interpretation 88 f.
   leere Häuser 102 f.
   Planeten in den
     Häusern 92–103
   Synastrie 150, 152–159,
     161
Häusertabellen 84
Haut, Steinbock 51
Hemisphären, Häuser 89
Herz, Löwe 31
Himmelsmitte (MC) 85,
   132, 161
Horoskope *siehe*
   Geburtshoroskope
Hypochonder, Jungfrau 35

I
Imum Coeli (IC) 85, 132
Innere Planeten 68,
   142 f., 144
   siehe auch Mars, Merkur,
     Mond, Sonne, Venus
Inneres, Sonne 92

J
Jones, Marc Edmund 104
Jungfrau
   Chiron 69
   Merkur 68
   Planeten in der
     Jungfrau 74–79
   Sonnenzeichen 32–35,
     60–63, 65
Jupiter
   Aspekte zum 115,
     117–119, 120–123, 167
   In den Häusern 97
   In den Zeichen,
     Interpretation 76 f.
   ohne Aspekt 128
   Synastrie 155
   Umlaufbahnen 68, 70 f.

K
Kardinale Zeichen 61, 64
   siehe auch Krebs, Stein-
     bock, Waage, Widder
Karma 103, 149
Karriere *siehe* Arbeit
Kennedy, John und Jackie
   150, 152–154, 157 f.,
   160 f., 167 f.
Knie, Steinbock 51
Knoten 131, 133, 167
Koch-System 87
Kommunikation
   Erdzeichen 32
   Luftzeichen 20, 21, 63
   Merkur 94
   Presley, Elvis 176–177
   Synastrie 165
Komposit 150, 168 f.
Konjunktionen 110
Kopfschmerzen, Widder 15
Körpergewicht
   Krebs 27
   Stier 19
   Waage 39
Kreativität 58, 178 f.
Krebs 24–27, 60–64, 74–79
Kreislaufstörungen 59
Kübel-Verteilung 105
Länder, Ortshoroskope 139

L
Liebe
   Fische 56
   Jungfrau 33
   Krebs 25
   Löwe 29
   Presley, Elvis 175–177,
     178, 180 f.
   Schütze 45
   Skorpion 41
   Steinbock 49
   Stier 17
   Synastrie 149–169
   Venus 95
   Waage 37
   Wassermann 53
   Widder 13
   Zwillinge 20
Lokomotiven-Verteilung 105
Löwe 28–31, 60 ff., 65,
   74–79
Ludwig XIV. 126 f.
Luftzeichen 60 f., 63, 90
   siehe auch Waage,
     Wassermann, Zwillinge

M
Männliche Zeichen *siehe*
   aktive Zeichen
Mars
   Aspekte zum 115, 117 f.,
     120, 122 f., 166 f.
   in den Häusern 96
   in den Zeichen,
     Interpretation 76
   ohne Aspekt 128
   Progressionen 142 f.
   rückläufig 72 f.
   Synastrie 155
   Umlaufbahnen 68, 70
Materialismus 95,
   174 f., 181
MC *siehe* Himmelsmitte
Merkur
   Aspekte zum 114, 116,
     118 f., 165
   in den Häusern 94
   in den Zeichen,
     Interpretation 74 f.
   ohne Aspekt 127
   Progressionen 142 f.
   rückläufig 72 f.
   Synastrie 155
   Umlaufbahnen 68, 70
Mittlere Planeten 68
   siehe auch Jupiter,
     Saturn
Mond
   Aspekte zum 114,
     116 f., 164 f.
   Geburtshoroskope 85
   in den Häusern 92 f.
   in den Zeichen,
     Interpretation 74
   Mondknoten 131,
     133, 167
   ohne Aspekt 127
   Progressionen 142 f.
   Synastrie 155
   Umlaufbahnen 68,
     70, 85
Musik
   Fische 58 f.
   Jungfrau 34 f.
   Krebs 27
   Löwe 31
   Schütze 47
   Skorpion 43
   Stier 19
   Wassermann 55
   Zwillinge 23
Mütter, Krebs 24 f.

N
Nadir (Imum Coeli) 85, 132
Negative Zeichen *siehe*
   passive Zeichen
Neptun
   Aspekte zum 115, 117,
     119, 121, 123 f., 167
   in den Häusern 100
   in den Zeichen,
     Interpretation 78 f.
   ohne Aspekt 129
   Umlaufbahnen 68, 71
   Wettervorhersage 141
Nerven, Wassermann 55
Nieren, Waage 39

O
Oppositionen 110–112
Ortshoroskope 139

P
passive Zeichen 60, 62
   siehe auch Fische, Krebs,
     Jungfrau, Skorpion,
     Steinbock, Stier
Placidus-System 87, 132
Planeten 9, 67–79
   Aspekte zu den 114 f.,
     161–167
   Äußere Planeten 68, 155
   direkte Planeten 73
   Ephemeriden 72 f., 85
   Herrschaft 68 f.
   in den Häusern 85,
     92–103
   in den Zeichen 72–79
   Innere Planeten 68,
     142 f., 144
   Konstellationen 112 f.
   Mittlere Planeten 68
   ohne Aspekt 126–129
   Progressionen 142 f.
   regierende Planeten
     132 f.
   rückläufige Planeten
     72 f., 142 f.
   Stillstand 73
   Transite 144–147
   Umlaufbahnen/Energien
     68–71
Pluto
   Aspekte zum 115, 117,
     119, 121, 123, 125, 167
   in den Häusern 101
   in den Zeichen,
     Interpretation 78 f.

ohne Aspekt 129
Umlaufbahnen 68, 71
Wettervorhersage 141
Polaritäten 60, 62, 172
Positive Zeichen *siehe*
aktive Zeichen
power, Pluto 101
pränatale Epoche 140
Presley, Elvis 172–185
Presley, Gladys 177, 183
Presley, Lisa-Marie 179
Presley, Priscilla 175,
176 f., 180 f.
Progressionen 142 f.
Prostata, Skorpion 43

Q
Quadranten, Häuser 88 f.
Quadrat 110–112
Quincunx 110, 111, 113
Quintil 111

R
regelmäßige Verteilung 107
regierende Planeten 132 f.
Reinkarnation 103
Rheumatismus, Fische 59
Rom, altes 8
rückläufige Planeten 72 f.,
142 f.

S
Saturn
Aspekte zum 115, 117,
119, 121–125, 167
in den Häusern 98
in den Zeichen,
Interpretation 77
ohne Aspekt 128 f.
Synastrie 155, 156–159
Umlaufbahnen 68, 71
Wettervorhersage 141
Schicksalsfinger 112 f.
Schüchternheit, Jungfrau 32
Schüssel-Verteilung 104
Schütze
Aszendent 172, 174
Planeten im Schützen
74–79
Sonnenzeichen 44–47,
60 ff., 65
Sex
Jungfrau 33
Krebs 25
Presley, Elvis 175, 181
Stier 17

Synastrie 166 f.
Widder 13
Zwillinge 20
Sextil 110, 113
Skorpion
Planeten im Skorpion
74–79
Pluto 68
Sonnenzeichen 40–43,
60–63, 65
Sonne
Aspekte zur 114 f., 162 f.
Geburtshoroskop,
Erstellung 85
in den Häusern 92
ohne Aspekt 126 f.
Progressionen 142 f.
Synastrie 154
Umlaufbahnen 68, 70, 85
Sonnenzeichen 8, 11–65
Fische 56–59
Gruppierung 60–65
Jungfrau 32–35
Krebs 24–27
Löwe 28–31
Schütze 44–47
Skorpion 40–43
Steinbock 48–51,
174–175
Stier 16–19
Synastrie 150–151
Vorhersagen 137
Waage 36–39
Wassermann 52–55
Widder 12–15
Zwillinge 20–23
Sport
Fische 58 f.
Jungfrau 35
Krebs 26 f.
Löwe 30
Schütze 46 f.
Skorpion 42
Steinbock 51
Stier 18 f.
Waage 39
Widder 14 f.
Zwillinge 22
Städte *siehe* Ortshoroskope
139
Steinbock 48–51, 60–64,
74–79, 174–175
Stellium 73
Sternzeit 82, 83, 84
Stier
Planten im 74–79

Sonnenzeichen 16–19,
60–63, 64
Venus 68
Stundenastrologie 131,
140 f.
Suchtmittel, Fische 59
Synastrie 149–169

T
Tierkreiszeichen *siehe*
Sonnenzeichen
Transite 144–147
Trigon 110–112

U
Umlaufbahnen der
Planeten 68–71
siehe auch Transite
unbestimmte Verteilung
107
Unpünktlichkeit,
Zwillinge 22
Unterleibsprobleme,
Skorpion 43
Uranus
Aspekte zum 115,
117, 119, 121–125,
167
in den Häusern 99
in den Zeichen,
Interpretation 78
ohne Aspekt 129
Umlaufbahnen 68, 71
Wettervorhersage 141

V
Venus
Aspekte zum 114,
116–118, 120–121,
166
in den Häusern 95
in den Zeichen,
Interpretation 75
ohne Aspekt 128
Progressionen 142 f.
retrograde 72 f.
Synastrie 155
Umlaufbahnen 68, 70
Verdauungsprobleme
27, 35
Verstand, Dekanate 135
Verteilung der Planeten
104–147, 172
Vertrauen, Jungfrau 32
Viereckgruppierungen 60,
61, 64 f., 173

W
Waage
Aszendenten-
Persönlichkeit 91
Planeten in der Waage
74–79
Sonnenzeichen 36–39,
60 ff., 63, 64
Venus 68
Wassermann
Planeten im Wassermann
74–79
Sonnenzeichen 52–55,
60 ff., 63, 65
Zeitalter des 7
Wasserzeichen 60 f., 63, 90
siehe auch Fische, Krebs,
Skorpion
Weibliche Zeichen *siehe*
passive Zeichen
Wettervorhersagen 141
Widder 12–15, 60 ff., 64,
74–79
Wippen-Verteilung 106
Wutausbrüche, Löwe 28–29

Z
Zodiakzeichen *siehe*
Sonnenzeichen
Zwillinge
Merkur 68
Planeten in den
Zwillingen 74–79
Sonnenzeichen 20–23,
60 ff., 63, 65